企业知识产权合规与管理

IP

郭桂峰 刘桂芝 著

中国法制出版社
CHINA LEGAL PUBLISHING HOUSE

自 序

合规是指符合法律法规中的一些强制性规定，否则可能导致被处罚、被起诉或丧失某些法定权利。合规管理、业务管理、财务管理是现代企业经营管理中的“三驾马车”，而知识产权合规是企业合规管理中的重要组成部分。随着2021年6月修改后的《专利法》开始生效实施，惩罚性赔偿已经在《民法典》、知识产权相关法律中得到全面体现。知识产权管理不能合规对企业经营的影响越大、伤害越大，就越容易受到企业管理者的重视。作为知识产权从业人员，我们很高兴知识产权给企业的永续经营带来了巨大影响，可以毫不夸张地说，知识产权在某种程度上已经关系到企业的生死存亡。

很难想象，如果企业没有平时的知识产权储备与合规管理，关键时刻，如何能“一剑定乾坤”？知识产权的合规与管理融入于平时的知识产权管理制度建设、知识产权申请、审查意见答辩、流程管理、商业秘密管理、海外知识产权布局、产品风险预警、外宣合作管理、维权诉讼管理中。一方面，我们要求企业对自身知识产权进行有效管理；另一方面，企业在知识产权管理过程中要做到合规管理，只有积跬步才能致千里。本书尝试把这些企业日常知识产权工作中的各种管理问题进行汇总，并给出合规化建议，从而帮助企业真正做好知识产权合规与管理工作，让企业在生死攸关的知识产权问题上，面对攻击时，能使风险最小化；在捍卫自身权益时，能使保护最大化。

写这本书时，笔者诚惶诚恐，生怕不自量力，班门弄斧，贻笑大方，但思来想去，觉得还是想写，原因在于：

1. 与人分享，结识同道

我从事知识产权律师工作已经15年，一直跟发明人与企业知识产权工作者打交道，先后服务了2000多家科技型企业，他们教会了我很多知识，我也学习了解了很多企业知识产权工作，非常希望能把一些优秀经验以及利害得失总结出来，与各位读者分享！

2. 新的知识产权发展时代需要更多有知识产权意识的企业

中国的知识产权事业在2008年、2020年是两个大的发展拐点：

2008年，我国确立了国家知识产权发展战略，自此中国知识产权事业发展进入突飞猛进的十年黄金期，各种知识产权业务模式百舸争流，百花齐放。

2020年，《民法典》《专利法》《商标法》《著作权法》将“惩罚性赔偿”纳入，知识产权事业从政策驱动时代进入保护驱动时代。

新的发展时代，需要我们的科技企业能够有积极正确的知识产权意识，毕竟政策需求下的企业知识产权工作与保护驱动下的企业知识产权工作还是存在很大差异的。在本书中，我尽量阐述一些对企业知识产权合规与管理工作更有益的观点，如果能够影响到一些人，也是为中国知识产权事业贡献了自己的绵薄之力。

3. 对知识产权事业的感恩回报

我非常庆幸自己选择从事知识产权职业，在2004年开始与知识产权结缘，近20年的时光中，我一直感觉自己选对了职业、找对了方向，知识产权行业既让我能够安身立命，又让我增智广识、收获快乐。至今，年已不惑，更坚定一生奉献知识产权事业的信念，在这个时代的滚滚洪流中，如果能为中国知识产权事业发展加上两片瓦，此生足矣！

本书的主要内容是将企业知识产权合规与管理工作中的七大部分做梳理总结，涉及企业内部知识产权管理制度建设、商业秘密、产品研发生产采购销售售后、对外宣传合作、科技政策申报与实施、海外知识产权布局及风险管理、知识产权维权诉讼。在将企业日常经营管理过程中遇到的约200个高频问题罗列出来，并给出具体管理建议以及合规化做法，辅以案例说明，供企业在实际运营中参考。本书的大部分案例来源于本人过去十几年的知识产权执业实践，也有部分案例选取自中国法院十大知识产权案件、上海知识产权保护典型案例，这些案例具有普遍性与代表性，值得我们认真研习。

一个企业的发展对知识产权的依赖度越大，这个企业的知识产权工作就越重要，这并不是我们知识产权从业者自己臆想的“重要”，而是市场竞争予以了肯定的“重要”，市场的肯定可能来自：知识产权“壁垒”让企业能够始终保持先发优势，获取市场更多利润；知识产权组合形成的权利威慑让同行不敢轻易挑起争端；知识产权的大量积累能吸引投资机构的融资；知识产权能推动研发形成更多创新；知识产权能让企业获得更多资质荣誉……

中国人从来不缺乏创新能力，但这个能力有可能被我们的传统思想所“封印”，只要打开这个“封印”，我们的聪明才智就能源源不断喷薄而出。知识产权制度可以帮我们解除对创新能力的“封印”，而知识产权的有效管理与合规管理可以让企业知识产权工作如虎添翼。

期待作为创新源头的企业知识产权工作在得到严格保护的时代，能够为企业经营发展保驾护航、贡献力量。到了那一天，企业的知识产权一定会更加重要，这也是我们知识产权职业共同体为之努力的目标。

最后，我要感谢我的所有客户朋友多年来对我的信任与支持，本书很多知识产权问题的选题都是来自与你们的交流沟通，感谢我的同事们一直以来对我的支持与帮助，感谢王逸贇、卞静恬两位小伙伴认真阅读了本书，并给出了中肯务实的修改完善建议。

期待与大家一起为中国知识产权事业贡献力量！共勉共努力！

郭桂峰

2022 年 5 月于上海

目录

第一部分　企业内部制度合规与管理

在企业日常知识产权工作中，会涉及大量的专利申请、商标注册、著作权登记等管理工作。同时，企业的知识产权绝大部分是员工的职务创作获得，员工在自身工作岗位上为完成工作任务接受单位指派进行发明创造，或者公司受让他人的知识产权。如何对这些知识产权进行有效管理，并与公司内部的商业秘密进行有效分隔，这些工作涉及大量的管理与合规问题，管理人员需要具有较强的知识产权意识，才能有效地进行知识产权管理。

在整个知识产权管理工作中，专利工作是企业知识产权工作中非常重要的部分，尤其对于技术驱动的科技型企业，专利工作就更为重要。专利工作包括专利提案阶段、专利申请阶段、专利审查答辩阶段、专利保护阶段；这几个阶段都涉及专利流程以及专利管理，在知识产权管理过程中，重视管理合规，才能避免各种潜在问题，将各种风险消弭于无形，让知识产权真正为企业发展保驾护航。

一、专利提案

1. 先公开发表再申请专利，影响专利授权

很多人在申请专利前，已经把专利内容发表过论文，或者在公司的微信

公众号、官方网站、公司宣传资料上已经发布过，这时候再去申请专利是否可行？

我们都知道，专利授权要求技术方案本身具有新颖性和创造性，所谓新颖性，就是在专利申请时，这个专利在全世界范围内都是最新的，以前都没有过。显然，已经对外发表过的内容，不论是发布论文还是发布在网站微信公众号、企业官网宣传册上，哪怕对外公开演讲，都已经成为人类公有知识的一部分了，此时再申请专利就显然不具有新颖性。

但是有以下几种例外：

（1）私密小圈子内的技术交流，譬如公司内刊，严禁对外流传；内部讲话讨论；限定了阅读权限的朋友圈；明确属于保密信息的不对外公开的内部信息，是默认为不影响新颖性的。

（2）难以留痕的公开发表，譬如公司官网上、微信公众号上发表后立即予以删除。

对于先公开发表后再去申请专利，是否可以授权，其衡量标准为：如任意人员都可以查看到该发表信息，且已经留下了书面证据，此时再去申请专利，是不应当被授权的，即使授权，也是非常容易被宣告专利无效的。

案例：某企业开发了一个环保污水处理产品，填补了国内外的技术空白，销售非常火爆；同行抄袭模仿，也开始生产销售同类产品，该企业就去起诉专利侵权。但官司还没有打，专利就被专利局宣告无效了。为什么呢？

原来该公司在研发出环保污水处理产品后，先非常高兴地在自己的官网对外宣布了这个大好消息，并在网页上公布了产品的照片以及基本性能、创新之处；过了两天，技术部门才联系专利事务所进行专利申请；竞争对手了解后立即将他们公司网站内容做了公证取证，并向专利局提交了专利无效申请，最终专利局以该专利已经在先公开丧失了新颖性宣告该专利无效。

为了避免自己先公开导致专利无效的情况，建议企业做到以下两点：

（1）技术研发完成后，第一时间考虑申请专利，然后再考虑发表论文，公开展出、市场宣传等。

（2）企业对外公开专利产品相关技术信息时，应当由专利法务或者外部专利律师审核后再对外发布，确保万无一失。

2. 已经公开销售的产品再来申请专利，可以吗

经常有企业在某款产品销售比较好时，为防止同行模仿抄袭，就来申请专利，那么这种情况能申请专利吗？

我们都知道，专利授权需要满足新颖性与创造性的要求，所谓新颖性就是在全世界范围内这个技术都是最新的，其他人没有做出来过。已经公开销售的产品显然已经不具有新颖性了，自然不满足专利授权的新颖性条件，不应当被授权。

对外公开销售的产品，如果满足如下几个条件之一，即不具备专利新颖性要求：

（1）在媒体上做了宣传推广，并公布了创新细节；

（2）在公开场合公开展出、公开使用；

（3）采购方采购该产品后，进一步组装加工，对外再进行销售使用。

如果对外公开销售的产品，具有如下情况，则应当认为还具有专利新颖性：

（1）仅供特定客户内部使用，并不对外公开；

（2）销售产品属于加工设备或者加工方法等，不会作为终端产品再次进入公开流通市场。

因此，如果在先销售行为导致专利技术对外公开，成为现有技术，那就丧失了新颖性，不符合专利授权条件。如果在先销售行为并未导致专利技术对外公开，那就没有丧失新颖性，符合专利授权要求。

案例：A 公司向 B 公司销售一款最新的直线驱动电机，B 公司采购该电机配套使用在其工厂内的一种食品加工设备，销售了两年后，A 公司将该产

品申请了专利，A公司法务人员担心，该产品已经对外销售了两年，再去申请专利是否已经丧失新颖性？专利律师向法务人员解释道：该产品仅向B公司销售，B公司购买该产品后配装内嵌在食品加工机上使用，仅用于食品加工，加工工厂也不对外开放；所以A公司的这款产品并未向不特定公众公开，并不构成因为“使用公开”丧失新颖性的情况，所以仍然可以申请专利并获得授权。

如果有同行将国内已经公开销售使用多年的产品拿来申请专利，这样的专利受保护吗？按照新颖性要求，已经对外销售的产品丧失了新颖性，不应该再获得专利保护。但是，专利局的审查员并不知道这些产品已经对外销售，如果在进行专利文献检索时，没有检索到与该产品相关的在先公开文献，该专利就会被授权。这时候，如果其他人能够提供该产品已经在先使用的证据，就可以向专利局请求宣告该专利无效。

实务中，笔者发现，确实存在已经在先销售使用的技术被拿来申请专利，其他人要想请求宣告专利无效的情形，其实难度非常大，主要原因在于：

（1）在先销售使用的“法律证据”很难收集，很多人确实能够提供销售合同，但是合同中可能没写产品型号，或者没有发票，或者没有产品照片，与专利产品不能完整对应，无法证明该专利产品已经在先销售的“法律事实”。

（2）即使提供了完整的证据链证明该产品在先公开销售了，但是产品会不断迭代升级，专利里面描述的技术细节很难在证据固定的产品上得到完整体现。

（3）专利无效的费用相对于专利申请的费用高了近10倍，如果没有切身利益，很少有人愿意去申请别人的专利无效。

因此，只要该技术或产品没有被书面的专利文献或者期刊杂志所公开，就应该去申请专利，而不需要考虑是否已经对外销售。

3. 申请专利时不写主要发明点，专利很难获得授权

专利申请时应当写清楚专利技术方案相对于现有技术的创新之处，审查员审查该创新之处是否清楚完整可实施，并且全世界范围内均没有，也不是本行业普通技术人员轻易就能想到的。如果符合这几个条件，审查员就授权该专利；不符合就予以驳回。所以在申请专利时，写清楚专利的创新之处至关重要，这决定了这个专利最终能否授权，以及授权的保护范围有多大。

但很多发明人基于以下各种考虑，并不愿详细描述专利的发明点：

（1）因工作繁忙委托专利代理师写技术交底书；

（2）担心主要发明点属于公司技术秘密，不愿在专利里面公开；

（3）认为已经概括描述了专利发明点，没必要详细描述具体细节。

在解析发明人的以上误区之前，先来解构一下整个专利制度：

（1）专利申请及维权的制度设计

发明人做出发明创造，并提供创新素材；专利代理师进行提炼概括，并规划专利保护范围；专利审查员审查专利是否具有新颖性、创造性以及对该专利给予多大的保护范围；法院审查涉嫌侵权产品是否在授权专利的保护范围之内。

（2）真假创新

现代专利制度的基础是“技术创新”，技术创新有“真创新”与“假创新”之分，创新为何会存在“真假”之说？因为发明人在做发明创造时会受到自身认知能力与知识的局限，做出的创新可能是前人已经做过相同的或类似的，那就是“假创新”；如果前人没有做出过相同或类似的创新，那就是“真创新”。所以发明人需要详细地描述自己的创新细节，才能让专利代理师、专利审查员、法官来评鉴是否“真创新”。

（3）专利制度核心在于保护而非授权

发明人做出“真创新”，申请专利的最终目的是通过专利审查获得授权

后，在专利审查员核定的专利保护范围内获得专利保护。如果专利授权，但核定的保护范围极窄，不能匹配发明人的“创新贡献”，发明人就很吃亏，会损失后续市场对同类创新产品的掌控力与商业价值。

（4）详细描述专利发明点的价值

详细描述专利发明点，对发明人的价值在于：

首先，便于专利代理师识别该专利是“真创新”还是“假创新”，如果是假创新，根本就没有必要去申请专利，避免浪费专利申请费用。

其次，便于专利代理师准确评估发明人的“创新贡献”，从而技巧性地进行专利保护范围的规划布局，以应对专利审查员的各种可能质疑。

再次，便于在专利审查过程中与审查员进行保护范围的“讨价还价”，为发明人争取到最大的保护范围。

最后，便于在专利侵权诉讼中界定专利的保护边界，从而得到合理的扩张保护。

案例：A公司的发明人张经理是高级工程师，申请过很多专利，有朋友推荐一个专利代理师，据说不需要提供技术交底就可以申请专利，张经理平时研发任务非常重，经常为写专利技术交底而苦恼，听说可以无交底写专利，非常开心，觉得可以合作试试看，就将几个发明题目以及几个产品的介绍发给了专利代理师，过了两周，果然收到了专利代理师“整理”出来的专利申请文件。张经理仔细一看，这些专利申请文件中的内容都是通过网上搜索出来的现有技术内容汇总，通篇都是行业里面的基础知识以及一些似是而非的推断描述。张经理不放心，就特地跟这个专利代理师电话沟通了一下，发现代理师并不与他谈技术细节，只跟他讲，“你放心，这些专利包授权”。张经理又找了几个正规代理事务所多方咨询，才了解到：原来国内的实用新型与外观设计专利，不做实质性审查，只要申请内容不跟在先技术完全一样基本都能得到授权；而发明专利虽然做实质审查但是审查流程要两三年，到时候他们早就跑了。张经理听后感慨万千：看来专利申请跟技术研发一样，来不得半点偷懒与敷衍，不然只会浪费人力和物力。

4. 申请专利时不想公布太多技术，如何进行技术隐藏

很多发明人申请专利时，并不想将全部创新内容公布出来，但又怕不公开这些创新内容，专利最终不能得到授权，反而得不偿失。碰到这种情况，该如何处理呢？申请专利时是否可以做技术隐藏呢？答案当然是可以的，当然如果要想在专利申请时进行技术隐藏，应当作如下区分：

（1）技术方案中有多个发明点，可以选择部分发明点不予公开；

（2）技术方案中某个发明点涉及工艺方法、配方比例，可以将最佳工艺条件、最佳配比等予以隐藏；

（3）如果该专利产品脱离控制后，容易被技术反向，则不应当作技术隐藏。

一般来讲，机械产品、电子通讯产品等非常容易被反向出来，哪怕是高端芯片、软件等，也可以被专业公司低成本反向出来，因此这些领域的创新产品，建议无须进行技术隐藏；而药物及制备工艺、化合物成分配方等生物化学领域的产品或工艺，反向难度高、周期长，建议进行技术秘密隐藏。

案例：上海某企业，主营半导体芯片业务，专业研发大功率电源驱动芯片，有多款产品销售非常火爆，但老板从来不申请专利，他的理由是：我们电源驱动芯片行业，每家的芯片都做得不太一样，每款芯片都是个性化定制产品，每款芯片销售额也不大，如果有同行要进行技术反向，虽然有点麻烦但是也能反向出来，这种反向出来的芯片销售就成问题，利润低，跑量少，几乎没有同行相互模仿抄袭，所以我们觉得申请专利意义不大，还不如把那点技术窍门作为商业秘密自己握在手里面。他们对于专利制度的认知就非常朴素，专利因技术创新而生，为商业竞争服务；并不是有了技术创新就一定要申请专利，专利能否为商业竞争与服务才是最根本的考量，供各位决策者参考。

5. 只写专利技术框架不写具体细节的专利交底，专利申请很难获得授权

很多发明人工作很忙，有了发明构思时，自己不想写书面的交底书或者只愿意写个发明框架，希望专利代理师能够帮助写技术交底书或者丰富完善这些技术交底书，专利代理师补充完善的技术方案申请专利时，可以授权吗？

大家都知道，在专利申请时，只需要文件格式正确、方案描述完整；但是专利要想授权，需要专利方案本身具有新颖性与创造性；新颖性也就是专利技术方案在全世界范围内都是最新的，跟现有技术不一样；创造性是指专利技术方案跟现有技术不一样的地方并不是常规技术手段，而是能让人耳目一新，有一定创新高度的。这样我们就知道了，如果发明人只写框架不写细节，丢给专利代理师去处理后会带来如下结果：专利代理师看了技术框架后，在网上搜索一下或者在专利数据库中检索这些技术内容，将一些行业内的常规技术内容补充完善到这些技术框架中，形成所谓的技术细节，然后递交专利申请，发明人可能觉得原来给了 1 页纸，现在写了 10 页，这个代理师真不错。但是在专利审查时，审查员可能轻易就判定，这些技术细节都是现有技术，该专利没有新颖性、创造性而直接予以驳回。

很多领域，在技术发展没有出现新的技术革命之前，技术创新速度在逐步放缓，出现了所谓“微创新”；全球信息交流日益频繁导致技术信息不透明越来越少。因此，像十年、二十年前那样，粗略地公布一下专利技术框架就能获得专利授权的时代已经过去了。现在的专利申请需要发明人不但提供技术框架，而且更重要的是提供更详细具体的技术细节，往往在专利审查时，技术框架会被认为已经丧失新颖性、创造性，只有公布详细的技术细节，寻找创新产品与现有技术的微小差异点，才能让专利最终得到授权。从这个角度来看，发明人要想不白忙一场，让专利申请最终得到授权，就一定要在申请专利时提供详细技术细节。其实这种要求也并不稀奇，很多大型公司不但

要求发明人撰写详细的技术交底书，甚至要求发明人准备发明方案的PPT，在公司内部的技术评审委员会面前现场阐述自己的详细技术方案，进一步判断技术创新性与技术价值。只有经过前期的严格筛选与准备，才能真正的获得授权且有较大技术价值的发明专利。

案例：某跨国公司，主营半导体设备，要求发明人做专利提案时，采用如下方式：

（1）首先要求发明人按照提案模板，撰写详细的技术交底书，交由内部的专利工程师进行专利性的初步检索，初步判断该专利提案的新颖性、创造性如何；筛选出有新颖性、创造性的专利提案，再统一交由外部事务所进行专利查新检索。

（2）专利工程师约发明人及外部事务所的专利代理师到公司内部举行发明内容的面谈交流会，由发明人准备PPT，详细讲解该技术的基本原理及具体细节，并展示产品样品与工艺流程，让公司的专利工程师及事务所的专利代理师充分理解该专利的技术构思和技术细节。在沟通过程中，专利工程师与专利代理师初步确定该专利的主要发明点，以及支持主要发明点所需要的技术实施例；询问发明人哪些技术实施例可以做到，启发发明人思考竞争对手会采用什么样的方式来规避本公司专利；经过面谈交流后，让专利工程师与专利代理师全面了解专利提案的各种技术细节。

（3）事务所专利代理师根据面谈了解的发明内容再次补充查新检索后并撰写专利初稿发送公司内部专利工程师以及发明人，分别确认专利保护范围以及技术描述是否正确。

（4）事务所专利代理师递交专利申请并进行后续专利审查答辩，直至专利授权。

可以看到该公司将技术交底的沟通及保护范围的确定作为整个专利申请的最重要部分，我们通常讲，“皮之不存，毛将焉附”，发明人的技术交底就是专利的这张“皮”，如果发明人提供一张“烂皮”，专利工程师及专利代理师所有的努力都会因为没有“皮”这个基础而如无根之萍。之前笔者听到某公司专利总监在分享他二十年的专利工作经验时说，公司专利工作，无非六个字——“好创意、好专利”；在发明人那边发掘好创意，然后布局出好的专利包，利用这些专利包，结合公司的市场定位及目标，或攻或守，为公司赢得最大的商业利益。

6. 只口头叙述发明构思，不写技术交底书，专利代理师可以代为处理吗

研发技术人员一直是公司最重要的中坚力量。对于大公司来讲，其已经形成成熟的研发管理制度，可以定期输出专利技术成果并经过内部专利工程师等协助，形成专利技术交底书；经过外部专利服务机构协助，形成专利申请文件并经过审查获得发明专利授权。但对于众多技术驱动的中小科技公司来说，其内部组织架构并不完善，研发人员面临较大的研发压力，也没有配备内部专职专利工程师，技术交底书如何处理就成了重大难题，专利申请的流程性事务还可以让公司行政人员对接处理，但最重要的技术交底的梳理撰写只能是研发人员自己完成。实务中存在如下几种技术交底情况：

（1）发明人跟专利代理师面谈交流，口头告知专利构想，但具体专利技术都没有；

（2）发明人跟专利代理师面谈交流，口头告知专利构想，以及实际产品模型和具体技术细节，但没有详细的书面交底资料；

（3）发明人跟专利代理师面谈交流，口头解释了专利产品的基本构思以及主要创新点，结合产品样品讲解了具体技术细节，经过与代理师讨论后，再提供详细的书面交底资料。

显然，第一种情况中，发明人实质上未作出任何发明创造，要求专利代理师代为完成“命题作文式”的“发明创造”，这并不是专利代理服务，而是“委托编造专利”服务，这样的编造专利申请基本是无法得到授权的。

第二种情况中，发明人其实已经做出了发明创造，但是本人没有意愿或不知道如何将技术内容书面描述出来，这时，专利代理师可以通过录音＋现场沟通的方式，辅助发明人进行技术交底，当然这对专利代理师的技术功底要求比较高，最好现场就能理解发明技术，并能够挖掘出专利的细节。这时候，发明人本身“有货”但不知道怎么输出，需要有经验的专利代理师进行技术引导，挖掘出专利申请所需要的各种技术细节。

第三种情况中，是最好的技术交底情况，即发明人与专利代理师现场进行技术沟通，更深入地理解发明创造的技术构思及方案，同时还能根据发明人的书面技术交底来进一步准备专利申请文件。

所以，对于第一种情况，代为编造专利服务一方面是违规行为，另一方面对发明人来说几乎没法得到授权或得到保护，也得不偿失；对于第二种情况，发明人不提供书面交底，专利代理师是可以代为提供撰写书面交底书及专利挖掘服务的；对于第三种情况，发明人已经自行提供书面交底，专利代理师可以在现场沟通中进一步拓展深化专利方案，是非常有利于提高专利授权与扩大专利保护范围的，也是绝大多数专利服务机构非常喜欢的合作方式。

案例：某发明人联系专利事务所，说有个关于“无线充电”的发明创造要做专利申请，希望跟专利代理师先做技术沟通交流，经过多轮沟通交流，发现发明人已经有了发明的技术框架思路，技术方案的进一步验证也正在进行，但是具体细节部分还未确定，在发明人提供的技术交底书中，提供了专利待解决的问题，对基本技术构思的原理、框架性方案以及技术效果、应用场景都做了详细描述，但是具体方案细节还没有确定，正在研发中，发明人一方面怕其他同行抢先申请，另一方面觉得专利申请也不需要做出最终产品，只要有发明构思与方案就可以申请，针对这种误区，发明人需要了解：

（1）专利申请递交时，一定是一个清楚完整、能够解决发明问题实现发明技术效果的技术方案，发明人的这个“无线充电”专利，问题明确、效果明确，但是具体技术方案还没有明确，或者说具体方案还在进一步研发过程中。这种情况不符合《专利法》对专利的“清楚完整可实施”〔1〕的基本要求，所以暂时没法申请专利。

（2）发明人如果担心有人抢先申请该技术，可以先提交专利申请，在专利申请递交后12个月内继续研发，〔2〕在研发完成后撰写新的专利申请，并要求原专利申请的优先权，从而在新的专利申请中吸收原专利申请。这样，就可以解决他人抢先申请的情况。

7. 还没做出产品，但发明构思及细节已经确定，可以申请专利

常规的产品研发过程是：市场调研、项目设计、方案设计、方案评审、结构设计、输出评审、产品试制、小试、中试、量产。

很多时候，企业在一个产品量产销售之前进行专利申请，这样产品的研发过程已经完成，可以按照产品的实际技术情况进行专利申请，这种做法也没有问题，但是申请专利的时机不对，有可能会被进行类似产品研发的竞争对手提前申请专利而带来巨大损失。建议专利申请的时机可以选择在方案评审阶段或者产品输出评审这个阶段。因为在这两个阶段，专利技术方案的基本框架及具体细节已经完成，欠缺的是产品生产工艺的进一步验证，大多数时候，产品生产工艺的验证并不会影响整体技术方案，所以在这个阶段进行专利申请是可行的。

在专利申请时，并不需要提供产品实物，只要技术方案“清楚完整可实施”就可以，审查员在审查过程中，也能根据专利申请文件中披露的具体结构、流程方法、工艺参数等进行逻辑推理，验证该专利是否解决了声称的技

---

〔1〕《专利法》第26条第3款规定：“说明书应当对发明或者实用新型作出清楚、完整的说明，以所属技术领域的技术人员能够实现为准；必要的时候，应当有附图。摘要应当简要说明发明或者实用新型的技术要点。”

〔2〕《专利法》第29条第2款规定：“申请人自发明或者实用新型在中国第一次提出专利申请之日起十二个月内，或者自外观设计在中国第一次提出专利申请之日起六个月内，又向国务院专利行政部门就相同主题提出专利申请的，可以享有优先权。”

术问题以及是否具有声称的技术效果。但在生物化工领域例外，因为生物化工领域的专利技术一般都需要在产品生产完成后进行测试试验验证，生物、化学领域是实验性学科，很多创新技术很难通过逻辑推理进行验证，需要大量的试验尤其是对比试验来验证技术效果，测试各种性能效果，所以光产品制备成功还不行，还需要在各种测试试验完成后进一步验证是否解决了技术问题，是否具有更好的技术效果。

案例：笔者早些年与某个发明人非常熟悉，非常了解他们的具体技术及相关产品，做过他们家很多专利申请后，双方的技术沟通变得非常简单，往往会在一个电话中，发明人说我们这次的专利是在上一个专利产品中增加了一个常规的“可调节电动支架”，可以解决什么问题，以及达到什么技术效果；还有些时候，发明人发给笔者一个邮件，邮件上是一幅他自己手工画的草图，标注了在哪里做了一个结构调整，对于机械结构产品来讲，因为所见即所得，只要发明人提供技术构思，且逻辑自洽，专利代理师就能够根据他的结构设计引申出要解决什么技术问题并具有什么样的技术效果。双方在产品技术构思阶段就完成了专利撰写及申请的工作，在专利审查过程中，审查员也不会质疑专利本身是否可实施。这在机械、电子电路、通信等非生物化学类技术领域中，非常常见且非常普遍。

但在这些技术领域中，专利代理师一般还会要求发明人提供书面技术交底，一方面是因为在非书面沟通中，担心双方的技术理解出现偏差；另一方面在书面技术交底中，双方都可以更好地拓展技术方案，便于挖掘更多的专利细节提升授权率，同时也能更好地扩大专利保护范围。

8. 怎样利用国外的先进技术在国内申请专利

各国技术发展不平衡，国内技术水平在某些领域离一些发达国家还有一定的距离是客观事实，有些发明人在国外工作学习生活中接触到了国外的一些先进技术产品，经常问专利律师，能否将国内没有但在国外已有的先进技术拿到中国来申请专利。对这个问题不能一概而论，具体分析如下：

（1）国外技术已经发表论文或者申请专利，即已经对外公开发表，那就不能再拿到中国来申请专利，即使该技术并没有在中国申请专利。

（2）国外技术仅公开销售使用并没有申请专利，从理论上讲，已经不具有专利新颖性了，在中国申请专利难度较大。

（3）即使国外技术已经对外发表或申请专利，也可以在其基础上进行二次改进，如果该改进是具有创新性的，就可以在中国进行专利申请。

专利与商标不同，国外商标没有在中国申请，我们就可以在中国注册该商标；但如果国外专利已经有了，其他人就不能在其他国家包括中国就同样内容进行专利申请，只有对其进行创新性的二次改进，才能在国内获得新的专利权。

案例1：某中国企业与美国企业合作，美国企业有一项关于AR眼镜的顶尖技术，刚刚在美国申请了专利，中国企业在参观了解了这款产品并获得了相关研发资料后，在自己的实验室里面成功“反向工程”出了这款产品。经双方协商后，美方同意中国企业可以在中国申请专利，那么中国企业是否可以在中国申请该项技术的专利呢？

（1）由于美国企业已经在美国申请了该项技术专利，除非美国企业将其在中国申请专利的优先权转让给中国企业，不然中国企业直接去申请中国专利，由于申请内容与美国企业已经申请专利的内容一致，不具备专利新颖性，就无法获得专利授权。

（2）中国企业如果在研发过程中，有新的创新性的技术改进（只是常规性的技术适应调整不属于创新改进），可以在中国和美国就其技术改进申请专利。

案例2：某医疗器械公司，创始人在美国学习工作多年后回国创业，主营一款医疗器械产品。该发明人坦言，该技术在1997年就已经申请美国发明专利并授权，在美国已经应用多年，但该公司生产的这款产品跟美国公司产品有多个区别，经过专利律师比对，发现发明人提及的三处区别中，有两处只是单纯材料替换的非创新性改进，但有一处是部件结构的更改，并带来整体功能的提升，属于创新性改进。该技术在中国申请了发明专利，最终获得了发明专利证书。受此鼓舞，该公司在该领域不断研究探索，积累了一百多项专利并在成立六年后成功上市。

9. 企业产品只在国内销售，不销售到国外，有无必要申请专利

很多企业仅做国内市场，并不做外贸，觉得这样就没必要申请专利了，甚至很多四十岁以上的企业家，认为国内某些地方知识产权保护环境不佳，申请专利也没用，就不用去浪费那些人力和物力了。

国内企业即使只做内贸，申请专利也有如下好处：

（1）创新技术申请专利保护，可以避免同行抄袭模仿，即使真的打官司也难以胜诉，起码有制衡对方的砝码在手，总比只能眼睁睁地看着对方侵权却毫无办法强得多。而且专利权人可以不用直接找模仿抄袭的竞争对手，而是直接找购买使用的客户，发函警告或者投诉侵权，大多数客户从商业利益角度考虑，都不太愿意使用专利侵权产品，这样就为专利权人赢得了更多机会。

（2）有专利在手，可以作为战略威慑，引而不发，向侵权方的周边客户及供应商发函警告，向其招标方投诉侵权，向海关进行知识产权备案，基本可以将侵权方向规模化品牌化发展的机会封死。

（3）对企业自身来讲，可以避免内部员工离职后带走专利技术；将核心技术申请专利，即使有员工离职，了解到公司已经申请相关专利，会大大降低员工故意侵权进行恶意竞争的概率，而且就算员工侵权，使用公司的专利技术也会受到法律制裁。

（4）为企业积累技术与声誉，获得政策支持与荣誉，吸引人才与发展机会，这些软性的机会对企业更为重要。

每个科技型公司，即使不参与国际竞争，只要有创新产品、创新技术，都应该去申请专利，并通过专利进行竞争，就能越做越大，越做越强。

案例：上海某外贸公司，之前一直为国外企业在国内组织货源，做OEM[1]定制生产，在2008年国际金融危机后，开始改变经营模式，做一些产品研发，在工厂定制生产后在国内市场销售。多年的外贸经验，使他们对国际上的高端产品及需求更为了解，设计出来的产品也非常有“国际范儿”，很受消费者欢迎。他们将每款设计都做了结构专利申请及外观专利申请，一方面防止工厂仿冒侵权，另一方面防止有同行模仿。在多年发展过程中，多款产品被人抄袭，他们选择其中两款爆款产品做了专利维权，其中一起认定构成专利侵权而胜诉。通过专利诉讼，他们将竞争对手从电商平台以及大的销售渠道清理了出去，牢牢地把控住了主流的经销渠道，同时不断加快新款设计，越做越好。

10. 研发项目不做专利检索查新，会存在专利侵权风险

管理规范的大中型企业有非常成熟的产品研发流程，产品研发流程一般是：概念验证、技术调研、市场调研、项目设计、方案设计、方案评审、结构设计、输出评审、产品试制、小试、中试、量产。

研发部门在研发启动时会进行详细的技术调研与市场调研，技术调研中现有专利的查新检索是非常重要的部分。通过技术及市场调研，可以充分了解该产品目前的技术研发现状及研发水平，便于研发人员站在巨人的肩膀上精准定位后续研发真正需要解决的问题，避免做无效研发；同时还可以让研发人员在后续研发中有意识地避开他人已有的专利技术，降低或排除最终研发成果的专利侵权风险。正因为技术与市场调研如此重要，所以大中型企业往往前期会投入巨大的人力物力来进行调研论证，从而有力地保证项目的最终成功。

---

[1] OEM：英文Original Equipment Manufacturer的缩写，也称为定点生产，俗称代工生产。

实务中，很多中小型公司并没有完善的研发组织管理制度。很多时候，技术研发工作是老板或者研发总监个人的“拍脑袋决策”，他们根据个人的行业经验与认知，预判出某款产品会热销，或者发现了行业中某个产品需求的空白，于是立即组织公司人员加紧进行方案设计、结构设计、产品试制、量产销售。中小公司的领头人具有敏锐的市场嗅觉与丰富的产品设计经验，他们精简了产品研发的流程，通过快速推动产品研发，往往比大公司更快地推出新产品抢占市场。

随着这些年技术的蓬勃发展以及知识产权保护意识的不断提升，这种取消“技术调研”尤其是“专利调研”的研发流程，往往导致产品最终频频受到专利侵权诉讼而承受巨额赔偿，导致整个项目最终失败。

所以，如果在产品研发时能够进行充分的专利查新检索，就可以实现磨刀不误砍柴工，不但避免无效研发，研发成果申请专利的授权概率也可以得到较大提升，而且能够最大限度地避免侵权风险。

案例：某知名乳制品公司，公司内部立项研发“酸奶瓶口毛刺割嘴”项目，要解决消费者反馈的公司的酸奶瓶口有倒刺割破了顾客的嘴唇这个问题。公司内部成立了三人项目攻关小组，经过了一年多的结构设计改进，终于解决了这个问题，产品经过试制发现效果非常好。于是项目组准备资料开始申请专利，然后发现在专利查新检索时，有同行在两年前已经申请了类似的专利并已经授权。该项目小组经过反复比对，郁闷地发现自己的设计方案与同行的专利技术实质性相同；经过咨询专利律师，才知道不但这个技术他们没法申请专利，而且他们公司还不能使用，如果使用，那么认定构成侵权的概率就非常大。

这就导致该项目小组一年多的研发工作都白做了，投入的人力和物力都白费了。要么放弃这个项目，要么再对同行的这个专利产品进行规避设计，最终项目组评估了规避设计的难度后，无奈放弃了该项目。

11. 微创新也可以申请专利，专利并不需要“高大上”

我们发现有很多技术人员对专利存在一种来自本能的误解：（1）费了九牛二虎之力做出的发明创造才是专利；（2）教授们在前沿学术领域做出的重大创新才是专利；（3）对产业有极大推动意义的创新才是专利。

如果你是针对公司产品做了一点小改进，目的是操作简便、降低成本等，那技术含量太低了，怎么能申请专利呢?

笔者认为，对于技术创新有两个不同的价值评价体系：

第一种：技术价值评价，也就是我们研发技术人员的常规技术认知，只有攻克前沿技术问题，解决重大技术难题才是最有意义的高价值创新；反之，则是低价值的创新。

第二种：专利价值评价，专利价值评价标准是该技术是否具有新颖性与创造性，只要具备新颖性与创造性，就可以作为专利申请并授权保护。

从这两种评价体系的不同，大家可以看到，我们在做专利时应当考虑的是技术创新是否有新颖性、创造性，而不应当混以技术价值标准来衡量是否可以申请专利。

现代技术的迅猛发展，导致在现有的技术框架下，各种创新技术攻城略地、占地为王，现代技术产业中，充斥了大量的专利技术、研发技术人员再想在现有的技术框架中寻找到大片的技术创新空白点，就显得非常困难。没有基础理论的突破，很难产生开创性、颠覆性的技术创新，所以往往技术创新不断向“微创新”发展，在现有技术体系中进行改进迭代、组合转用。这种技术发展现状决定了整个发明专利体系持续在“微创新”的道路上前进，未来相当长时间内也难以改变。

案例：某集装箱公司，鼓励员工进行发明创造，但是集装箱行业属于传统机械加工制造行业，技术发展非常成熟，研发人员觉得难以做出新发明创造。公司内部专利工程师在深入了解行业专利现状及企业技术能力水平后，制定了如下的专利挖掘创新思路：

（1）制定专利申请及授权的奖励措施；

（2）重点产品部门设置专利申请 KPI[1]考核；每个研发技术人员也有对应的专利申请 KPI 考核；

（3）向技术部与生产部搜集整理行业内各种集装箱箱型产品的现有技术方案及对应的专利对照表，与研发技术人员寻找目前技术中未被申请专利的专利空白点，进行专利申请；

（4）向市场销售部、售后服务部搜集整理公司产品中客户相关建议及投诉，针对客户反馈的问题，请研发技术人员提供解决方案并筛选申请专利；

（5）检索查询本行业头部公司的专利申请，对标同行确定专利申请方向。

经过上述工作整理与推进后，公司年度专利申请量不断提升，前后累计申请了五百多件集装箱专利；而该行业头部公司累计申请了近五千件专利申请。

12. 微创新专利申请的衡量尺度与挖掘方向

研发技术人员在衡量公司已有的技术能力与行业技术发展水平的情况下，会不断地对现有产品做“微创新”进行技术优化迭代，那么哪些微创新是可以申请专利的呢？我们都说专利价值体系的衡量标准是新颖性与创造性，即在全世界范围内都是最新的，与现有技术都不同，而不同之处又不是常规技术手段，那么这种微创新就是专利创新。

我们可以把这样的衡量标准客观化、简单化：

（1）查找不同之处：我们做出的微创新是否与现有技术有不同之处；

（2）评估不同之处：不同之处是否在本领域的相关文献（包括专利文献及期刊杂志等）有对应记载，如果有，就是现有技术；如果没有，就是专利

---

〔1〕 KPI即关键业绩指标，是通过对组织内部某一流程的输入端、输出端的关键参数进行设置、取样、计算、分析，衡量流程绩效的一种目标式量化管理指标。

创新技术；

（3）将微创新整理出来进行专利申请。

企业内部如何进行这样的微创新引导与挖掘呢？

（1）迭代改进：按照产品理想状态，发掘、发现现有产品的不足，进行微创新，提出可行的改进方案；

（2）组合增加：按照产品理想状态，为现有产品增加新功能，并与现有产品相互融合提升；

（3）转用适应：按照产品理想状态，将其他行业中的好功能转用到现有产品上，相互融合提升；

（4）理想化预言：任何产品技术演进如果没有外来技术革命颠覆，一定是向最理想状态推进；这种最理想状态在技术表现上可能是：成本更低廉、结构更简单、操作更方便、控制更智能、使用更环保……按照理想状态来推动产品微创新。

案例：某半导体设备公司，主要利用自己的设备帮客户做产品加工，产线上的设备都是采购的行业标准设备，大量的工人是流水线操作工人，部分技术人员是设备的维修保养人员，在这种情况下，总公司又有专利申请数量的要求，如何推动并激发专利申请呢？

（1）一方面针对研发技术人员要有 KPI 考核，另一方面要有专利申请奖励，重奖之下有勇夫，KPI 下出英才；

（2）外部培训 + 素材帮助：定期给研发技术人员进行专利培训；选送优秀研发技术人员去参加 TRIZ[1]发明创新培训，并对内分享；让专利律师检索并整理行业内最新的重点专利并定期与所有研发技术人员现场解读，现场“头脑风暴”。

在这种情况下，一方面没有过多占用研发技术人员的工作时间，将烦琐

---

〔1〕 TRIZ 是 Teoriya Resheniya Izobreatatelskikh Zadatch 的缩写，中文含义是：发明问题解决理论。TRIZ 是基于知识的、面向人的发明问题解决系统化方法学。

的文献调研查新工作委外处理，又将最具难度的“微创新”工作交由研发技术人员负责，并采用多种方式提升推动研发人员积极创新，取得了非常好的效果，每年都能轻松输出50个左右的专利提案，最终稳定输出30个左右的专利申请。

13. 目前不会去做的产品有无必要申请专利

按照企业的产品推进计划，目前暂时不会去做的产品是否就没有必要去申请专利呢？显然是不行的。我们都知道，专利工作对企业来讲，有三个方面的作用：

（1）“保护伞”：创新技术申请了专利，受到专利保护，竞争对手同行就不能抄袭模仿专利权人的技术，跟专利权人进行恶性竞争；这时候专利是产品的“保护伞”，避免被他人抄袭模仿。

（2）护城河：企业既要参与市场竞争，又要建立技术壁垒，避免“与野蛮人刺刀肉搏”；通过专利来为自己的产品建造“护城河”，形成“世外桃源”，让自己的产品免受激烈市场竞争，获得高额利润。

（3）“核威慑”：通过储备大量的行业专利，对同行形成威慑能力，有利于加强行业技术壁垒，保证相对公平有序的市场竞争环境。

在这样的专利战略思路指导下，企业就不能将自己的眼光局限在对已经研发出来的实际产品进行专利保护，而要放眼公司长远利益，进行如下专利申请布局：

（1）已经研发完成的创新技术要申请专利，形成“保护伞”。

（2）研究挖掘行业常规通用技术、自身产品相关外围产品、自身产品相关的上下游产品应用场景等，形成“护城河”。

（3）持续研发，一方面收购整合行业相关专利技术，另一方面预言行业方向，与科研机构进行产学研合作，进行前沿技术专利布局，形成核威慑。

案例：华为公司堪称国内企业知识产权工作的典范标杆，目前有众多的国内科技公司学习华为专利布局方法推进专利工作，以下是笔者梳理的华为专利战略[1]：

（1）各产品线配备专门的专利工程师，专利工程师与发明人配合，推动挖掘专利提案、技术评审、专利评审、专利申请、专利授权，形成各主要产品的“保护伞”。

（2）公司设立有资深工程师及市场部、管理层的高层组成的技术预言部门，对行业技术发展进行专项研究，形成“护城河”。

（3）投入巨大研发，全球招募各领域科学家设立研究院，在各国与科研院所研究机构进行合作或者资助；设置专门部门推动将已有专利成果嵌入行业标准与国际标准中，最终形成全球布局的超10万件专利，有众多专利嵌入大大小小的行业标准、国际标准中，成为通信行业当之无愧的世界级巨头。

14. 从专利制度的发展历程来看为什么要委托专利代理师

专利制度是随着经济的快速发展而出现的，逐步演变成为保护发明创造推动科技进步的主要制度工具。

时针时代：有工匠做出技术创新古来有之，人类历史的进程就是技术不断发展的进程；在西方工业革命之前，技术演进发展速度极慢，技术水平在几百年间才向前滚动一小步，时光像凝固了一样，像钟表上的“时针”一样缓慢转动，发明创造被中国古代一些士大夫们认为是奇技淫巧，根本不登大雅之堂；西方技术发展也是举步维艰，缓慢而行。

分针时代：西方工业革命让技术爆发出了巨大的力量，人类开始正视技术创新对于社会发展的巨大意义。彼时，蒸汽机为代表的机器革命，让传统手工技术逐步进入工业机器大生产时代，技术发展每几十年都会有巨大改进，

---

〔1〕《华为创新和知识产权白皮书2020》，载其公司官网，https：//www. huawei. com/cn/news/2021/3/huawei - releases - whitepaper - innovation - intellectual - property - 2020，最后访问时间：2021年5月25日。

于是西方国家创设了以鼓励技术创新为根本价值导向的专利制度。

初始的专利制度要求发明人提供创新产品实物、提供“技术说明书”，详细描述自己的创新技术，通过向社会公众公开专利技术说明书来推动社会的技术创新，又通过专利垄断保护激励发明人公开创新技术。

秒针时代：第二次工业革命之后，现代技术发展日新月异，整体表现出螺旋式迭代演进的特点。很多创新技术是在现有技术的基础上进行改进发展的，这时候单凭一份发明人提供的技术说明书很难识别出一份创新技术中，哪些是现有技术已经存在的，哪些是发明人做出的技术创新贡献。所以在1883年左右，现代专利制度发展出了“权利要求书”，相对于“技术说明书”而言，这是一份法律保护范围的公开宣言。〔1〕

专利局审查员在专利审查时主要核查：

（1）“技术说明书”中的创新技术是否清楚完整可实施，因为其他公众要学习掌握这个最新的专利技术才能做出更新更好的技术创新来，所以发明人不能提供假的技术创新材料来获得专利。

（2）“技术说明书”中的创新技术是否真的创新，如果技术说明书全文都是已知的现有技术，发明人没有做出任何技术创新，那就没必要给予专利垄断。专利是否授权的标准就是该创新技术是否具有新颖性与创造性，也就是全世界范围内是否最新的，与现有技术不同的，并且这种不同之处，并不是常规性的技术手段。

（3）在“权利要求书”中将这份技术中的“现有技术”部分与“技术创新”部分区分出来，让其他公众清楚地知道这份专利中被法律确认的“技术创新”的保护范围有多大。

专利局审查员审查专利后，代表国家给真正的“技术创新”授予专利垄断权利保护。

---

〔1〕 徐海燕：《近代专利制度的起源与建立》，载《科学文化评论》2010年第7卷。

而法院的法官在收到专利权人起诉他人专利侵权时，主要比对并判断：专利侵权产品是否使用了发明人做出技术贡献的“技术创新部分”，从而跨入了已经被法律保护的“权利要求书”保护范围。

从专利制度的演进来看，我们可以清晰地看到一份专利文件，具有两种属性：

（1）技术属性：糅合了现有技术与创新技术，形成一份有创新的技术方案；

（2）法律属性：将“创新技术”提炼出来用法律词语进行描述，确定法律上的保护范围有多大。

从专利授权的角度来讲，专利审查员对专利进行检索评估时，只要专利申请文件中确实有创新技术，就可以授权；从社会公众利益角度出发，审查员希望授权给发明人的专利保护范围越小越好。

从专利法律保护的角度来讲，专利权人希望能够有更大的保护范围，这样专利保护的领地就越大，有更多人可能跨入专利保护领地中从而构成专利侵权，那就意味着高额赔偿或者缴纳专利许可费。

这两个不同角度的考量最终变成一种利益的博弈：

发明人希望基于“创新技术”的“技术贡献”获得一个相对更大的“专利保护范围”；而专利审查员作为国家利益与公众利益的守护人，希望发明人向社会贡献更多的技术创新，但是获得最小的“专利保护范围”。

发明人懂技术创新，但是不懂得如何与专利审查员进行法律博弈；很多时候，发明人的技术贡献假定为10，但在保护范围描述时，将保护范围描述为5，审查员自然非常乐意，痛快地就给授权了。在这种情况下，发明人就需要有一个人既理解他的发明技术内容，又能够将创新技术用更大的专利保护范围界定出来，并与审查员能够据理力争，为发明人在法律上争取更大的保护范围。

从本质上来讲，专利代理师是发明人利益的代言人，在理解了发明人的

“技术贡献”后，将其完整地反映在权利要求书中并极力争取更大的法律保护范围。

实务中，很多发明人觉得专利代理师没什么用，发明人认为：专利代理师只是把我们的专利交底书重新整理了一下格式，其他所有工作都是我们自己做的，包括与专利审查员进行审查意见答辩。这个时候，专利代理师就是一个“文字编辑+流程服务”的工作人员，发明人觉得这个工作自己就可以胜任，并没有体现任何专业价值。我们觉得在讨论这个问题之前，一定要将发明人进行专利申请的动机划分为以下几种情况来区别看待：

（1）专利证书需求：目前市场存在大量的专利证书需求，高新技术企业申报需要专利证书，学校研究课题结题也需要专利证书，专利证书异化成为科研实力的代名词。这类专利需求主体因为只需要专利证书，并不需要后续专利维权，这样专利的双重属性中的法律保护属性就不那么重要了，技术属性才更能发挥作用。从发明人的角度来看，“创新技术”是发明人发明出来的，跟专利代理师没有任何关系，专利代理师的作用只是将“创新技术”描述出来，并跟进服务了专利审查流程，这个工作自然价值不大。

在专利证书需求中，有些专利代理师如果能够有“专利编造”能力，也就是发明人告知专利名称，然后专利代理师做“命题作文”，将对应专利技术内容编造出来。在这种情况下，发明人才会觉得聘请专利代理师有点价值，专利代理师这时不只是“文字编辑”，还做了“第二发明人”，在做“二次技术创新”。但不论是“编造”还是“编辑”，这些并不是专利代理师所擅长的，也不是这个职业能够存在的根本价值。

（2）专利保护需求：如果发明人真正想让创新技术获得保护，那就不但需要获得专利证书，还需要争取到更大的法律保护范围。这时候专利的双重属性，缺一不可，专利代理师才能真正发挥他的作用。毕竟在技术属性层面，专利代理师需要做到的是，理解发明人的技术构思，并准确把握发明人的“创新技术”及其对应的“技术贡献”，并将其撰写形成法律语言的“专利保护范围”；并在后续与专利审查员的交锋中，为发明人争取更大的专利保护范围。

一份好的“创新技术”与一个好的专利代理师相遇，在获得更好的专利保护的目标驱动下，才能真正擦出火花，真正发挥出专利代理师这个职业真正的价值。专利代理师始终站在发明人身边，代表发明人为他的创新技术获得最大的法律保护范围，并让专利授权文件经得起专利无效的挑战质疑，经得起专利侵权诉讼的反复推敲。

案例：某公司是国内企业知识产权工作的标杆，公司内部知识产权部门的专利工程师就有三百多人；有这么多专利工程师，还需要找专利服务机构进行专利代理吗？让内部专利工程师撰写，还省去专利代理费用，不是更好吗？

按照某公司的专利申请产出流程：专利工程师与发明人配合，挖掘专利提案，然后对提案进行专利评审与技术评审，评审通过后再委托外部专利代理机构进行专利申请。业内都知道某公司对专利服务机构的质量要求近乎严苛，经过其认证的专利代理师撰写的专利申请文件一般都要经过公司内部核稿专利工程师三次到五次的往复交流才能真正定稿递交申请。可能很多国内公司就难以理解了，专利工程师全程参与了提案挖掘、专利评审与技术评审，为什么不自己写专利申请文件呢，还费劲修改专利代理师写的专利申请文件，不是多此一举吗？

专利代理行业有近两百年的历史，这个行业存在的价值在于：一手技术、一手法律，为发明人争取最大的法律保护范围。参与全球市场竞争的该公司以及众多的跨国科技企业，真正明白专利代理师的价值，明白这个群体对于发明人的重要性。

当然，我们也不能完全怪发明人，毕竟目前中国科技发展生态还没有足够成熟，我们期待专利代理师不是“编辑”，也不搞“编造”，而是关乎发明人核心利益的专利律师，只有这样，这个职业才能受人尊重！

15. 专利证书在手，也可能构成专利侵权

经常有发明人认为，我有专利证书，就不用怕侵权了；他们会经常催促专利代理师，说帮忙申请加快审查，尽快授权拿到专利证书，有了专利证书，就不怕对方来起诉了，因为我们也有专利，所以就不存在专利侵权了。这个逻辑很奇怪，为什么你有专利，就会不构成专利侵权呢？

在法律属性上，专利权属于排他权。这句话的意思是说，你有专利权，不代表你可以实施这个专利，只表明你有权阻止别人来实施你的专利。为什么你只有阻止而没有实施的权利呢？说来也简单，因为有很多专利属于改进专利，就是在别人的专利上进一步改进的，譬如有人发明了手机，并拥有若干个专利，然后你在手机开屏方式上做了改进申请了专利，你就可以实施这个专利生产这个手机了吗？显然不可以。一个手机上拥有几十万个专利，但是基础专利在高通等手里，所以华为、小米等都要给高通缴纳专利授权费，虽然华为小米在手机上也拥有若干专利，他们也只是在实施自己的专利技术[1]。

理解了专利的排他属性后，我们就理解了拥有专利证书与能否实施专利技术完全是两个不同概念，关键在于你的专利技术是否是在别人的专利基础上建立起来的，所以很多公司在研发出新产品时，虽然也申请了专利，但是在要生产这个产品之前，还要进一步核查是否可以自由实施该专利技术，是否会侵犯他人的专利，即做FTO[2]分析。将自己的产品分解到最小的零部件或功能单元，一个一个地去排查是否侵犯别人的在先专利。只有FTO分析后，认为实施我方专利技术并无侵权风险后，才能无风险地去实施自己的专利技术。

案例：某文具公司，在网上看到一款“爆款”产品，于是买了一个产品

---

〔1〕《芯片行业你应该知道的几个冷知识》，载于新华网，http：//www. xinhuanet. com/fortune/2018－04/22/c_ 1122720602. htm，最后访问时间：2021年8月1日。

〔2〕 FTO，英文全称为free to operate，中文含义为：专利自由实施分析。

回来后自己做了一点修改，然后自己申请外观设计专利，当拿到专利证书后，就开始找厂家生产后也在淘宝上进行销售，没过两个月就收到了法院的传票，同行起诉他构成专利侵权。他觉得很奇怪，自己已经改了别人的产品并且得到专利局审批认可获得证书了，怎么还构成了专利侵权呢？

这就是我们说的获得专利证书与是否专利侵权并无直接关系，在别人的专利产品上做一些新的改进，大概率会获得专利授权，但是如果新的改进是在原有专利产品基础上做出的非实质性改进，那么也会侵犯原有产品的专利权。

二、专利申请

1. 发明与实用新型专利有什么区别

很多发明人在申请专利时，往往会纠结，到底是申请发明还是实用新型？我们觉得可以这么来考虑：

（1）首先明确你的技术方案性质适合什么样的专利保护类型

表 1－1　发明与实用新型专利的各维度对比表

类型	发明专利	实用新型专利
保护对象	工艺方法＋产品结构	产品结构
创新要求	创新要求高	创新要求低
方案属性	技术方案	技术方案
专利举例	一种费托蜡液晶化妆品及其制备方法	多门结构的化妆盒〔1〕

〔1〕图片来源：中国实用新型专利 201620402382.5 的附图图片，授权公告号 CN205597405U，http://pss-system.cnipa.gov.cn/sipopublicsearch/patentsearch/showViewList-jumpToView.shtml，最后访问时间：2021 年 8 月 20 日。

续表

类型	发明专利	实用新型专利
专利保护内容举例	化妆品原料组成为：费托蜡 0.10% ~ 20.00%，主乳化剂 1.00% ~ 10.00%，助乳化剂 0.50% ~ 8.00%，润肤剂 0.00% ~ 20.00%，增稠剂 0.00% ~ 0.50%，保湿剂 0.00% ~ 20.00%，其余为助剂和水。	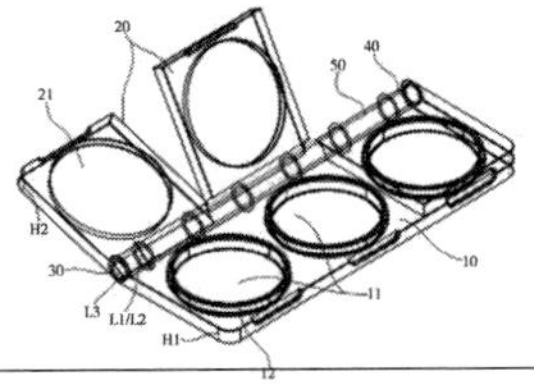
保护时间	20 年	10 年
审查方式	实质审查（与在先技术不相同，并且不同之处不是常规技术）	新颖性审查（与在先技术不相同）
授权	47.3% 授权率[1]	90.4% 授权率[2]

如果是产品结构类的，可以考虑到底申请发明还是实用新型；如果是工艺方法、软件程序、配方材料类的，只能申请发明专利。

（2）明确专利技术方案本身的创造性高低

很多时候，如果发明专利在检索查新后，根本就没有特别类似的相关在先技术，发明人会毫不犹豫地申请发明专利；如果检索查新后，找到了特别接近的在先技术，该专利可能没有授权前景，发明人也不考虑申请专利了。大多数时候，发明人面对的困境是，查新时找到的在先技术与发明有点相关，又有不同之处，但不同之处的创新高度有点单薄，创新层次或者高度不高，担心申请发明会被驳回；申请实用新型又心有不甘。面对这种两难困境，业内普遍采用的建议方式是同时申请发明与实用新型，最终由审查员根据审查结果来帮发明人决定是发明还是实用新型专利。但目前，因为中国发明专利申请量太大，发明专利积压严重，导致专利局可能对同时申报发明和实用新型的专利进行延后审查，这样同报的发明最终在四年后才能进入实审，再过

〔1〕《2020 年国家知识产权局年报》，载国家知识产权局官网，https：//www.cnipa.gov.cn/col/col2616/index.html，最后访问时间：2021 年 6 月 7 日。

〔2〕《2020 年国家知识产权局年报》，载国家知识产权局网，http：//www.cnipa.gov.cn/col/col2616/index.html，最后访问时间：2022 年 3 月 11 日。

一两年才能获得审查结果，所以同报的发明一般要六七年时间才能获得最终结果。这种延后审查会让同报专利的性价比显著降低。

笔者提供一个相对客观的创造性判断标准供发明人参考：如果专利相对于现有技术的不同之处，在本领域都没有出现过，但在相关领域内出现过，则只能申请实用新型专利；如果该不同之处在本领域及相关领域都没有出现过，则可以申请发明。

2. 申请专利一定要委托专利代理事务所吗

申请专利并没有规定一定要委托专利代理事务所，发明人可以自己撰写专利申请文件并向国家知识产权局提交专利申请。但实务中，大多数的专利申请是委托专利代理事务所来办理的，原因如下：

（1）专利事务是专业性要求较高的事务，一个常规专利申请需要如下服务：提案专利性判断、专利查新检索、专利申请文件撰写、权利要求概括布局、专利审查意见答辩、专利流程事务处理等，均需要专业人员进行处理，才能取得最佳效果。

（2）专利期限要求严格。作为一个严肃的法律获权流程，要求专利申请人在各种法定期限内完成缴费、递交请求书、递交答复文件、缴纳年费等各种动作，非专业团队非常容易搞错，而导致专利逾期产生高额滞纳金及专利恢复费用、专利失效、专利终止。

（3）专利保护范围是专利侵权诉讼的争辩焦点，直接决定了该专利的市场价值。一个真正重要的技术创新应当争取最大的专利范围，才能获得最大的法律保护，获得最大的市场利益。因此，决定专利保护范围的每个阶段都非常重要，专利申请、OA 答辩、专利无效都需要经验丰富的专业人员参与，才能争取到最大保护范围。

（4）专利代理师是值得发明人托付与信任的专业人员。专利代理师要求是理工科专科或本科毕业，通过专利代理师考试，在专利事务所实习一年，才能成为执业专利代理师，接受专利申请人的委托办理专利事务。专业的事情交给专业的人，才符合现代社会分工趋势，真正发挥发明创造的价值。

案例：最近两年与同行尤其是专利诉讼律师交流，最大的感受就是很多授权专利由于前期撰写质量存在问题，在诉讼时，就算专利律师使尽九牛二虎之力，也很难胜诉，主要原因在于：专利申请写得太具体，虽然拿到专利证书了，但是保护范围极小；专利申请写得太差，描述都不清楚，上下文前后还相互冲突，导致保护范围不清楚；审查意见答辩时为了授权不据理力争，放弃了很多保护范围，诉讼时被禁止反悔。所以，真正好的技术，发明人最好委托给专业的事务所来处理。你是技术专家，不是专利专家；也不要认为自己“久病成医”，发明创造做多了就可以处理专利申请了，知其然而不知其所以然，发明创造与撰写专利申请文件绝对是两码事，就好比一个资深的专利代理师处理了成千上万件发明创造，也很难成为发明家。

3. 如何选择好的合作知识产权事务所

作为充分市场竞争的中国专利代理市场，一定存在上中下与左中右，如何从不同的维度看中国两千多家专利代理事务所，寻找适合自己的专利事务所？

（1）传统所与现代所

虽然中国专利代理事业才存在三十多年，第一批专利代理师是1985年开始执业的，但是非常明显地存在四个发展阶段：

第一个发展阶段就是1985年—2000年，行业内的“大所”“牛所”基本是国有的，占据资源人才优势，主攻外进内的案件，最强能力“专利翻译”，典型代表是“三驾马车”：中国专利代理（香港）有限公司、中国贸促会专利商标事务所、上海专利商标事务所有限公司。

第二个发展阶段是2000年—2008年，2000年左右开始成立了一批民营事务所，此时，整个市场上还是“粥多僧少”的局面，专利申请需求相对真实，事务所发展稳中有升。

第三个发展阶段是2008 年—2018 年，2008 年中国确立知识产权战略为国家战略，大力提升专利申请量，专利代理机构野蛮增长，大中所中裂变分出许多小所；各类业务模式百花齐放。

第四个发展阶段是2018 年开始至今，中国专利申请量已经太多了，专利申请由量转质时代开启，事务所的竞争开始逐步进入综合实力的比拼。

在这几个发展阶段中，1985 年—2000 年成立的事务所，还有国有所行政管理的特点，注重整体质量与流程管控，对待业务严肃认真，相对“传统”与“保守”。

2000 年—2008 年成立的事务所，目前是中国专利代理发展的中坚力量，一方面利用先发优势积累了足够客户资源与人才，另一方面管理相对灵活开放。

2008 年—2018 年成立的事务所是最新生与多元的力量，不局限于已经红海的专利代理业务，开始开发专利运营、专利无效、转让交易、科技政策等市场。

（2）专精所与综合所

专利事务所的竞争本质上是客户与人才的竞争，如果定位做涉外业务，就需要合伙人中有涉外领军人才，并加大涉外人才培养；如果定位做专利运营，合伙人中需要有专利运营人才与客户资源。

合伙人代表了事务所的最高水平与专业方向，如果事务所只有某个方面的专业合伙人，这个事务所基本就是专精这个领域的事务所；如果有多个擅长不同领域的合伙人，那么事务所就是相对综合全面的事务所；当然如果事务所合伙人是市场业务出身的，他们一定是主打市场营销的“综合全面”事务所。

（3）政策型事务所与保护型事务所

事务所的合伙人决定了事务所的定位与方向。2008 年以来，中国专利申请进入10年的飞速增长时代，全国专利申请量增长了6倍[1]，上海专利申请量增长了近3倍[2]；虽说创新确实是如火如荼，但是专利申请的水分极大，尤其是二、三、四线城市的专利申请很大部分脱离了科技创新的土壤，变成了专利工作者迎合“专利指标”的产物。专利大发展吸引了很多行业以外的人员加入；他们分别是商标代理公司、科技政策咨询公司、代理工商注册公司、财务记账审计公司、商务管理咨询公司等，这些非专利专业出身的人员进入专利代理行业，带来了更加市场化的打法、更加多元的价值观，以及更加混乱的市场竞争秩序。

专利代理行业本质上是专业咨询服务行业，并不是市场营销主导行业；虽然传统所缺乏活力，但他们还能守住行业底线与操守。行业投机分子进入这个行业后，逐步将行业服务模式及目标客户进行如下分层：

科技政策导向型事务所：合伙人或者实控人是非专利专业人员，以市场营销为主导的事务所，其中没有拿到专利代理资质的事务所，行业通称“黑代理”；他们的目标客户是中小企业，以帮助客户获得当地科技政策资助为营销切入点，提供“精简”的专利代理服务，以市场营销与低价策略结合科技政策来迎合客户需求；他们的客户往往不具有识别专业服务水平的能力，但对价格较为敏感，对获得科技政策支持、资质荣誉等非常感兴趣，市场营销打法对这类客户非常有效。

专利保护型事务所：合伙人或实控人是专利专业人员，一般以专精所或区域大所为发展目标；市场营销不是这类所的优势所在，他们往往专注服务某个领域某个区域的客户，以提供更好的专利保护策略为原则，发展比较好

---

〔1〕2008年全国专利申请量达到717144件，2018年全国专利申请总量为4146772件。数据来源：《国内专利申请受理年度状况统计信息》，载国家知识产权局网，https：//www. cnipa. gov. cn/tjxx/jianbao/year2008/a/a3. html，最后访问时间：2022年3月9日。

〔2〕2008年上海专利申请量达到52835件，2018年上海市专利申请总量为150233件。数据来源：《上海市专利统计信息》，载上海市知识产权局网，https：//sipa. sh. gov. cn/zlsqltj/20191130/0005－25072. html，最后访问时间：2022年3月9日。

的则会致力于成为区域性大所强所。由于涉外知识产权业务与知识产权维权诉讼业务是知识产权领域利润最丰厚的两块优质业务板块，所以区域性大所强所都会着力发展这两个业务板块。

从以上三种维度分析，大家可以了解一下什么样的事务所适合自己，如果只是为了申报高新企业满足专利数量的要求，找那些科技政策型事务所更划算；如果有自己的创新产品要好好保护，建议找专利保护型事务所。如果价格不愿出太高，找区域性的小所会更有保障；如果有好产品又有预算，那就找传统强所或者区域强所。

4. 如何选到性价比更高的事务所

专利事务所的选择，首先要看需求目标，其次看服务效果，再次看服务人员，最后看服务价格，遵循“四看原则”，大概率能够找到性价比高的专利事务所。

（1）需求目标

目前，专利申请人申请专利基本是两个刚性需求：科技政策需求、专利保护需求。具体来说：

科技政策需求是指专利申请人申请专利的主要目的是满足高新技术企业等科技政策的申报需求，满足企业对外宣传推广需求，等等；专利保护需求是指专利申请人申请专利的主要目的是保护自己的创新成果不被他人模仿抄袭，通过专利全面保护来实现市场垄断。

当然，有部分客户也会说，既希望获得法律保护，又能满足政策需要；显然客户对哪方面需求更看重，客户对这块服务能力的要求就更严格，也更愿意支付更多的对价。

我们不能指望科技政策需求的客户，支付专利保护需求的费用。

有客户说，同样写专利，专利代理事务所对科技政策需求与专利保护需求的服务过程有什么区别吗？我简单罗列对比一下，供大家参考：

表 1－2　科技政策需求与专利保护需求的专利服务各环节对比表

服务要素	科技政策需求	专利保护需求
市场营销	专门营销人员	一般没有
专利前期咨询	市场人员提供	合伙人或代理师提供
专利查新评估是否可以申请	一般不做	一般都会做
专利撰写	可能外包	专职人员处理
专利审查意见答辩	全盘接受式答辩、外包	争辩式答辩，专人处理
专利流程服务	正常处理	正常处理
专利费用资助补贴办理	一般不做	正常处理

（2）服务效果

有市场经验的客户，一般不听你讲得有多好，而是看你做得怎么样，这当然是挺好的服务效果判断方式。但判断标准却经常出错，有客户来问我们：你们能够保证授权吗？不能。但有些事务所承诺可以保证授权，所以他们觉得保证授权的事务所更好。这些客户选择的服务效果判断方式就有问题，专利能否授权跟专利服务机构关系并不大，相反，跟发明人关系更大。

评判专利服务机构的服务效果可以从三个方面来判断：是否做了专利查新检索评估；权利要求书是否做了层次布局；说明书内容是否清楚完整。符合这三个方面，相对服务效果一般都不错。

（3）服务人员

服务人员主要看：服务机构是否有专利代理服务资质，对接的专利代理师的基本履历及服务经验，同类型客户的服务案例。

不要听市场营销人员对你怎么说，自己到国家知识产权局网站上搜索服务机构是否有资质，对接的专利代理师是否有资质，在专利数据库中查询该服务机构及该代理师服务过的客户以及相关案例。

（4）服务价格

看完前面三个部分，再看服务价格，问清楚这个服务价格包括哪些服务以及付款条件，是否可开增值税发票等。

“四看”之后，根据自己的实际需求，综合比较，选择确定性价比更高的事务所。一般而言，在同等服务水平情况下，有专利代理资质且有一定经验的中青年代理师如果愿意为你提供专利申请代理服务，可能是性价比最高的。他们年富力强，精力旺盛，又有一定的经验积累，名气相对也不太大，正处于事业成长上升期，这时候的价格相对于他们的服务能力水平是相对优惠的。

5. 如何评价知识产权事务所的综合质量

一家知识产权代理事务所的综合质量，可以从这几个方面进行评价：

（1）领军合伙人的水平与能力

领军合伙人代表了事务所最高水平与前进方向，虽然大部分领军合伙人并不会亲自处理你的专利申请撰写，但事务所普通代理师的水平能力一定是传承于各领域主管合伙人并受到其指导的。强将手下无弱兵，领军合伙人强，大概率其带领的团队也比较强。

（2）事务所信息化管理水平

事务所信息化管理水平反映了事务所综合管理能力、专利流程管理能力以及事务所长期的经营成本；信息化程度越高，事务所的管理能力越强，服务能力也相对越强，客户体验也会越好。

（3）事务所骨干人员履历及经验

大部分事务所的合伙人是业务开发人员，骨干代理师才是真正的业务处理人员。因此，了解你的专利技术所在领域骨干代理师的履历及经验非常重要，你的专利申请案件可能都是他们在真正处理与把关。

（4）事务所大客户分布情况

有些事务所跟某些名气很大的客户只合作过一两个专利申请，就将这个客户列为自己的大客户，其实实际情况可能是，这个大客户并不认可这个服务机构的服务水平与能力。所以应当在专利数据库中查阅这个服务机构代理的单年度专利申请量排名前二十的专利，以及持续稳定服务的大客户，就能看出这个服务机构的综合服务能力，它们为哪些大客户提供了稳定的服务。

（5）事务所人才招聘信息

事务所最重要的是客户与人才，所以需要了解其长期稳定的大客户是哪些，同时还需要了解对外招聘吸引什么样的人才加盟，一般来说，招聘人员的水平与服务机构的服务水平与能力成正比。

了解了以上信息后，基本可以评价判断一个专利事务所的综合质量，当然也可以辅助以成立时间、荣誉资质及各种宣传信息等，但最重要的就是以上 5 条信息。

6. 承诺发明专利包授权的事务所，值得合作吗

真正了解发明专利申请及专利审查制度的发明人，一般都不会要求专利服务机构包授权，授权是对专利创新高度的认可；侵权是对专利保护范围的考验；只有政策需求的专利申请人才会问发明专利是否包授权，逻辑也很简单，本来就没有指望专利保护，花了钱总希望拿到一个证书，这样才觉得物有所值。

我们对发明专利包授权这件事情，是这么理解的：

（1）专利授权是对专利创新高度的认可，与发明人密切相关

专利代理的过程本质上是：发明人做出发明创造，然后委托专利代理师将这个发明创造撰写描述出来递交给专利局进行审核，专利局审查员审查这个发明创造，如果在全世界范围内都没有，且这种创新并不是本领域普通技术人员就能够轻而易举想到的，则满足了新颖性与创造性的专利授权要求，就授权给专利证书。

我们可以看出来，专利授权与否关键在于发明创造本身是否有新颖性和创造性，而不是专利代理师写得好不好，专利代理师只要把这个技术方案完整地描述出来了（发明人一般会对专利代理师写的专利申请文件进行审核校

对确认），他的主要工作就完成了，专利授权的决定因素是发明创造本身的创新程度。

当然，也不能说专利授权与否与专利代理师一点关系都没有。实务中，我们把发明人提供的专利技术区分为三种：高创造性的、低创造性的、无创造性的。

对于高创造性的专利，譬如大学科研院所的很多教授团队的尖端研发成果，走在世界的技术前沿，任何专利代理师去处理，只要不把申请内容故意写错，基本都能授权。在这种情况下，专利代理师的精力不应该放在如何让发明授权，代理师的精力应该放在如何帮发明人争取到更大的专利保护范围。

对于无创造性的专利，譬如很多小工厂买别人的成熟机器设备，将这些机器设备也拿来申请专利，不用说，再厉害的专利代理师也没法让这个专利获得授权。

而实务中大量存在的低创造性专利，专利代理师在其中发挥的专业作用是决定专利授权与否的最重要因素。一方面，专利代理师要充分挖掘这个技术的深层的技术细节与技术效果，并充分描述展现出来；另一方面，专利代理师要能够预见到审查员可能的审查意见，并预埋伏笔针对性地答辩应对，从而为这类专利争取到最大的授权可能性。

所以现实中，片面强调专利服务机构或者代理师的专利授权率，一点意义也没有，要是某专利代理机构的某专利代理师主要代理一些著名高校的专利申请案件，授权率一般很高。同样，代理一些知名企业的专利申请案件，授权率一般也很高。但这只能说明，这个专利事务所的客户质量高，并不能反映专利代理师的能力就一定强。

（2）专利保护范围是专利价值的体现，与专利代理师密切相关

专利的真正价值体现在法律赋予的排他权，即任何第三人未经过专利权人允许，是不允许生产、销售和使用进口该专利技术的，这就是所有企业家为之疯狂的“垄断权”。如果专利权人通过专利占有了一个技术路线，这个技

术路线就被垄断了；通过专利占有了一个产品，这个产品就被垄断了；如果占有一个产业，那这个产业就被垄断了。这是巨大的商业价值，令无数科技企业为之疯狂。

如果有巨大技术价值的技术创新申请专利后获得的法律保护范围非常小，根本没有起到垄断的作用，那么这个专利价值就非常小。专利代理师就是在充分理解发明人的技术创新后，谋篇布局，从专利局那边为这个技术创新获得最大的专利保护范围，提升其专利价值，扩大其垄断能力。所以，从这个角度来看，专利保护范围的大小取决于专利代理师的能力、经验和操守。

（3）发明包授权本质上是概率论游戏

发明包授权的两个最重要的操作手法是：求偏、求细。所谓求偏，指的是专利创新点要不走寻常路，剑走偏锋；包授权的代理师会帮客户“编造”一些匪夷所思、通常根本不会考虑的另辟蹊径的技术方案，从而获得专利新颖性与创造性；而求细，指的是专利创新点要描述得非常微观具体，洋洋洒洒，把每个技术细节翻来倒去地描述，从而让审查员在检索时找不到类似的描述，从而获得专利新颖性与创造性。从操作层面看，专利包授权是以授权为唯一导向，牺牲专利保护范围，片面通过“特别处理”增加授权概率，但是本质上并不能保证授权，还是要看审查员最终的审查结论，所以包授权就是概率游戏。

武侠小说中经常这样描述：魔教邪派有快速提升武功的秘籍，但这类秘法都有非常大的走火入魔风险；而正派武学则需要打好根基，循序渐进，才能不断精进。包授权就有点类似邪派秘籍，只关注授权，应当平衡考虑的“专利保护范围”完全牺牲，最终也不一定百分百授权，得到的专利证书却没有更好的保护价值。

《笑傲江湖》中最强武功秘籍《葵花宝典》是邪派武功秘籍的典型，习练条件异常苛刻。这实际上就说明了：要想获得“战斗力”是要付出代价的。同样，专利包授权的条件也是：“要想包授权，必先弃保护。”

7. 高质量专利申请文件的撰写注意要点

撰写出高质量的专利申请文件，是后续专利审查及专利维权诉讼的关键所在，要想撰写出高质量的专利申请文件，需要注意以下几点：

（1）权利要求书是该专利要求法律保护的技术方案的上位概括，是一份法律上的权利宣言，是整个专利申请文件中最为重要的文件，必须慎之又慎。

专利权利要求书的撰写不应当仅仅是对发明人技术方案的规范化整理，而应该着重考虑这几点：

①形成一个“上位的、概括的”主权利要求项。

②形成一个没有“非必要技术特征”的主权利要求项；如果没有把握确定该技术特征是否“必要”或者“非必要”，认定其为“非必要技术特征”，将其放入从属权利要求中。

③在从属权利要求中对本专利的区别技术特征进行富有层次感的分解。

④在权利要求中规避使用在审查意见通知书中审查员可能提出的“不规范专业术语”。

⑤假想如果专利被第三人提请无效宣告程序，从属权利要求中各技术特征是否合格的可以组合合并的梯队。

⑥假想如果您是专利侵权人，是否有规避本专利的可能角度，然后封堵这些角度。

⑦如果已经撰写完成的权利要求主权项超过 6 行，应重新仔细阅读交底书，重新规划主权项；如果最终撰写完成的权利要求主权项超过 12 行，请与带教老师商议权利要求布局的合理性。

⑧如果已经撰写完成的权利要求主权项超过 6 个必要技术特征，应重新在纸上列出这些必要技术特征，并仔细考虑这些技术特征是否真正“必要”。

⑨如果已经撰写完成的权利要求书少于 5 项，请与发明人沟通，细化从属权利要求项。

（2）说明书是发明技术方案的详细说明，应当分为以下几个部分：技术领域、背景技术、发明内容、附图说明、具体实施方式。

撰写说明书时，应当注意：

①在说明书中尤其是在具体实施方式部分对权利要求中的“上位的、概括的”技术特征做详细的说明，列举至少2个实施例予以支持。

②对权利要求书中出现的“不规范专业术语”进行详细的、通俗的解释。

③对任何字母缩写，都要注明对应中文全称。

④对于“功能性限定”技术特征，不论是否本领域技术人员所公知的技术常识，都要予以说明，列举具体实施例。

⑤对形成梯队层次的各从属权利要求，在说明书部分，详细写明每个从属权利要求的优点、技术效果，而不要集中在技术效果部分统一撰写，那样容易产生遗漏，并容易形成单一角度的阐述，而不会形成多角度、多方位的阐述，而多角度、多方位的撰写在答复审查意见时需要将说明书中的部分技术特征放入权利要求中时具有非常关键的意义。

⑥对于区别技术特征，尽最大努力，使用不同的语言、通过不同角度、直接、直白、浅显地描述这些区别技术特征的优点、积极效果，这样容易在审查意见答复中，在遇到审查员对于创造性的质疑时，进行技术特征的重新组合时，能在说明书中获得大量的字面意义上的直接支持。

⑦如果可能，在撰写时能检索到本专利的最接近现有技术，针对该现有技术作出合理的布局与规划，在说明书中就区别特征部分进行大量的、详细的、多角度的布局，从而应对审查员在审查中对创造性的质疑。

⑧假想您是侵权人，为了规避侵权，对于主权项里面的每个必要技术特征会做什么样的回避设计，在说明书中完善这些可能存在的漏洞，哪怕这篇专利的技术方案可能无法涵盖这些漏洞，也要当作可以涵盖来详细指出这些可能的规避手法，并说明这些都在本专利的等同保护范围之内。

8. 如何评价专利代理师撰写的专利申请文件质量

很多发明人对技术非常了解，钻研极深，但是看专利代理师写的专利申请文件就懵了，读不懂也看不明白，有时候还非常诧异："怎么我写的专利交底书到你们手里，就变得这么晦涩难懂了呢?"发明人连专利申请文件都很难看明白，就更难评价专利申请文件的质量了。发明人想："也许术业有专攻吧，专利法律规定我也不懂，只要专利代理师能够把我的技术都描述出来了，我就满意了，自己也不专业，别的也不多问了。"

我们现在尝试给不太了解专利法规定的发明人提供一个相对客观的专利申请文件质量的评价方法，这样从小处说，能够促进专利代理师提升专利撰写质量；从大处说，希望能够提高中国知识产权的整体质量。

在说这个评价方法之前，首先应当确立一个前提：发明人提供了充分且丰富的专利技术交底材料并愿意与专利代理师进行发明技术沟通与材料补充。实务中，经常有发明人什么都不愿意提供，或者提供的技术交底书空洞无实质内容，却指望专利代理师能够做"第二发明人"帮助发明人进行创新，并撰写申请文件并最终授权，这是不可取的。

在满足这个前提下，我们认为专利申请文件的质量判断有以下几个方面：

（1）专利申请文本质量

用词清楚、明确、无歧义；各功能性特征均得到实施例充分支持；发明点明确，对应的解决问题、技术效果均有详细表述。

（2）保护范围的层次性布局

针对专利保护范围，层层递进撰写形成"发明构思—功能概括—实际产品"为层级的专利保护梯队。

（3）实施例扩展能力

实施例至少要包括：实际产品、实际产品的各种替代方案、可能的侵权产品。

如果能够做到以上这三条，我觉得这份专利申请文件质量就是非常优秀的。当然实务中，常见的是发明人创新能力很弱，提供的技术交底书中的技术构思早已经司空见惯，具体产品结构也并无创新之处，这时候，专利代理师空有一身武功，也会“巧妇难为无米之炊”，我们就不要难为他再要求什么专利质量了。

漫谈：一个优秀专利代理师的自我修养

一个优秀的专利代理师应当时刻以为发明人争取最大的保护范围为终极追求，在拿到一份专利技术交底后，应当作如下几个方面的动作：

首先，对于“技术创新”本身，进行详细的专利查新检索，尽量准确地厘清现有技术与创新技术的边界，从而更好地进行申请文件的布局，有意识地引导专利审查员认可专利的创造性，从而提升专利授权率。

其次，提炼专利的“发明构思”，将发明构思作为最大的专利保护范围，再将发明构思中各功能模块逐一分解，层层递进形成“发明构思—功能模块—实际产品”为层级的专利保护梯队；并提示发明人补充更多的专利实施例来支持更大的专利保护范围；同时站在侵权方的角度考虑，帮发明人补齐可能的漏洞，尽量扩大专利保护范围。

再次，在审查意见答辩时，能够精准识别出我方专利内容相对于对比文件的差异点，据理力争，争取专利授权并赢得更大的专利保护范围。

最后，以专利侵权诉讼的标准，对各个权利要求项进行装置权利要求、方法权利要求布局，对权利要求用语字斟句酌，既要清楚明确无歧义，也要简练简洁无冗余特征。

一个优秀的专利代理师应当是一个统帅，知己知彼，排兵布阵，运筹帷幄，最终实现己方战略目标；一个优秀的专利代理师应当是一个导演，在拿到剧本后，统筹策划，精准设计，拿捏人心，折服审查员，获得最大票房收入；一个优秀的专利代理师应当是一个谈判专家，明确底线，分析双方谈判筹码，懂得进退，善于利益交换，最终为己方争取最大利益。

9. 将实际产品完整描述出来的是好专利吗

发明人懂自己的专利技术，但是不太懂专利代理师写出来的专利申请文件到底有没有真正保护自己的产品，很多发明人是这样来评价自己聘用的专利代理师水平的：

第一种以忠实技术交底书原文为标准，完整体现、没有遗漏技术交底书中的内容，就是好的专利申请文件，发明人觉得这个专利代理师把他的技术都写出来了，非常好，毕竟有很多专利代理师连发明人的技术方案都理解不清楚。

第二种以忠实实际产品为标准，专利代理师采用类似产品“素描”的方式，完整清楚地描述了产品的技术结构与连接关系，发明人认为这就是好的专利申请文件，毕竟实际产品确实是这个样，能写清楚确实不容易。

其实这两种专利撰写方式都是有一定问题的，只关注了如何将实际产品描述清楚，都没有考虑专利保护，最终会损害专利的保护范围。专利代理师这个职业一手握技术，一手握法律；他们不但要懂发明人的技术方案，将技术方案完整地描述出来；另外，还得懂得专利法律的相关规定，为发明人的技术方案争取最大的最明确的法律保护范围。

只懂技术不做法律保护范围规划的代理师是有缺陷的，只有“技术＋保护”这两条腿走路，为发明人描述清楚技术，又争取了最大保护范围，才是最优秀的专利代理师。所以如果一个专利代理师只是考虑将实际产品描述出来，而没有对专利保护范围做任何规划布局，就缺失了非常重要的权利保护这一环，往往只会给发明人带来一张专利证书，但是专利保护范围非常狭窄，很多侵权人对实际产品稍加变化，就能轻松规避侵权，从而让发明人的心血付诸东流。

案例：某个发明人来专利事务所咨询，说自己发明了一种组装粉底盒上装饰插片的模块化技术，就是把粉底盒上的插片做成可拆卸式的（如下图，部件3就是装饰插片，可以换成各种图案的插片，其他粉底盒部件都是标准化产品），不同规格的粉底盒定制不同的装饰插片进行组装就可以了，从而为生产厂家节约了大量成本。这个创意非常有市场价值，该发明人就找了一名专利代理师撰写了一个实用新型专利递交专利申请，也很顺利地拿到实用新型专利证书。然后发现有很多人仿冒这个专利技术，就想进行专利维权，但咨询专利律师后，发现根本没法维权，觉得难以理解。

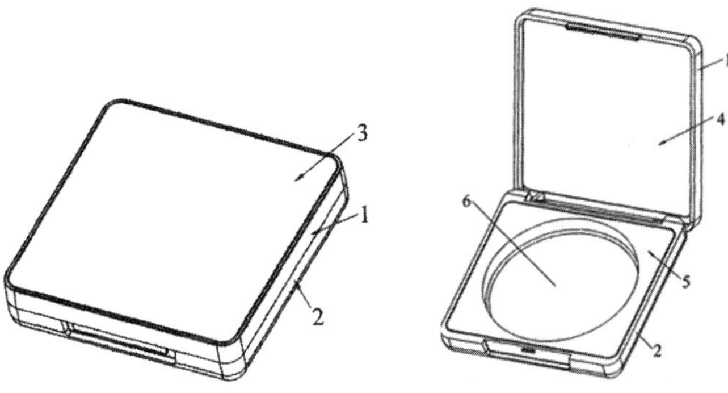

图1－1　模块化组装化粉底盒的结构示意图[1]

这个专利明明授权了，为什么就不能维权呢？问题就出在专利保护范围上。来看看该专利的权利要求书是怎么写的：

“一种化妆品盒的盒体结构，包括上盖（1）和下盖（2），其特征在于：所述上盖（1）的上表面制有凹陷，凹陷内嵌装一上表面与上盖（1）周边平齐的装饰片（3），上盖（1）的内侧嵌有镜片（4）；所述下盖（2）为空腔式

〔1〕图片来源：中国实用新型专利200720131975.3的附图图片，专利授权公告号CN201131431Y，http://pss－system.cnipa.gov.cn/sipopublicsearch/patentsearch/showViewList－jumpToView.shtml，最后访问时间：2021年8月20日。

结构，内嵌有内座（5），内座（5）上开有容物槽（6）。”

大家可以看出来，这个专利的权利要求1把这个专利产品实际结构完整地描述了一遍，化妆盒有上盖、下盖，里面设置镜片、内座，内座上设置容物槽，各种产品细节都清楚地写了一遍。这种权利要求的撰写就导致别人在仿冒这个专利产品时，如果没有加装镜片，内座上没有开设容物槽等都不构成专利侵权，轻松避开了专利的保护。换言之，这是一个专利保护范围非常窄小的实用新型专利，除非侵权人原封不动地抄袭模仿该专利实物，才能构成专利侵权。如果侵权人“动点脑筋”，对该专利技术做点规避修改，譬如内部不加装镜片，内座上不开设容物槽等，都不构成专利侵权，这样专利的保护价值就被大大缩小了。

10. 如何申请到高质量的专利

高质量专利的定义有很多维度，可以是能进行实际产业应用的“产业应用专利”；也可以是攻克行业技术难题的“高难度专利”；还可以是应用在重大工程中具有巨大经济价值的“高价值专利”；等等。笔者认为高质量专利应当同时符合“好创意”“好专利”。

好创意是指该技术创意具有技术价值，有产业应用的基础性与广泛性；不需要过多在意该技术的复杂度、创新高度等，只要在行业中具有难以代替的基础性作用，就是好创意。业内有一句话：同行都必须用到的技术才是好专利技术。标准专利其实是“好创意”的进一步升华。

好专利是指该专利技术法律稳定性强，保护范围大，难以被避开；好专利一定是经过充分详细的检索查新后进行专业的保护范围布局，在授权后难以被他人进行无效挑战，在侵权诉讼中范围明确清晰，取证简单容易，特征比对具体不含糊。

所以，具备了技术价值与较大保护范围的专利就是高质量专利。高质量专利在行业中往往是“基础专利”、是“标准专利”、是行业的“杀手级”专利、是站在专利金字塔顶的“王者级专利”，具有巨大的市场价值与法律威慑力。

要想申请到高质量专利需要做两个方面工作：

（1）注重技术储备与定期筛选，聘用专利工程师或者培养有专利意识的技术人员，对公司已有的技术进行筛选，将应用前景广阔且有一定创新性的技术不断地进行筛选与培育，形成专利储备池。

（2）针对专利储备池中的专利进行重点培育，聘请有经验的资深代理师与公司技术专家一起参与专利保护范围的布局工作，并在后续审查意见答辩中谨慎应对，结合产业实际，极力争取最大、最全面的专利保护范围。

培育高质量专利，一句话概括就是：选育好苗子，委托好园丁，才能长出参天大树！好苗子与好园丁缺一不可，就如同好学生要与好老师相辅相成、相互成就一样。

案例：笔者团队代理过的“智慧黑板”专利案件可以认为是高质量专利的典型。2016 年左右，某公司客户拟进入“智慧黑板”行业，担心有专利风险，委托笔者团队进行行业专利调研，我们调研时发现：行业内有两个 2014 年申请的已授权实用新型与实审中的发明专利，是行业的基础性专利，几乎所有做“智慧黑板”的厂家都在使用这个专利技术，其具有很大的市场应用前景。该客户看了调研分析报告后，通过朋友介绍，与专利权人联系询问是否愿意出售该专利，机缘巧合，发明人也有意向出售，经过紧锣密鼓的谈判，最终以百万级的费用购买了这两个专利。其中的实用新型专利已经经过他人多次专利无效，均保持稳定有效。因此，从技术价值及法律保护的角度讲，这个实用新型专利堪称高质量专利。

该客户购买了这两个专利后，不到一年的时间，在山东与上海分别拿到了当地园区的土地厂房支持，业务得到了飞速发展。同时，在行业内合纵连横，收到了某上市公司的千万级专利许可费用，可谓名利双收，成为行业内的明星企业。

11. 专利申请提交后，还能再修改增加新内容吗

专利申请递交后，一般是不允许再增加新的实质性内容的，专利申请后的修改只允许在原始专利申请文件已经公开的范围内进行。但实务中，发明人在专利申请递交后，又对该技术持续研发，形成了新的技术创新，很多时候发明人希望将在后的技术创新也一并增加到专利申请中，但如果不让增加新内容，应当如何处理呢？

（1）如果在后技术创新相对于原专利创新已经构成新的实质性创新，那就应当重新提出新的专利申请。

（2）如果在后技术创新相对于原专利创新是常规的适应性调整，并不构成实质性创新，如果在后技术创新是在原专利申请 12 个月[1]内作出的，则应当考虑重新递交新的专利申请，并要求原专利申请的优先权。

（3）如果在后技术创新相对于原专利创新是常规的适应性调整，并不构成实质性创新，在后技术创新是在原专利申请 12 个月后作出的，则不建议进行新的专利申请，可以考虑采用其他形式进行保护，譬如外观设计和软件著作权，或者作为商业秘密予以保密。

12. 专利公开公告，就受到法律保护了吗

专利制度本质上是公开换权利，即专利局首先将发明人提交申请的发明创造内容向公众公开，然后再审查该发明创造的内容是否符合专利授权要求，如果符合，就授予专利证书并进行授权公告；如果不符合，就不予授权。所以，对发明专利来说，有两个公开文本，在审查之前的公开公告和在授权时的授权公告。即使是不授权的发明专利，也会公开公告，但不会授权公告。

---

〔1〕《专利法》第 29 条第 2 款规定："申请人自发明或者实用新型在中国第一次提出专利申请之日起十二个月内，或者自外观设计在中国第一次提出专利申请之日起六个月内，又向国务院专利行政部门就相同主题提出专利申请的，可以享有优先权。"

而实用新型与外观设计专利，不存在公开公告，只有授权公告，所以如果我们看到已经公开的中国实用新型与外观设计文件，那就证明该专利已经授权了。

这样，我们就能够理解很多发明人在检索专利文献后的疑惑了：一篇明显没有新颖性的专利竟然已经公开公告了？请注意，这只是发明的公开文本，不是授权文本，不要理解为实用新型或外观设计的授权文本，这个公开文本只表明专利局收到的专利申请文件是这样的，还没有经过审查予以授权公告。

所以申请发明专利，也是一把“双刃剑”：如果这个专利最终不被授权，但内容被公开了，则没法再予以保密。不像实用新型或外观设计，如果不被授权，也不会被公开，还可以考虑作为商业秘密予以保护。从这个角度来看，申请发明专利一定要格外慎重，事前进行充分的专利查新及授权评估，进行全面的层次布局，对各创新点进行清楚完整的细致描述，尽量争取授权保护。

发明专利公开后，专利法规定其此时受到法律的临时保护，也就是说，如果这时候有人侵犯了该专利，专利申请人可以发函警告该人该专利正在申请之中，如果最终授权了，专利权人有权要求对方赔偿在专利公开至专利授权这段时间的侵权损失。当然，如果该专利最终没有授权，那么这个求偿的权利就没有了，所以这个权利是临时性的，取决于该发明专利最终是否授权。

13. 专利在国内授权后还能去国外申请专利保护吗

专利在国内已经授权公告了，是否还能去国外申请专利呢？

我们都知道专利具有地域性，即在哪国申请只在哪国获得保护，要想获得其他国家的保护，就必须到这些国家进行申请并获得授权。

全球化市场决定了很多创新技术需要在多国进行保护，如果发明人开始就确定要在多国进行保护，那问题比较简单，只需要通过 PCT[1]专利程序向

---

〔1〕 PCT 是 Patent Cooperation Treaty 的简写，该条约提供了关于在条约缔约国申请专利的统一程序，依照专利合作条约提出的专利申请被称为专利国际申请或 PCT 国际申请。

多国进行专利申请，或者委托服务机构向多国提交专利申请即可。实务中，往往发明人开始并没有想到要到国外进行专利保护，只是在国内专利申请后的一段时间内认识到这个专利技术价值很高，应当在某些国家获得保护，这时才想起来到国外进行专利申请，是否可以呢？一般来说，到国外申请专利存在三种时间节点：

（1）本国专利申请后 12 个月内〔1〕

专利在国内申请后 12 个月内，不论该国内专利是否已经授权公告，都可以到国外再去申请专利，只需要要求国内专利的优先权即可。如果过了 12 个月，则丧失了或者说放弃了到国外申请专利的权利。

实务中，经常有专利权人理解为在国内专利授权后 12 个月内再去国外申请，那是不对的，是按照国内专利的申请日后 12 个月。

（2）PCT 专利申请后 30 个月内〔2〕

12 个月时间确实太短，也有延长的办法，那就是在国内专利申请后 12 个月内申请 PCT 专利，同时要求国内专利的优先权，这样该 PCT 专利进入国外的截止期限就延长到了 30 个月（有些国家缴纳宽限费可以延长到 32 个月）。

（3）本国专利申请后 12 个月后或者 PCT 专利申请后 30 个月后

超过优先权期限 12 个月或者 PCT 专利申请日 30 个月，不进入其他国家进行专利申请，就再也不能到这些国家进行专利申请了。

所以，总结起来就是：专利在国内已经授权公告了，必须在该国内专利申请日起规定的 12 个月或者已启动 PCT 程序 30 个月内到国外进行专利申请，逾期就视为专利申请人不再希望到国外请求专利保护了。

---

〔1〕《专利法》第 29 条第 2 款规定：“申请人自发明或者实用新型在中国第一次提出专利申请之日起十二个月内，或者自外观设计在中国第一次提出专利申请之日起六个月内，又向国务院专利行政部门就相同主题提出专利申请的，可以享有优先权。”

〔2〕参见《专利法实施细则》第 103 条规定：“国际申请的申请人应当在专利合作条约第二条所称的优先权日（本章简称优先权日）起 30 个月内，向国务院专利行政部门办理进入中国国家阶段的手续……”

14. 为什么同样一个技术却要同时申请发明和实用新型

同样一个技术方案，代理师却建议同时申请发明与实用新型专利，很多发明人都觉得难以理解，这源于我国专利制度的特点。

很多发明人申请专利，会发现专利局可能需要两三年甚至四五年才能审查结束一个专利。而实用新型专利就很好地满足了大家对于“短平快”的期待，实用新型专利审查一般只需要六个月到八个月，相对于发明专利可能三五年的审批时间来说，还是非常短的。另外，很多时候，一项技术到底申请发明专利还是实用新型，确实很难下决断，有一定的创新度，但是创新度也不是那么高，申请发明担心最终被驳回，那就什么也得不到，要是同时申请实用新型，至少不能先拿到了一个实用新型专利证书，然后争取发明专利授权。

当然，同时申请发明与实用新型专利也是有基本要求的：

（1）在申请时就得声明同时申请发明与实用新型，不能先不声明，后面再声明。

（2）两件申请必须在同一天申请，不能错开时间申请。

根据《专利法》第9条规定，同样的发明创造只能授予一项专利权。同一个技术方案，即使同时申请发明与实用新型专利，最终如果实用新型先授权公告，发明再要授权时，审查员一般都会要求申请人选择最终要发明还是要实用新型，如果要发明，就要放弃实用新型专利权；如果要实用新型，该发明专利就不予授权。

大部分的专利权人显然会选择发明专利授权，放弃实用新型，因为发明保护时限长，而且经过实质性审查含金量更高。但也有部分专利权人选择实用新型，放弃发明，虽然保护时限变短了，但经过实审后的发明专利的保护范围可能变小了，实用新型的保护范围更大；另外可能该产品的生命周期本来也不长，没必要通过发明进行保护，还可以节约一部分专利年费。

15. 软件算法程序可以申请专利吗

按照《专利审查指南》的规定，如果一项权利要求仅涉及一种算法或数学计算规则，或者计算机程序本身或仅记录在载体上的计算机程序本身，或者游戏的规则和方法，就不属于专利保护的客体。

这句话可以解读为以下几层意思：

（1）单纯的算法、计算机程序本身属于计算机代码层次，无法体现出其中的技术思想和解决方案，属于著作权法保护对象，不属于专利保护对象。

（2）涉及计算机程序的发明则是全部或部分基于计算机处理流程的解决方案，属于专利保护对象。

（3）涉及计算机程序的发明是否可以授权要看该技术方案本身是否有新颖性与创造性。

（4）软件算法程序即使能申请，也只能申请发明专利，不能申请实用新型专利。

16. 商业方法可以申请专利保护吗

商业方法一般理解为，在商业领域使用，为解决商业问题，具有商业效果的有别于传统商业思维与方法的创新方法。譬如，一种提高储户购买大额存单意愿的商业方法；一种提高彩票销售额的优惠推广方法；一种优化超市优惠券发放的优惠券系统；等等。

一般认为，单纯的不利用信息技术的商业方法属于单纯的智力活动的规则与方法，譬如一套通推式营销方式，房地产业务员通过“话术”结合电话销售提高成单率的电销方法，都没有结合计算机信息技术，属于单纯的人工设计的规则总结与方法，不属于专利保护对象。

将人工总结设计出来的规则方法，通过信息技术使之能够自动化运行实施，并具有一定的技术效果，则属于专利保护对象。只有这样的商业方法能够申请专利保护，同样，申请专利保护的商业方法能否授权，还是要评价其是否具有新颖性与创造性。目前，大部分与信息技术结合的商业方法可以申请专利，但很多因为缺乏新颖性、创造性都被予以驳回。

17. 初创公司，用公司名义还是老板个人名义申请专利

首先，我们要明确一点，按照《专利法》第 15 条、第 16 条的规定，虽然专利是由发明人构思完成的，但是专利的发明人只享有署名与向专利权人请求奖励报酬的权利。专利所有的权利是归属于专利权人的，这些权利包括：禁止他人未经许可的生产、销售、许诺销售、使用、进口该专利产品或使用该专利技术。所以，用谁的名义申请专利，本质上是谁最终享有这些专利的权利。

单纯从法律上的权利义务角度来看，如果公司是老板个人一人独资的，公司申请或者老板本人申请专利，权利在实质上都归属于老板。如果公司是老板与其他股东合资的，老板只是大股东或者股东之一，理论上应当是公司申请专利，公司享有专利权利，因为发明人是公司员工，员工的职务发明归属于公司所有。当然，如果公司与老板有其他约定，由老板来享有专利权利也是没有问题的。一句话，专利权利是可以商量约定的。

但是，很多人问是公司申请还是老板申请专利这个问题时，是基于以下考虑的：一方面，很多地方存在专利资助行为，另一方面，专利是公司申请各种资质荣誉的基础条件。如果考虑专利保护之外的因素，我们建议，还是以公司名义申请专利会更有利于公司的良性发展，具体表现在：

（1）公司申请多项专利，侧面体现了公司的研发能力；

（2）公司申请多项专利，有利于申请高新技术企业等资质荣誉；

（3）公司申请多项专利，可以获得地方上的专利资助补贴；

（4）公司申请多项专利，有利于对外宣传推广；

（5）公司申请多项专利，可以列支为研发费用，获得税费减免的加计扣除。

18. 公司将所有专利的发明人都写成老板的名字，这样对吗

实务中，确实存在很多民营企业将专利申请的发明人都写成老板的名字而其他实际的发明人并不列名的情况，这样做似乎有一些好处：

（1）隐藏了实际的发明人，让竞争对手不知道公司的技术骨干是谁；

（2）直接地解决了可能发生的发明人要求奖励与报酬的问题（这样公司一般一次性对发明人给予奖励和报酬）；

（3）避免发生新入职的发明人做出发明创造进行专利申请时可能被原老东家提起职务发明专利权属纠纷的可能性。

但这样做，弊端也非常明显：

（1）不写实际发明人，剥夺了发明人的署名权，本身是违法行为，容易发生员工离职后向职能部门进行投诉或者起诉的情况；

（2）营造了一种不尊重发明创造的公司氛围，滋生“大锅饭”思想，严重挫伤员工发明创造的积极性。

笔者接触的几乎所有的大中型科技公司，都会制定相应的《专利管理制度》，按照实际发明人情况，由发明人在专利申请文本上进行署名，并给予发明人相应的奖励与报酬，通过精神鼓励与物质激励相结合，激发员工进行发明创造的热情，推动内部技术研发。虽然这样做也可能出现个别问题，但我们相信，依法办事，尊重发明创造的公司价值观更正确，更容易吸引优秀人才，更容易获得商业上的成功，经营也会更持久。

19. 离职后的员工还需要给予奖励与报酬吗

《专利法》第 15 条第 1 款规定：“被授予专利权的单位应当对职务发明创造的发明人或者设计人给予奖励；发明创造专利实施后，根据其推广应用的范围和取得的经济效益，对发明人或者设计人给予合理的报酬。”

员工在职期间，做出职务发明，公司应当给予一定的奖励与报酬，这个

大家都能够理解并真正贯彻执行。但是，如果员工已经离职了，在单位工作期间做出的发明创造，譬如之前只给了发明专利申请奖励，约定在专利授权后再给予授权奖励，该员工离职后，该发明专利才最终授权，这时候是否还需要给予其奖励和报酬呢？

（1）按照法律规定，对离职员工在职期间做出的发明创造也应当给予奖励和报酬，这是基本原则。

（2）实务中，大部分情况下，员工自己也认为，既然已经离职了，就没有道理再向原单位要求年终奖和专利奖励报酬，这是一种朴素的价值观。如果员工放弃自己的权利，法律并不会强制要求单位履行。

（3）为了避免纠纷、防范风险，建议公司规章制度中约定，离职员工在离职交接时，对其在职期间做出的发明创造列出清单并对未结算的奖励报酬予以注明，并要求该员工对后续专利答辩等事务提供如在职员工同样的配合义务，如果离职员工后续不予以配合，则视为自动放弃要求专利奖励报酬或者减少该奖励报酬。这样的规定，在实务中较有可行性，也不太容易发生纠纷。

20. 离职后的员工还可以继续使用原单位的发明创造吗

有员工在职期间做出了发明创造，离职后到了同行公司继续工作，在同行公司工作期间，使用了原来的发明创造，员工自己会觉得："这个专利是我自己独立发明出来的，我自然有权利随时使用这个专利。"

这就涉及我们之前提到的，发明人只享有署名权与请求奖励报酬的权利，而不享有专利权利；专利权利是专利权人享有的，即原来的工作单位享有该专利的权利。所以离职员工在新单位使用老单位的专利技术，即使该专利是离职员工做出来的职务发明，新单位也构成专利侵权，侵犯了老单位的专利权。

21. 如何避免在离职后做出的发明创造构成职务发明

《专利法》第6条第1款规定："执行本单位的任务或者主要是利用本单位的物质技术条件所完成的发明创造为职务发明创造。职务发明创造申请专利的权利属于该单位，申请被批准后，该单位为专利权人。该单位可以依法处置其职务发明创造申请专利的权利和专利权，促进相关发明创造的实施和运用。"

《专利法实施细则》第12条第1款规定，《专利法》第6条所称执行本单位的任务所完成的职务发明创造，是指：

（1）在本职工作中作出的发明创造；

（2）履行本单位交付的本职工作之外的任务所做出的发明创造；

（3）退休、调离原单位后或者劳动、人事关系终止后1年内作出的，与其在原单位承担的本职工作或者原单位分配的任务有关的发明创造。

注意第三项规定，离职退休后一年内做出的发明创造也属于职务发明，这点在实务中经常出现问题，在大家的朴素观念中，既然已经跟老单位离职交接清楚完成，那就从此"相忘于江湖"，怎么到了新单位，在1年内做出跟原单位本职工作相关的发明创造还属于老单位所有呢？这样规定，主要考虑到发明创造的研发延续性问题。实务中，很多发明人在原单位积累了丰富的研发经验，有很多研发课题或者项目已经初具雏形，已经有了解决问题的基本思路，但又考虑离职，在离职前，一般都不会再去以原单位的名义继续申请专利；一般都会等办好离职交接手续后，到了新单位要么继续研究很快就会产生研发成果，要么直接把当时在原单位已经做得差不多的研发成果稍加润色就可以申请专利。在这种情况下，实际上该离职员工的发明创造本质上是在原单位完成的，在新单位实际上做的是辅助性的试验验证完善工作，从这个角度来看，离职1年内做出的发明创造属于职务发明，归属于原单位所有，有一定的合理性。

既然法律是这么规定的，那么如何合法规避这个职务发明规定呢？

（1）在新单位工作期间，与新单位充分沟通，1 年内不能署名发明人申请与原单位本职工作相关的发明创造，但可以享有发明人应当享有的奖励报酬。

（2）如果一定要署名发明人，可以在离职满 1 年后再申请新的专利。

（3）1 年内可以申请与原单位本职工作不相关的发明创造；1 年后就解禁了，可以申请任意的发明创造。

22. 如果与其他公司共同申请专利，对专利权人有什么影响

实务中，专利申请人基于商业利益，会考虑与其他公司共同申请专利，但又担心会对己方权利造成较大影响，很是犹豫不决，笔者列举这几种常见情况：

（1）我方是乙方，与实际参与研发的另一个乙方公司共同申请专利；

（2）我方是乙方，与只采购使用该专利产品的甲方共同申请专利；

（3）我方是乙方，与只提出产品需求的甲方共同申请专利；

（4）我方是甲方，出钱委托乙方实际开发完成发明创造，双方共同申请专利。

专利的所有权利是由专利权人享有的，如果双方共同申请专利，就成为共同专利权人，共同专利权人的权利义务如下：

（1）该专利权利由双方共有，如果没有特别约定，双方相当于一人一半；

（2）任何一个权利人都可以独立实施该专利并享有实施该专利获得的收益，不需要与其他权利人分享这个收益；

（3）如果该专利要对外独占或者排他许可或者出售该专利，需要共同专利权人同意，并一起分享许可或出售利益；

（4）如果该专利要对外进行普通许可，则不需要共同专利权人同意，但应当与共同专利权人一起分享许可利益。

了解了共同专利权人的利益分配机制，我们建议可以根据自己的谈判地位与商业利益诉求，采用如下操作：

（1）如果本公司是甲方，尽量独占该专利，而不需要共同申请；如果一定要共同申请，可以双方单独签订协议，约定对该专利的权利义务分配。

（2）如果本公司是乙方，考虑甲方的诉求（有些甲方仅仅需要挂名，对专利利益没有诉求），可以双方签订专利共同申请协议，约定对该专利的权利义务分配。

23. 增加其他公司的员工作为专利发明人，对专利权人有什么影响

实务中经常出现专利申请过程中，拟增加本公司员工之外的其他人员为专利发明人，这种情况对专利权人会产生哪些影响？

首先我们要明确，专利的权利是归属于专利权人的，发明人只享有署名权与请求奖励报酬的权利，所以如果在专利申请中，增加其他公司中未实际参与研发的发明人，本质上来说，是不符合规定的；但如果一定要增加该发明人，对专利权人的权利没有任何影响，只是可能带来该发明人向公司请求奖励报酬的风险。

一般情况下，增加的发明人可能仅仅是为了评职称、申请科研经费等因素而需要列入，不太可能再向提供帮忙的专利权人请求奖励报酬，但从风险防控角度来看，应当再与该增加的发明人签订一份《自愿放弃专利奖励报酬的声明书》，就可以有效地避免风险发生。

24. 发明人离职后将其在专利文件中删除替换为新员工，可以吗

《专利法实施细则》第 13 条规定：“专利法所称发明人或者设计人，是指对发明创造的实质性特点作出创造性贡献的人。在完成发明创造过程中，只负责组织工作的人、为物质技术条件的利用提供方便的人或者从事其他辅助

工作的人，不是发明人或者设计人。”因此，不论发明人是否在职，都享有署名权，不能予以更改删除。如果更改删除，就侵犯了该发明人的署名权。

实务中，很多公司更改原发明人本意并不是要侵犯发明人的署名权，而是担心职务发明人会向公司主张专利的奖励报酬。如上所述，公司如果已经实际向发明人一揽子履行了职务发明的奖励与报酬，那就不存在该专利在后续实施中再向发明人支付发明报酬的问题了。所以，在发明人离职后，公司应当核实是否已经履行了对该发明人的奖励和给付报酬义务，如果已经履行了，就不存在任何问题，也用不着更改删除该发明人；如果没有履行向发明人支付奖励和报酬的义务，应当尽量联系离职发明人向其支付奖励和报酬并书面确认保留。

同样，如果是从第三方转让过来的专利，也应当向该第三方核实是否已经实际履行向职务发明人支付奖励和报酬的义务，如果尚未履行，应当要求原专利权人积极予以履行，而不应当采用替换原专利申请发明人的方式来规避风险。

三、专利答辩

1. 专利审查意见答辩的两种方式：“我都同意”与“我都不同意”

发明专利在实质审查阶段，专利审查员与专利代理师会进行多次往复沟通，核实争辩该专利申请是否具有新颖性、创造性，是否可以授权。这个往复沟通过程，业内一般称之为讨价还价。如同我们正常去买东西，要跟商家讨价还价时，我们要弄清楚两件事情：

（1）要买的这个东西是真货还是假货；

（2）在基于真货的前提下，我们觉得应该值多少钱。

讨价还价的前提是要买真货，如果是假货，那就一钱不值，不值得讨价还价。

同样，专利审查也基于以上两个基本原则：

（1）该专利技术是否具有新颖性、创造性；

（2）在基于具有新颖性、创造性的前提下，我们觉得应该获得多大的保护范围。

专利审查意见答辩首先要向审查员说明，该专利是具有新颖性、创造性的；在双方对新颖性、创造性有共识的情况下，再尽量争取更大的保护范围。但往往这两者在审查意见答辩中是同时进行应对的。实务中，很多专利代理师将重心完全放在第一点是否有新颖性、创造性上，而对于第二点保护范围的争取上，则采用“随缘”方式：“审查员说的，我都同意。”

专利代理师在审查意见答辩中的策略态度，一般可以区分为以下两种：

（1）“我都同意”类型：只要审查员认可专利有创新性，愿意给专利授权，那保护范围就无所谓，审查员说的我都同意。

（2）“我都不同意”类型：一口咬定专利现有保护范围确定的技术方案就是有创新性，是可以授权的。审查员再怎么质疑，我都不同意，也不愿做任何无理由的退让。

显然，在维护专利权人权利方面，“我都不同意类型”的答辩策略是更有利的。当然，这更需要专利代理师能够充分理解专利内容与创新之处，在“识货”的同时能够软磨硬泡，有效应对审查员的步步紧逼，最终获得最满意的专利保护范围。

2. 专利审查意见中说专利没有创造性，是否专利就不能授权了

在专利实质审查过程中，专利审查员会仔细阅读专利申请文件，然后进行专利查新检索，将检索到的与专利相关的多篇对比文件与本专利作比对，并找出它们之间的区别，分析该专利是否有授权前景，整个专利检索及分析过程都会在第一次审查意见通知书中完整详细地展现出来，发明人在收到该审查意见后，要针对性地进行论述说明审查员的认定错误之处，力图扭转审

查员对该专利的授权前景以及保护范围的判断，并最终争取专利授权。

根据对笔者团队在 2008 年—2016 年对 468 件专利审查意见的大数据分析，审查员在第一次审查意见通知书中，勾选“该专利没有创造性，没有可以授权的内容”审查结论的比例达到 60%；但针对这些审查意见进行针对性答辩后，有 64% 的专利最终被审查员授权。所以，从这个大数据分析就可以看出，审查员作为公众利益的守护人，在第一次审查意见中是天然的“驳回派”，先声夺人，恨不得将所有的专利申请都予以驳回。正如我们前文提及的，专利审查意见的博弈就是一次讨价还价的过程，有砍价经验的朋友应该都能够理解，砍价时的心态与气势非常重要。如果发明人被审查员的这种气势所迷惑，步步退让，那就难以维护自身权益。

所以，知道了专利审查员的心理及大数据分析的结果后，我们在收到第一次审查意见结论为倾向于驳回时，不是立即屈服投降，而是应当不慌不忙，调整好心态，寻找审查员的事实认定以及法律认定过程中的漏洞，充分组织反驳意见，专利授权其实并不难。

3. 审查员能看懂我的专利技术吗，会不会胡乱审查

很多从事前沿技术研发的发明人，自己就是硕士或博士，所以非常担心，审查员同志是否为专业人员，是否会胡乱审查，导致双方最终对牛弹琴，毁了自己的专利。这个真没有必要担心。

中国的专利审查员招录几乎全部是理工科硕士以上学历，参加国家知识产权局的专利审查员招录考试，通过后被录用为审查员，在经过为期 6 个月的封闭审查培训并通过结业考核后才能正式上岗进行专利审查。并且专利局内部根据各技术领域设置对应的审查科室，专业设置几乎是完全参照大学理工科专业划分，所以不存在非本技术领域的专业人士审查专利申请的情况。

目前，实务中反响强烈的一般不是审查员专业不对口，胡乱审查，而主要是大部分审查员因为没有技术研发经历，毕业后直接招录成为审查员，在

审查过程中，往往过分看低专利的创造性，将创新度相对较低的专利直接予以驳回。所以针对这一点，需要专利代理师与发明人通力合作，在进行专利申请文件撰写时，就能够充分描述专利的创新所在，预埋伏笔阐述专利的技术原理、技术问题以及取得的良好技术效果，通过对比试验等不同方式验证说明，让审查员能够充分认识到专利的创造性所在，并最终能够获得授权。

4. 审查意见中说修改就可以授权，我要按要求修改吗

如前文所述，专利代理师在审查意见答辩中的策略态度，一般可以区分为两种："我都同意"类型和"我都不同意"类型。如果审查员在审查意见中说明，只要发明人修改专利内容，将某技术特征并入主权利要求项中，该专利就具有了授权前景，这是实务中审查员经常采用的"糖衣炮弹"，遇到这种情况，我们建议先做情况区分：

（1）该专利是否为政策型专利申请，对保护范围并不介意；

（2）该专利是保护型专利申请，对保护范围非常重视。

如果是第一种政策型专利申请，那可以按照审查员的要求来进行修改，以授权为主要目标；但如果是第二种保护型专利申请，那就不能直接屈服，应当再做如下分析：

（1）如果不修改，该专利权利要求是否具有新颖性、创造性；如果经过分析确认，原来的专利权利要求已经具有新颖性、创造性，没有必要进行修改，那就应当据理力争，充分论述专利的创新之处以及解决的问题与效果，让审查员能够充分理解本专利在不修改的前提下，已经具有了授权前景。

（2）如果确实需要进行修改，应当考虑如何进行最小幅度的修改，最终仍然获得较大的专利保护范围，应当忽略审查员的"区别特征"暗示，也不能直接将认定具有新颖性、创造性的从属权利要求直接并入主权利要求中，而应当选择那些具有新颖性、创造性但对专利保护范围限缩最小的技术特征并入主权利要求中，从而既让专利最终得到授权，也不牺牲专利的保护范围。

5. 审查意见会来几次，是否可以请求快点审查

根据笔者团队在2008年—2016年对353件专利审查意见的大数据分析[1]，发现专利审查意见的平均次数是2.1次，对于最终授权的发明，审查意见次数为1.8次，对于最终驳回的发明，审查意见次数为2.2次。从以上大数据分析，我们可以大致得出，正常的审查意见通知一般有2次，如果专利授权前景很好，在第一次审查意见中，审查员通常只会指出一些非实质性问题，发明人只要按照要求进行修改完善，就可以直接核发授权通知书。

正常的专利实质审查过程需要2次往来答复沟通过程，所以耗时要12—18个月，如果还是觉得太慢，也可以申请发明专利优先审查程序，通过优先审查程序，一般可以加快发明专利的审查进程。按照笔者的实务经验，大部分发明专利在进入实审程序后10个月左右就可以得到最终审查结果，审查速度其实已经非常快了。

6. 审查意见反馈专利技术没有创新，可以再加些创新的东西吗

如果审查员在审查意见中认定该专利技术没有创造性，发明人看了审查意见后，也认可该审查结论，且没法提出有力度的反驳意见，这个专利就很难授权了。这时候发明人是否可以往专利中增加一些新的创新技术，使其具有创造性呢？

答案是不能。专利审查的基础是原始的专利申请文件，在专利申请递交后，专利申请人有对专利进行修改与调整的机会，但是这些修改，只能在原

---

〔1〕 专利审查意见大数据分析方法及步骤如下：首先，通过笔者所在事务所内部的专利流程管理系统导出2008年—2016年事务所已答复过的专利审查意见的专利信息列表；其次，进一步通过人工筛选出其中具有代表性的468件专利申请合计724件审查意见，并进行审查结论性意见和审查员倾向性意见的标引；最后，由人工逐篇阅读审查意见通知书按照内部确定的数据标引规则进行第一次标引；第一次标引完成的数据进行二次除噪和整理，得到353件专利审查意见作为分析样本，最终得出分析结论。

始专利申请文件范围之内，而不能增加新的技术内容。

目前，专利局对专利申请日后修改增加新内容，放开的唯一口子是：2017 年《专利审查指南》修改中提及的对于申请日之后补交的实验数据，审查员应当予以审查。补交实验数据所证明的技术效果应当是所属技术领域的技术人员能够从专利申请公开的内容中得到的。

所以，可以看出，在审查意见答辩过程中，对于修改的要求非常严格，是没有办法增加新的创新内容的。

7. 审查员说我的专利申请内容描述不清楚，我现在可以重新修改描述吗

在专利审查意见答辩过程中，审查员指出专利申请内容描述不清楚，基于《专利法》第 33 条确定的专利修改原则——不得超出原始专利申请所公开的范围，所以申请人是不能再对不清楚之处进行修改的。但是如果专利申请文件中有对该不清楚之处做过一定的描述、限定或者解释，或者可以在教科书、技术手册等行业现有技术文献中找到类似的解释说明，可以在专利意见陈述书中向审查员进一步进行解释、说明，能够说服审查员接受这样的解释说明，那就可以了，也不需要对该专利申请内容进行修改。

所以，对于专利申请文件的撰写一定要特别注意，始终秉持“清楚”“完整”“无歧义”“充分支持”的描述原则对专利申请内容进行详细描述，依托审查意见过程中的解释说明，往往很难说服审查员，如果最终解决不了“不清楚”的问题，审查员是可以直接驳回该专利的。

8. 审查员说我的专利技术效果不明确，我可以补充实验数据吗

《专利审查指南》在 2017 年修改文本中提及，对于申请日之后补交的实验数据，审查员应当予以审查。补交实验数据所证明的技术效果应当是所属技术领域的技术人员能够从专利申请公开的内容中得到的。

请注意，专利申请人可以补交实验数据，审查员也必须审查，但是如果该实验数据拟证明的技术效果在原始的专利申请文件中并没有做过披露，而是本次补交时首次披露，那也是不允许的。所以，能够被接受的补交实验数据的情况是：原始申请文件中已经对技术效果做了概要描述，但是缺乏实验数据支持，后续补交这些实验数据才是被允许的。

譬如，某个新药配方，在专利申请文件中披露了，具有治疗肺癌癌症的疗效，并提供了部分动物试验与临床试验数据，但是在审查时，审查员认为这些实验数据只能说明该新药对肺癌癌症细胞有一定的抑制作用并不能起到治疗效果。专利申请人补充提交实验数据，进一步说明在多个不同医院进行临床试验时的临床数据，进一步说明对于肺癌的治疗效果。这种实验数据是可以被审查员所接受的。

如果在原始专利申请文件中，根本就没有描述后续实验可能得到该技术方案可能具有的技术效果，在后续实验中才发现该专利还具有更好的技术效果，然后再补充实验数据进行技术效果说明，这是不被审查员接受的。

9. 专利答辩全程委托代理，发明人就可以不用管了吗

专利答辩是专利审查员与专利申请人的博弈过程，一方面，专利审查员向专利申请人进行专利技术内容真伪的求证；另一方面，专利申请人向审查员充分展示专利技术的与众不同。在双方的互动过程中，专利审查员要对专利申请文件中的内容进行“查明”与“求证”，从而评估该专利是否“真创新”，是否可以获得与创新内容匹配的专利保护范围；专利申请人从审查意见中弄清楚专利审查员对该专利的真实看法，引导审查员发现该专利相对于对比文件的与众不同之处，从而进一步肯定发明人的创新贡献，而最终获得专利授权。

前文提到，专利审查员大多数是理工科硕士以上毕业生，很少有技术研发经验，所以非常容易产生“事后诸葛亮”的判断；而专利代理师也有很多

是理工科毕业后即进入专利代理行业，也缺少技术研发经验；同时，两个职业共同体都研习了《专利法》《专利法实施细则》《专利审查指南》等专利法律法规，很多时候会对某些专利技术（尤其是弱创造性专利）产生几乎同样的倾向性感觉，在这种情况下，如果发明人不参与专利答辩过程，仅由专利代理师与审查员进行往来沟通，往往很难争取到审查员的授权支持。

发明人群体，与专利审查员及专利代理师是两个不同的职业群体，他们是技术研发的实践者、发明灵感的产生与验证人，很多发明人并不清楚《专利审查指南》对专利授权的规定要求，这反而恰恰是他们的优势所在，脱离了专利从业者的职业思维惯性，又能更多地从技术角度提供争辩内容，往往更容易说服审查员确信专利的创新贡献，并最终获得专利授权。

笔者在15年的专利从业过程中发现：发明人积极参与专利答辩大概率比仅由专利代理师进行答辩的专利更容易获得授权。很多时候，从专利代理师的角度来看，觉得审查员找到的专利对比文件与本专利确实非常接近，本专利确实没有创造性，但是在发明人眼里，往往觉得，本专利与这些对比文件根本是风马牛不相及，它们在技术原理、技术问题、技术方案、技术效果上存在众多区别，并能够娓娓道来，这种有技术事实支持的争辩非常容易打动审查员重新来审视该专利的创造性，并最终决定授权。

案例：中国发明专利CN201010577004.8“一种从催化裂化油浆中分离残留物的装置以及方法”。该专利申请文件中指出现有技术问题：从催化裂化油浆中分离残留物，有三种办法，前两种采用化学方法分离，第三种采用物理过滤分离。第三种物理过滤方式存在过滤器容易堵塞问题，一直无法得到有效解决。

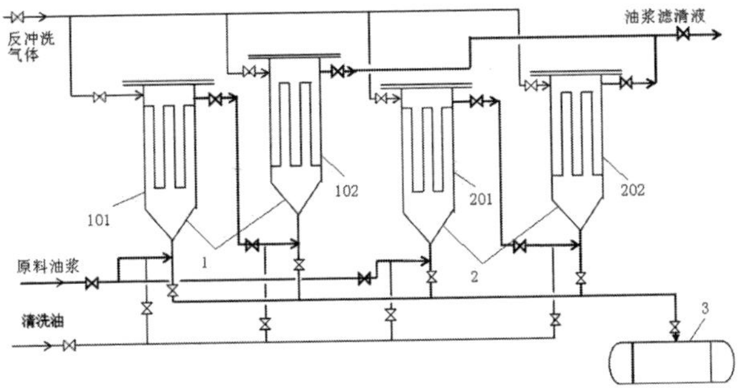

图1-2 一种催化裂化油浆装置专利的结构示意图[1]

专利的解决方案是：本专利设计的过滤装置，采用两组由预过滤器与精过滤器串接而成的过滤器组。第一过滤器组的预过滤器的过滤压差达到预设最高压差，则第一过滤器组停止油浆过滤，第二过滤器组的原料油浆进口打开进行过滤操作，一定压力的反冲洗气体反向引入第一过滤器组对其过滤器滤芯进行反冲洗，使滤饼从其过滤器滤芯上剥离。两组过滤器组轮流“休息”剥离滤饼后再次投入过滤操作。主要创新点：本专利挖掘了更多结构细节、运行场景参数信息，多特征组合形成整体装置创新。技术效果：通过实施例说明本专利的催化裂化油浆品质高，处理后的油浆滤清液残留催化剂含量小于0.01%，沥青质含量小于0.02%。

专利审查员在审查意见中找到了两篇对比文件（具体技术比对如下表），认为本专利相对于对比文件1、文件2没有创造性。

---

〔1〕图片来源于中国发明专利201010577004.8的专利公开文本，授权公告号CN102002385B，http：//pss - system. cnipa. gov. cn/sipopublicsearch/patentsearch/showViewList - jumpToView. shtml，最后访问时间：2021年8月21日。

表 1-3　专利方案与对比文件方案的技术比对表

本专利	对比文件 1	对比文件 2
一种油浆过滤装置，采用两组由预过滤器与精过滤器串接而成的过滤器组。第一过滤器组的预过滤器的过滤压差达到预设最高压差，则第一过滤器组停止油浆过滤，第二过滤器组的原料油浆进口打开进行过滤操作，一定压力的反冲洗气体反向引入第一过滤器组对其过滤器滤芯进行反冲洗，使滤饼从其过滤器滤芯上剥离。两组过滤器组轮流“休息”剥离滤饼后再次投入过滤操作。	一种油浆过滤装置，采用两组过滤器并联切换使用。两组过滤器轮流“休息”剥离滤饼后再次投入过滤操作。（2005 年的《化工进展》杂志文章）。	本发明公开了一种用于费托合成浆态床的蜡抽出自动过滤、反冲洗系统。预过滤器组由两个过滤器串接而成；预过滤器组实现外环流，并且对预过滤器组进行反冲洗，然后再将预过滤器组过滤后的物质在精过滤器中进一步过滤。（200810225476. X 发明专利）。

代理师在看了两篇对比文件及审查员的分析后认为：审查员找到的两件对比文件公开了专利的主要创新点，本专利相对于最接近的对比文件 1 的主要区别（技术创新点）在于：

（1）不同的装置使用场景导致的适应性的结构设计：滤饼罐、清洗油进出口以及反冲洗气体出口与预过滤器与精过滤器的连接；

（2）预过滤器的滤芯是锲形金属缠绕丝滤芯，滤芯的过滤精度范围为 2μm～10μm；精过滤器的滤芯是不对称金属粉末烧结的微滤膜滤芯，滤芯的过滤精度范围为 0.2μm～1.0μm；

（3）过滤器组过滤温度范围为 250℃～350℃，过滤压力为 0.5Mpa～1.2Mpa；过滤器组预设最高压差为 0.20Mpa～0.35MPa，反冲洗压力为 0.3Mpa～0.6Mpa，反冲洗温度范围为 200℃～320℃。

审查员认为，过滤器的滤芯选择以及工作温度压力等均属于常规技术手段，属于本领域普通技术人员容易想到的。代理师心里也比较认同审查员的分析意见以及结论，但是发明人在看完这个审查意见后，提供了如下技术角度的看法：

（1）本发明与对比文件的作用和技术原理不同：油浆过滤的难度在于其颗粒粒度细（5% 左右的颗粒小于 1μm），超过 30% 以上的颗粒小于 5μm，所以对比文件 1 用 SW－5 型烧结网无法达到工业油浆的分离精度。

对比文件 2 所述的为浆态床反应器的两级过滤器的作用分别为：一级过滤器也即器内过滤器的作用是将催化剂截留于反应器内，主要是为了确保反应器内的催化剂不流失，反应器维持正常进行状态，反应器内物料中固体催化剂的浓度（15%以上）。其二级过滤器才是真正的产品过滤器，用于分离产品中所含的固体催化剂残留。所以对比文件 2 技术与本发明作用和技术原理不同。

（2）本专利技术不是常规技术：本专利采用的预过滤器的滤芯是锲形金属缠绕丝滤芯，滤芯的过滤精度范围为 2μm～10μm，而审查员提及的《新型实用过滤技术》第 2 版（第 373 页）所列举的缠绕式滤芯并没有包含楔形丝结构的滤芯，两种滤芯的区别如下图所示。

表 1－4　楔形丝与缠绕式的各性能及技术参数对比表

	楔形丝（本专利列举的）	缠绕式
材料	金属楔形表面丝（宽 0.8mm～3.4mm）	纺纱线或金属纤维丝（丝径 0.05mm 左右）
精度	2μm～200μm（缝隙）	1μm～50μm
孔径形式	条形缝隙	蜂窝状
耐压强度	≤14MPa	≤0.5MPa
使用温度	＞350℃	—
加工方法	楔形表面丝以彼此非常精确的间隙被焊接在支撑丝上	纺织纤维线按特定的工艺缠绕在骨架上
特点	表面过滤，精度低，易反吹再生，卓越的可再生能力，机械强度高	深层过滤，精度高，易堵塞，机械强度低

预过滤器的作用是减轻精滤器的压力，较大颗粒物被拦截，较小颗粒物则穿过滤芯。丝网滤芯和对称结构的金属粉末烧结滤芯等，其孔道呈曲折复杂三维结构，颗粒的拦截发生在滤材的每一层中（如丝网通常由 5～6 层网压制烧结而成），因此当较小颗粒物在穿过滤材的过程中，不可避免地会停留在

滤材内部，尤其是像过滤油浆这种高黏性的液体，加剧颗粒物的粘附，反吹再生非常困难，甚至需要人工清洗。而本专利中采用的预过滤器滤芯为楔形丝，滤芯孔道是直通的，颗粒拦截仅发生在滤材表面，与颗粒的接触面积最小，反吹和再生非常容易实现。楔形丝滤芯大多运用在矿山、煤炭、冶金等行业的脱水脱泥工作，将此滤芯运用在高黏度的油浆过滤中是具有创造性的，并非本领域技术人员容易想到的。

同样，本专利的精滤器滤芯结构形式为不对称金属粉末烧结滤芯，对比文件 1 所述的滤芯结构形式为丝网烧结，丝网烧结滤芯不适合应用在黏度较大的油类液体过滤。对比文件 2 所述的滤芯并没有说明滤芯的结构形式。因此，本专利对于滤芯的选择实际上是考虑到整体过滤要求、过滤对象、过滤效果、反吹再生要求等综合选择的结果，并不是本领域普通技术人员的常规选择。

经过发明人在技术角度的详细描述，最终审查员认可了该专利“过滤器的滤芯选择以及工作温度压力等不属于常规技术手段”，最终本专利获得了授权。

10. 审查员第一次审查意见认为可以授权，第二次审查意见补充检索认为不能授权，可以吗

实务中，确实经常出现专利审查员在第一次审查意见通知检索后，没有找到破坏专利新颖性、创造性的对比文件，然后在审查意见中指出一些形式性的问题，认为该专利具有授权前景，只要申请人按照审查意见的要求进行修改澄清，就可以获得授权。但是在第二次审查意见或者后续的审查意见中，审查员改变了想法，进行补充检索，找到了破坏专利新颖性、创造性的对比文件，并在审查意见中指出本专利没有授权前景。

审查员这样做，是否违背实质审查的“程序节约原则”呢？程序节约原

则规定[1]：审查员应当在第一次审查意见通知书中，将申请中不符合《专利法》及其实施细则规定的所有问题通知申请人，要求其在指定期限内对所有问题给予答复，尽量地减少与申请人通信的次数，以节约程序。

《专利审查指南》中也有相关规定，在继续审查中，必要时，审查员应当进行补充检索。即审查员在实审过程中，只要认为有必要，是可以随时进行补充检索的，这并没有违背专利审查基本原则。

所以，我们在遇到审查员核发的第一次审查意见通知时，即使审查员的结论是该专利具有授权前景，我们也应当谨慎乐观，不应当直接按照审查员的意见进行限缩修改来争取尽快授权，毕竟审查员在随后的审查过程中，是可以补充检索，提出新的审查结论的。

11. 审查意见答辩过程中要注意“禁止反悔原则”，谨慎对专利进行解释

发明专利进行审查意见答辩时，往往已经在申请日后两三年了，这时候经常出现原始的发明人已经离职或者原始的专利代理师已经离职，由新的发明人配合专利代理师进行答辩的情况，在解读专利的过程中，往往对专利的技术问题、技术方案、技术效果进行重新解读，形成了与原始申请文件本意有差别的解读，这种情况非常危险，虽然该专利可能最终授权了，但是后续如果发生专利无效、专利侵权诉讼，第三人往往会查阅该专利审查答辩文档，如果发现原始专利申请文件与答辩文件中对某些技术问题存在两种不同的解读说明，会对专利的发明目的、保护范围等产生非常不利的影响。因此，发明人与专利代理师都需要特别注意，在专利答辩过程中，紧密围绕原始申请文件中的公开内容进行专利答辩，避免受到“禁止反悔原则”的影响（禁止反悔原则是指专利权人如果在专利审批过程中，为了满足专利授权要求而对

[1] 国家知识产权局：《专利审查指南》，知识产权出版社2020年版，第151页。

权利要求的范围进行了限制性的修改或解释，则在主张专利权时，不得将通过该限缩而放弃的内容再纳入专利权的保护范围）。

具体而言，专利申请人在答辩专利申请文件时，要谨记三点：

（1）围绕审查意见中指出的问题进行答辩，不要对审查意见中未涉及的问题进行解释说明，克制表达冲动，话不在多而在于精。

（2）以原始专利申请文件记载的内容为准来阐述专利要解决的技术问题、技术方案及技术效果。

（3）即使相对于对比文件而言，专利要解决的技术问题已经发生变化，但是新归纳出来的技术问题对应的技术方案与技术效果应当来源于原始申请文件的记载，或者显而易见可以推导出的内容，而不能天马行空地联想推导。

四、专利流程

1. 一个发明专利如果申请费用减免可以减缴22015元

申请专利涉及两个方面的费用，一个是专利局收取的专利规费，另一个是专利服务机构收取的专利代理费。对于专利规费部分，专利局规定对于所有中国的专利申请人只要满足以下条件，就可以给予规费的10年的减免[1]：

（1）上年度月均收入低于5000元的个人；

（2）上年度企业应纳税所得额低于100万元的企业；

（3）事业单位、社会团体、非营利性科研机构。

具体减免金额为：[2]

专利申请人或者专利权人为个人或者单位的，减缴85%。

---

〔1〕《关于停征和调整部分专利收费的公告（第272号）》，载国家知识产权局网，https：//www.cnipa.gov.cn/art/2018/11/30/art_332_42138.html，最后访问时间：2022年3月9日。

〔2〕参见《专利收费减缴办法》第4条规定。

两个或者两个以上的个人或者单位为共同专利申请人或者共有专利权人的，减缴70%。

对于一件发明专利，如果符合专利减免标准，可以减免多少费用呢？

如果一件发明专利在申请后第三年获得专利授权，如果申请人不申请费用减免，在该专利20年的专利有效期内，合计需要缴纳专利规费83955元。而如果申请了费用减免，则只需要缴纳专利规费61940元，两者相差了22015元。也就是说，一件发明专利申请减免后，可以少缴纳专利规费22015元，对于中国绝大部分的中小科技型企业来说，这个费用减免力度是非常大的。[1]

2. 初创企业可以申请费用减免吗

如前文提及，对于企业来讲，如果上年度企业应纳税所得额低于100万元，就可以申请费用减免，申请手续非常简单，在中国专利局的费用减免审批网站上提交企业营业执照复印件及上一年度的企业应纳税所得额申报表复印件，即可获得费用减免审批，审批后有效期为一年，该年度内申请的专利在当年及后续年度内都享受专利费用减免，如后续年度内新申请的专利也想享受专利费用减免，就得每年年初向专利局申请费用减免审批。

对于初创企业，可能刚成立不足一年，则只需要提供营业执照复印件即可；如果已经成立满一年，则需要按照规定提供上一年度的企业应纳税所得额申报表复印件。

3. 中国发明专利的申请及审查流程介绍

很多发明人对专利申请的整个流程懵懵懂懂，并不了解专利申请及审查

〔1〕以上金额依照相关规定简单计算后可以得出。《专利和集成电路布图设计缴费服务指南》，载国家知识产权局网，https：//www. cnipa. gov. cn/module/download/down. jsp? i_ ID = 171803&co lID = 1518，最后访问时间：2022年3月9日。

的全过程，从而不能合理规划布局整个专利申请工作。

发明专利申请及审查可以分为三个阶段：发明人准备阶段、专利代理师处理阶段、专利审查员审查阶段。

（1）发明人准备阶段

发明人首先产生专利灵感，经过初步验证后认为具有新颖性、创造性，然后将本人的创意提案进行书面描述，按照背景技术、现有技术问题、本专利要解决的问题、解决方案、方案效果五部分进行撰写，有产品结构图、流程图的还需要同时提供。

有些发明人所在公司有专门的内部专利工程师，发明人可以在专利工程师的指导下，进行技术评审与专利新颖性、创造性评审，确保该专利申请提案有技术价值，有授权前景。

（2）专利代理师处理阶段

专利代理师收到发明人的书面技术交底书后，先阅读理解并要求发明人补充完整技术方案，并进行现有技术查新检索，一般在 3 个工作日内出具查新检索报告，如果查新检索后判断该专利申请具有新颖性、创造性，则开始撰写专利申请文件，一般要 3 周 ~4 周时间内完成专利申请文件撰写工作，然后发给发明人进行审核确认。

（3）专利审查员审查阶段

专利代理师将确认后的专利申请文件递交到专利局，取得专利局的受理通知书，确定申请日，递交文件当日也可以递交提前公开声明，以及请求实质审查，这样可以加快审查进程；然后专利局开始对专利申请文件进行形式审查，约 2 个月 ~3 个月，初审合格后进入公开准备阶段；专利局先公开发明申请文件，约在 3 个月 ~4 个月；该专利约在 6 个月 ~8 个月内进入实质审查程序，由专利局对发明专利文件进行实质审查，实质审查时间约一年半到两年，其间审查员就发明的实质内容即新颖性、创造性、实用性问题与申请人沟通（委托代理机构的人跟代理机构沟通，以确定专利是否可授权及如果授权该专利合适的保护范围)，来回沟通可能往复数次，直至审查员认可专利的新颖性、创造性，并同意给予专利授权或者驳回；专利局发出授权通知书、办理领取专利证书手续；约2个月~3个月后拿到专利证书整个过程持续约2年半到3年，具体时间取决于审查员的审查速度与申请人交底资料的翔实程度。

4. 发明专利审批一般要三四年，可以加快审查吗

发明专利审批，目前有四种审批流程：

第一种："慢速审查[1]"，即按照专利法规定的最普通的审查流程进行审查。具体而言，在专利申请递交到国家知识产权局后，18个月时专利申请自动公开，在专利申请日后3年进入专利实质审查程序，然后再经过实审审查流程约18个月~24个月，最终国家知识产权局做出专利授权或驳回的决定，整个审批流程约五六年。

第二种："常规审查[2]"，即按照专利法规定的最普通的审查流程进行审查，但在专利申请递交时即要求该专利申请提前公开提前进入实质审查程序。具体而言，在专利申请递交到国家知识产权局后，3个月~4个月时专利申请公开，在专利申请日后4个月~6个月左右进入实质审查程序，然后再经过实审审查流程约18个月~24个月，最终国家知识产权局做出专利授权或驳回的决定，整个审批流程约三年。

---

〔1〕参见《专利法》第34条规定："国务院专利行政部门收到发明专利申请后，经初步审查认为符合本法要求的，自申请日起满十八个月，即行公布。国务院专利行政部门可以根据申请人的请求早日公布其申请。"本法第35条第1款规定："发明专利申请自申请日起三年内，国务院专利行政部门可以根据申请人随时提出的请求，对其申请进行实质审查；申请人无正当理由逾期不请求实质审查的，该申请即被视为撤回。"

〔2〕《3年缩短至70天！推动浦东知识产权高质量发展，TA们这样做》，载上海市知识产权局网，https：//sipa. sh. gov. cn/pdxqzscqj/20210803/77c591b76a54488cbe31ffca80ec5ccb. html，最后访问时间：2022年3月24日。

第三种："优先审查[1]"，即按照国家知识产权局针对部分重点鼓励发展产业的专利优先审查流程进行专利审查。具体而言，在专利申请递交到国家知识产权局后，3 个月 ~4 个月时专利申请公开，在专利申请日后 4 个月 ~6 个月左右进入实质审查程序，然后专利申请人向当地知识产权局申请优先审查的名额，然后进入优先审查程序，约经过 8 个月 ~12 个月优先审查，最终国家知识产权局做出专利授权或驳回的决定，整个审批流程 12 个月 ~18 个月。

第四种："快速审查[2]"，即按照国家知识产权局在各地设立的知识产权保护中心发布的专利预审服务办法进行专利快速审查。具体而言，专利申请先递交到当地知识产权保护中心进行专利预审，专利预审时间约 1 个月，专利预审获得通过后专利申请人再正式向国家知识产权局递交专利申请，经过快速审查 2 个月 ~3 个月，最终国家知识产权局做出专利授权或驳回的决定，整个审批流程 3 个月 ~6 个月。

所以，发明专利申请可以根据需求，选择具体的审批流程，但需要注意的是，大部分地区，如果没有设立国家知识产权局授权的知识产权保护中心，那就没法请求第四种快速审查流程，只能采用第一种、第二种、第三种专利审批流程。

5. 中国实用新型专利的申请及审查流程

实用新型，是指对产品的形状、构造或其结合提出的适于实用的新技术方案。它只保护具有一定形状的工业产品。工艺方法及没有一定形状的粉末、液体、材料等方面的发明创造只能申请发明专利。

---

〔1〕 参见国家知识产权局令第七十六号公布的《专利优先审查管理办法》(2017)(第76号)。

〔2〕《3 年缩短至 70 天！推动浦东知识产权高质量发展，TA 们这样做》，载上海市知识产权局网，https://sipa.sh.gov.cn/pdxqzscqj/20210803/77c591b76a54488cbe31ffca80ec5ccb.html，最后访问时间：2022 年 3 月 24 日。

任何一个专利都应当具备新颖性、创造性和实用性，只要不满足这三个条件中任意一个，这个专利都不能被授权，就算审查员一时不察授权，任何第三人也可以提请宣告该专利无效。

新颖性：是指该专利技术在全球范围内都没有公开过，即发明人第一个想到的；

创造性：是指该专利技术的创新不是现有技术的简单拼凑，而是这个领域中“两年左右工作经验的普通技术人员”一般是难以想到的技术改进与创新。

实用性：是指该专利技术能够重复再现并能在工厂大规模量产。

中国实用新型专利审查采用的是“形式审查”或者叫“初步审查”，即审查员审查实用新型专利是否符合专利申请格式及内容的基本要求，主题是否明显违法；并对专利内容进行新颖性的查新，基本不对创造性进行审查，所以相比发明专利针对专利新颖性与创造性进行实质性审查而言，实用新型的审查确实是非常“初步”的，一般来讲，只要不是抄袭现有技术，不是现有技术的简单拼凑组合，都能获得授权，授权标准与审查尺度都放得比较低。在2017年以前，专利服务机构基本都承诺实用新型专利包授权，也是因为审查尺度比较宽松的原因。

但从2017年年底开始，实用新型审查制度进行了重大调整：从形式审查逐步过渡到“新颖性＋初步创造性”审查，很多实用新型会收到审查意见通知，审查员会引用对比文件阐述创造性问题，授权要求逐步接近于发明专利。目前，审查部门的基本态度可以归纳为：

（1）实用新型的整体授权率控制在80%左右，属于常规手段替换、微小功能改进、现有技术手段组合类的“小创新”专利基本不予授权。

（2）保护客体严格限定为具体产品的形状、构造；通信模块、软件模块等基本不予授权。

按照我国《专利法》的规定，一个实用新型专利从申请到授权一般要经历下述程序：

（1）案前查新检索：申请人与代理师进行发明技术方案的基本沟通，由代理师进行案前基本检索，检索在中国国家知识产权局专利局的专利数据库中是否有相同或者类似的专利技术已经在先公开；申请人也可以自行在多个国家专利局的数据库中进行检索。

注意：检索应当覆盖全球所有国家或地区，申请人可以委托国家知识产权局专利局文献检索中心进行付费检索，从而获得更权威的检索结果。

（2）申请文件撰写：如果检索结果比较理想，则由申请人提供技术交底书，委托专利代理机构撰写申请文件，代理师根据《专利法》的要求根据申请人的发明内容尽可能地撰写出保护范围最大的申请文件，其间代理师与申请人沟通确认，一般要3周左右。

（3）申请文件申报：代理师撰写好申请文件后，经过申请人确认后递交申请文件，递交后第二天即可取得电子受理通知书。

（4）新颖性与创造性审查：专利局对专利申请文件进行实质性审查，约10个月，审查通过后即发出授权通知书。

（5）申请人办理领取专利证书手续：专利代理机构通知申请人缴纳专利授权费用，然后办理缴费，约2个月后获得专利证书。

整个过程持续约为10个月～12个月，具体时间取决于具体专利申请领域、审查员的审查速度与申请人交底资料的翔实程度。

实用新型专利在国内有非常大的争议，近些年有人倡议要取消实用新型专利制度，我们从两个角度提供一点信息：

（1）从专利法理论来说，实用新型专利是发明专利的补充：发明专利创造性的要求相对较高，要求在本技术领域及相关技术领域都没有技术启示；而实用新型对创造性的要求相对较低，只要求在本技术领域没有技术启示。所以，实用新型俗称小发明。本来这样划分是非常清晰的，但是实务中，发明人及代理师实际上没法判断一个技术交底书在本技术领域及相关技术领域到底有没有技术启示，这个技术启示本身就相对主观，大部分发明人是凭直觉认为该发明创造有一定的创新但是又不是特别巧妙的创新，那就只能申请实用新型，很多发明人朴素地认为，只有教授在实验室花了几年时间搞出来的、充满公式算法推导的发明创造才是真正的发明专利，小改小进就是小发明，就是实用新型专利。

这种想法本身问题不大，适应了中国《专利法》出台后这几十年中国在技术创新上不断引进消化吸收再创新的技术现状，应该说，实用新型制度让专利弯下了腰杆，更加亲民温和，启蒙了一批研发技术人员的专利意识。但是，国家四十年的技术创新发展，实用新型专利是否应该结束它的历史使命，让专利真正挺直腰杆，让创新回归本质，是否取消实用新型制度已经成为一种历史必然？

（2）近十年，实用新型专利申请中出现了大量的“拼凑技术创新”的“凑数专利”，背离了“鼓励创新，推动进步”的作用，很多专家学者给出了各种批评建议。一方面，国内专利资助以及专利与各类科技项目挂钩，造成了专利需求量的增大，但是相对不高的创新水平与越来越多的专利需求形成矛盾，所以造就了各种编造实用新型专利的“生意”，浪费了社会资源，歪曲了实用新型专利制度。

另一方面，很多发明人并不太明白发明与实用新型的根本区别：发明要经过审查员在全世界范围内查新检索，并对专利新颖性、创造性提出审查意见，与发明人反复沟通确认后作出是否授权的判断；而实用新型没有这个实质审查的过程，只经过简单形式审查就直接授权了。发明人往往认为，既然都是专利，都通过专利局审查并且都授予专利证书了，那发明与实用新型就是一样的。他们认为，只要国家授予我专利证书，我的技术就获得了法律保护，很多发明人花了很多心血做出了一些“技术创新”，然后申请专利，也获得了未经实质审查的实用新型专利证书，发明人认为既然得到了专利局的审批认可，有了这个背书，就可以放心投入更多人力财力在一个伪创新技术上，从而造成了很多的重复研发与浪费。

笔者也认为，目前的实用新型专利弊大于利，即使需要保留这个制度，也应当作出制度调整，否则对创新更多的是伤害而不是帮助。

6. 中国外观设计专利的申请及审查流程

外观设计，是指对产品的形状、图案或者其结合以及色彩与形状、图案相结合所做出的富有美观并适用于工业上应用的新设计。

外观设计与实用新型都可以涉及产品的形状，但不同的是，实用新型是一种技术方案，它所涉及的形状是从产品的技术效果和功能的角度出发的；而外观设计是一种设计方案，它所涉及的形状是从产品的美感角度出发的。

按照我国《专利法》的规定，一个外观设计专利从申请到授权一般要经历下述程序：

（1）处理申请文件：申请人提供外观设计产品图片或电子图档，代理师根据专利法的要求根据申请人提供的图片制作申请文件，一般要 2 周左右，也可以加急；

（2）递交申请文件：准备好申请文件后，递交申请文件，递交第二天后即可取得电子受理通知书，一个星期后取得专利局盖章的书面受理通知书；

（3）形式审查：专利局对专利申请文件进行形式审查，需 6 个月 ~8 个月，如初审不合格，发出补正通知书，直至初审合格后发出授权通知书；

（4）授权通知：申请人办理缴纳专利授权费的手续；

（5）专利证书：约 2 个月后拿到专利证书。

整个过程持续约为 8 个月 ~10 个月，具体时间取决于审查员的审查速度与申请人图片拍摄的质量。

外观设计专利的图片制作注意事项：

（1）图片或照片是指该外观设计产品的六面正投影视图（前视图、后视图、左视图、右视图、俯视图、仰视图）和立体图。如果某一视图上无设计要点，可以省略该视图；如果某两个视图是对称的，也可以省略一幅视图。

（2）图片或照片中的各视图尺寸比例要一致。

（3）图片或照片的背景应是单色，该背景不得有与本外观设计无关的其他物品或图案。

（4）要求保护色彩的外观设计，要同时提交彩色和黑白图片或照片各一份。

7. 发明专利申请通过专利预审制度半年就授权了，真的吗

发明专利申请通过专利预审制度半年就授权了，确实是真的。截至2021年2月，全国知识产权保护中心和快速维权中心总数已达到六十多家，国家知识产权局表示在2021年要在年内再建设20家知识产权保护中心[1]。

目前，各地知识产权保护中心最受关注的核心业务就是其快速审查服务[2]：通过保护中心预审的发明专利授权周期将由原来的平均周期22个月降为6个月以内，实用新型及外观设计专利授权时间分别缩短至1个月和10天，审查非常之快。但是，这个“快”并不是针对所有专利申请，也不是所有专利申请人都可以获得的。

首先，有产业要求。根据本地区的产业优势，每一个知识产权保护中心都有各自服务的重点产业或技术领域。比如，浦东中心是高端装备与生物医药领域，宁波中心是汽车及零部件领域，深圳中心是新能源及互联网技术领域，南京中心是新一代信息技术产业。

其次，有备案要求。所有拟获得保护中心服务的专利申请人，需秉承自

〔1〕《我国年内将再建设约20家知识产权保护中心和快速维权中心》，载国家知识产权局官网，https：//www. cnipa. gov. cn/art/2021/2/18/art_ 55_ 156744. html，最后访问时间：2021年5月25日。

〔2〕《中国（无锡）知识产权保护中心获批企业专利授权周期将大幅缩短》，载中国江苏网，https：//baijiahao. baidu. com/s? id = 1700064480001134055&wfr = spider&for = pc，最后访问时间：2021年5月25日。

愿原则，根据自己的需求，按照各保护中心的要求提出备案请求并通过审核。

目前，由于快速审查的需求量特别大，各保护中心对备案单位的要求也相对比较高，譬如浦东知识产权保护中心的备案要求，[1]除了要求是注册在浦东的科技型企业，属于浦东中心要求的高端装备及生物医药领域之外，还需要之前有过5个以上的发明专利申请或者持有10个以上专利，并且有专职专利工作人员。相对来讲，要求还是比较高的。

通过预审备案的企业就可以向保护中心提交快速审查请求，经过预审的专利再向专利局正式提交申请后，会走绿色通道，在3～5个月内就能获得授权，从而快速得到专利证书。

8. 专利授权后还要交年费，可以不交吗？过两年有钱再交，可以吗

专利权是国家知识产权局赋予专利权人的一项民事权利，要维持权利有效，专利权人应当每年在专利申请日前一个月向专利局足额缴纳专利年费，逾期不缴纳，需要缴纳滞纳金，如果逾期6个月还没有足额缴纳专利年费，则该专利就终止失效。通过缴纳专利年费来维持专利权持续有效，是法律的明文规定，任何人都不能超越法律之外不缴纳专利年费而保持专利有效。当然，也不存在现在经济困难，暂时不缴纳，等有钱了再缴纳的宽限等待期，只要逾期6个月未缴纳专利年费，该专利就失效终止，成为公共技术，任何人都可以无偿使用。

---

〔1〕《上海市浦东新区专利预审服务备案主体管理办法》（沪浦知局规〔2022〕1号），载上海市浦东新区人民政府网，https：//www. pudong. gov. cn/14568. gkml_ zcfgl/20220304/668237. html，最后访问时间：2022年3月11日。

9. 专利年费每年都一样吗？什么时候缴纳？如果少缴或忘缴了怎么办

中国的专利年费是每年都缴纳的，且呈阶梯式上升的，每几年就会提高一次费用，所以每次缴纳的专利年费都需要按照年费表进行计算。另外，专利年费属于专利规费，国家知识产权局针对专利规费颁布过《专利费用减免办法》，目前规定符合条件的专利申请人在专利授权后6年内的专利年费都给予85%或70%的费用减免。专利年费阶梯变化结合专利年费减免政策，一般的专利权人确实很容易计算错当年度应当缴纳的专利年费金额。

注意，如果交少了，视为未缴纳；交多了，则要办理退费手续。

专利年费在专利申请日前一个月向专利局缴纳，如果逾期几个月未交，还需要缴纳滞纳金，如果逾期6个月未缴纳，则该专利就失效终止。

如果专利年费少交了，视为未缴纳，应当足额缴纳，如果未足额缴纳，则应当补足并同时缴纳滞纳金。

专利年费属于流程性事务，颇为烦琐，如果没有设置专人并辅之以专门的年费管理软件进行年费监控与管理，确实非常容易出错，因此建议委托专门的专利服务机构来代为监控并代为缴纳。

10. 专利可以不公开吗

专利不可以不公开。专利制度的核心在于以公开来换权利，即专利申请人将自己的创新技术向社会公开，来提升社会整体的技术水平，而国家职能部门经过审查认为专利申请人公布的技术确实是真正的创新，就给予其一定时间对该技术的权利进行垄断，从而补偿并激励更多的发明人愿意向社会公开更多的创新技术，推动整个社会的技术进步。因此，专利制度天然要求专利申请人公开自己的创新技术，所以专利申请人要想获得垄断的专利权，就必须公开自己的专利细节，而不能隐藏保密，或者公布一些虚假的技术，这样都不能通过审查获得专利权。

当然，在专利申请过程中，并没有要求专利权人将发明的所有细节都事无巨细地公布出来，里面也是有很多技巧的。如果专利申请中已经公开的技术细节已经足以让发明人获得专利授权，有些技术细节就可以保留不予公开，譬如生物医药领域，常见的医药新配方专利，只公布各组分的比例区间，而不公布具体的配比值，就是采用专利结合商业秘密的方式来保护自己的产品，这并不违背专利制度的初衷。

11. 什么样的专利申请需要保密审查

《专利法》第19条第1款规定："任何单位或者个人将在中国完成的发明或者实用新型向外国申请专利的，应当事先报经国务院专利行政部门进行保密审查。保密审查的程序、期限等按照国务院的规定执行。"

从以上规定可以看出：

首先，向外国申请专利的保密审查程序的主体是"任何单位或者个人"。其次，向外国申请专利的保密审查程序的客体是在中国完成的"发明或实用新型"，不包括外观设计。最后，申请人需要先向专利局提出保密审查请求，在收到专利局"不予保密"的决定后，再向外国申请专利。

（1）如何理解"在中国完成的发明或者实用新型"？

《专利法实施细则》第8条第1款明确规定："专利法第二十条所称在中国完成的发明或者实用新型，是指技术方案的实质性内容在中国境内完成的发明或者实用新型。"所谓"实质性内容"，是指如果发明或者实用新型具有新颖性和创造性的实质性技术特征是在中国境内完成的，就可以认定该发明或者实用新型属于在中国完成。现在有很多发明创造是通过国际协作的模式完成的，如果一个发明创造一部分是在中国境内完成的，另一部分是在国外完成的，对于这种情形，应当考察该发明创造的实质性部分是否是在中国完成，如果答案是肯定的，就应当认为该发明创造属于"在中国完成的发明创造”。相反，如果科研人员在中国境内开展的工作仅限于资料收集、数据分析或者辅助测试等，而对该发明或者实用新型区别于现有技术的实质性技术特征没有作出贡献，就可以认定该发明或者实用新型的实质性内容不是在中国境内完成的。

实务中，我们建议，如果全部发明人均不在中国境内完成发明，可以不申请保密审查。如果有部分或全部发明人在中国境内完成，不论该发明人在该专利中起到的是实质性作用还是辅助作用，都建议最好申请保密审查，避免事后扯皮。

（2）若申请人不按照规定提交保密审查请求，会导致什么后果？

《专利法》第19条第4款明确规定：“对违反本条第一款规定向外国申请专利的发明或者实用新型，在中国申请专利的，不授予专利权。”

另外，无效宣告请求的理由中包括保密审查规定，不符合向国外申请专利的保密审查要求的专利申请即使获得授权也可能会被判无效。

（3）提交保密审查请求，是否收取规费？

目前向专利局提交保密审查请求，不收取规费。

（4）提交保密审查请求的方式有哪几种？

《专利法实施细则》对保密审查的请求方式作了具体规定，以申请人是否首先在中国提出专利申请为基础条件，确定了两种提出保密审查请求的方式：

第一种，直接向外国申请专利的，需在向外国申请前先向专利局提出保密审查请求，并详细说明其技术方案。专利局将根据其说明的技术方案内容来判定是否需要保密。

第二种，先在中国提出专利申请后再向外国申请专利的，保密审查请求可以与中国专利申请一并提出，也可以在提出中国专利申请之后提出。专利局将根据其中国专利申请的内容来判定所述发明或者实用新型是否需要保密。

如果申请人就其发明或实用新型向专利局提交了专利国际申请，就视为申请人同时提出了保密审查请求。需要注意的是，此规定仅适用于以中国专利局为受理局提交的国际申请。如果申请人希望直接向世界知识产权组织国际局提交国际申请，则应当按照规定，事先向国家知识产权局提出保密审查请求。

（5）何时可以收到保密审查的结果？

专利局收到向外国申请专利保密审查请求文件之后，会立即启动审查程序，一般会在收到请求后2~4个月内发出《向外国申请专利保密审查意见通知书》，并将“文件不符合规定，保密审查请求视为未提出”“明显不需要保密，可以向外国申请专利”和“需做进一步保密审查，暂缓向外国申请专利”三种结论之一通知申请人。对于已通知申请人暂缓向外国申请专利的，审查员会做进一步保密审查，并将是否同意该技术方案向外申请的结论及时通知申请人。针对先在中国提出专利申请后再向外国申请专利的，此通知书随《受理通知书》一同发出。

（6）是否可以在中国专利申请后再申请“保密审查”？

可以，但是应当注意：应当保证保密审查做出允许到国外申请专利的期限早于国外专利申请日，这才符合保密审查的规定。

五、专利管理制度

1. 企业内部专利工作管理模式及各模式的优劣对比说明

实务中，我们发现企业内部专利工作的管理模式基本有如下几种：

（1）专门专利部门模式

如果公司设置专门的专利部门，与研发部门、法务部门平行，那就说明公司对于专利的重视程度极高，也可以反过来说，专利对企业发展具有重要作用，往往直接汇报对象是老板或者负责研发的副总。专利部门作为独立二级部门，一般主要负责专利创意提案的挖掘布局、项目立项风险防范、竞争对手专利监测及预警、知识产权诉讼等，让专利深度发挥作用，为企业商业竞争提供最大帮助。

（2）法务管理模式

专利工作归属于法务部门管理，一般来说，在这种情况下，法务部门相对规模会较大，内部有多位法务人员，分别负责投融资、合同审核、劳动纠纷、知识产权等，法务管理模式下的专利工作相对关注流程管理与目标管理，更侧重于专利风险防控。

（3）研发管理模式

专利工作归属于研发部门管理，一般来说，研发总监会要求专利专员更发挥主观能动性为技术研发提供专利文献检索支持及项目立项风险判断，当然对于专利申请目标，研发部门也会给予更大帮助。研发管理模式下的专利工作相对关注技术查新检索，更侧重于专利对于研发的支持作用。

（4）其他部门兼管

有些公司正在发展过程中，专利作用还未体现，一般会由行政、人事、财务、科技项目等部门兼职管理，主要依托外部知识产权服务机构提供专业支持，内部人员主要起对接协调作用。

以上可以看出，专利对企业发展的推动作用越强，其在公司内部的地位就相对越高，发挥的作用也会越强，工作也会做得更专业。

2. 企业专利工作的三种认知阶段

经常听到企业专利工作者在各种场合抱怨：老板不重视专利工作，专利工作得不到其他部门的理解与配合，给其他部门设置的专利提案目标没人当回事，工作很难开展，我们认为企业专利工作有这三种认知阶段：

（1）非科技企业或者初创科技企业——锦上添花的专利

非科技型公司申请专利的目的是什么？专利的本质属性是技术的排他权，非科技型公司不搞技术研发，仅从事贸易电商，申请专利的必要性不大，就算申请了一些专利，大部分是用来宣传公司有研发能力，为申请高新技术企业打下基础。专利在公司经营中的作用较为边缘，公司确实没有动力去重视专利工作。

初创期的科技型企业，最重要的是研发出性价比高受市场欢迎的产品，活下来才是最重要的目标，这时候市场销售、技术研发才是最重要的事情，专利确实是活下来以后才需要考虑的事情，当然如果创业时已经有雄厚资金实力的，不在此列。笔者之前就遇到过一个科技公司，公司还没有成立就规划布局了一批国际专利申请及国际商标申请，后来才知道，公司由多个投资方投资设立，成立时就是瞄准五年后上市目标来规划布局的，当然这些不是正常意义的初创科技公司。

（2）充分发展的科技企业——防身武器的专利

很多科技型公司在发展到一定阶段后，迫于行业激烈的竞争格局以及各种资质荣誉等的诉求，往往会比较重视专利工作，一方面需要将研发过程中的技术创新申请专利，加强创新技术的保护，避免被员工离职带走，或者被竞争对手模仿抄袭；另一方面这些专利可以带来显性价值：申请各种政府科技政策以及人才政策、企业文化宣传、企业研发实力展示等。

（3）头部科技企业——技术壁垒与技术资产的专利

头部科技企业，往往高处不胜寒，竞争如此激烈，同行虎视眈眈，内部躁动不止；能否永葆活力，基业长青，需要企业始终常怀忧患意识，并能够不断稳固自己的优势地位，专利就能够很好地满足这两个需求：一方面激励员工不断进行技术创新形成专利积累；另一方面通过专利形成技术壁垒，提高后来者的挑战难度，同时还能作为公司的技术资产，扩大公司的核心竞争力。

3. 通过KPI或者物质奖励等激励机制解决专利提案数量问题

企业专利工作者最直接关联工作绩效的一个指标就是专利提案数量或者专利申请量，但企业专利工作者并不生产专利，只是专利的“搬运工”，企业专利工作者需要研发技术人员提供专利创意提案，然后进行检索查新筛选出有价值的专利提案，再交由专利事务所进行撰写并提交申请。从这个专利产出流程可以看出，研发技术人员才是专利产出的源头，没有他们的配合，专利提案数量指标根本就没法完成。

很多企业专利工作者为了完成专利提案数量指标，只能想尽各种办法与研发技术人员搞好关系，希望研发兄弟们到时候也给自己帮帮忙。但这种完全依托个人人际关系能力的工作方式很难持久，并且工作也会做得很累。

无数企业专利工作者的工作经验总结下来就是：

（1）企业专利工作是公司行为，是为公司争取利益，应当在入职时就跟老板讲清楚说明白，研发部门应当给予专利工作最大支持，这是研发部门的分内之事。

（2）拿到老板的这个“尚方宝剑”只是专利工作开了一个好头，毕竟老板可能今天说了，明天就忘了，还需要公司完善的制度配套：为研发人员制定专利提案数量的 KPI 考核指标；对专利提案最终递交专利申请并授权的给予物质奖励，这样才能真正保证研发部门始终积极配合，结成友好兄弟同盟。

4. 企业专利工作内容哪些是对企业真正有价值的

随着专利意识的提升，以及国内技术创新能力的加强，越来越多的公司会聘请专职专利工作者来负责企业内部的专利工作，但在我们与很多专利工作者沟通中，发现他们主要负责内容有很大差异，我们先来看看他们的工作内容：

（1）专利撰写；

（2）专利流程对接管理；

（3）专利项目申报。

非常可惜，如果企业专利工作者在企业内部主要做以上三种事务，笔者会觉得其工作内容配不上企业专利工作者这个岗位，毕竟专利撰写已经由专门的社会分工岗位——专利代理师来处理了，有些企业老板认为，外聘的专利代理师能力都不够，不能真正理解企业的专利技术，写的专利“驴唇不对马嘴”，索性公司自己招两个专利代理师来专职处理专利工作。中国目前有两千多家专利代理事务所，头部的专利事务所有非常多的资深专利代理师，更多时候，不是专利代理师写不好企业的专利技术，而是企业不愿意花高价请更好的专利代理师，企业往往在一定的价格标准下要求专利代理师完成更高要求的专利代理工作，企业不是内行，自然很难找到性价比高的专利代理师。

另外，专利流程对接管理，完全就可以由行政人员来负责处理，根本没有必要招聘专职专利工作者来处理；同理，专利项目申报其实也不需要专利工作者来处理，一方面由已经社会分工形成的科技项目申报公司申报，另一方面公司财务或者行政人员也可以学习申报。

其实，笔者认为企业专利工作者真正人尽其用的事务在于：

（1）专利创意提案的挖掘查新布局；

（2）项目立项的专利侵权风险防范；

（3）竞争对手专利监测及预警；

（4）知识产权维权诉讼。

如果能够将这些工作内容做好，企业一方面真正把专利工作做到了实处，也能获得实实在在的好处，另一方面企业 IPer 也会感受到自己的职业价值，真正让专利发挥作用，把专利工作做好。

5. 提升专利提案的两个办法，梳理专利地图及同行重点专利分享

很多企业专利工作者抱怨，公司也给研发技术人员设置有 KPI 指标与专利申请奖励，但是研发部门就是提不出有质量的专利提案，这个问题怎么解决?

实务中，笔者团队曾经帮客户尝试过这样的办法，效果还不错，供大家参考：

（1）梳理行业专利地图

将公司主要技术或产品进行国内外专利检索查新，列出产品或技术的技术路线图，梳理出重要专利清单，并对应地进行技术功效图分解，做出技术标签，便于所有研发人员快速了解现有技术的现状。

有条件的公司，可以购买专题专利数据库，将技术标引工作在专利数据库中完成，并统一技术标引规则，不断持续进行技术标引工作；并定期对所有研发人员进行行业专利地图的解读与分享。

（2）同行核心重点专利分享

收集行业头部公司尤其是研发实力较强的竞争对手的最新专利申请内容，安排专人进行解读并定期进行分享。

在研发技术会议上，每次向研发总监请求半小时的专利时间，将整理好的近期竞争对手的主要专利及行业重要专利进行解读分享，很多研发人员会受到启发，并能够现场提出各种不同的提案思路。

我们都知道，研发部门的专利提案并不是无缘无故冒出来的，一般都来源于这几个方面：

①日常工作中想尽办法也攻克不了的技术难题；

②客户定制项目的研发成果；

③产品售后客户的吐槽抱怨改进迭代。

研发人员没有受过专利专门训练，研发工作也会非常忙，每个人的技术储备及对现有专利技术的认知也高低不同，所以大多数时候，研发人员会没有信心提出符合要求的专利提案。我们需要打破研发人员心里的魔障，不断的量化出他们专利提案的标准，才能激发大家专利提案的热情。

做到以上几点，企业提案数量一定会大大增加，专利绩效一定得到明显提升。

六、职务发明

1. 我自己想出来的创意，应该是属于我自己的，为什么要给公司

很多研发技术人员觉得自己在公司工作期间，接受公司的研发任务，做某项产品研发，公司给我发工资，我为公司工作，这是天经地义的。但是我的思想属于自己，并不属于公司，我在工作过程中在常规技术之外创新出的技术方案，这应该是属于个人的发明创造，跟公司没有任何关系。毕竟也有很多公司的研发人员工作十几年，也没有做出过什么发明创造。很多技术人员因为有这样的想法，就会绕开公司以自己的名义去申请专利。

也有一些研发人员认为，在研发过程中，有技术创新，由公司申请专利，是可以理解的。但是如果我在研发项目组中，并不是项目负责人，只是普通的技术人员，譬如只负责产品测试，或者部件组装等非核心工作，我在公司已经确定的技术路线或者技术目标之外，完全依靠个人能力构思出新的技术方案，这就不是我的本职工作了，不应当属于公司所有了，应当属于本人所有。

这些想法其实都反映了一个问题：如何真正地去理解职务发明问题。《专利法》第6条规定："执行本单位的任务或者主要是利用本单位的物质技术条件所完成的发明创造为职务发明创造。职务发明创造申请专利的权利属于该单位，申请被批准后，该单位为专利权人……非职务发明创造，申请专利的权利属于发明人或者设计人；申请被批准后，该发明人或者设计人为专利权人……"

职务发明是实务中最容易出现纠纷或者存在理解偏差的地方，也是实务中争议最大的地方，如何对职务发明中涉及的公司利益与发明人利益进行平衡一直是立法者最头疼的问题。虽然争议会一直存在，但是到目前为止，已经达成的共识至少有以下几点：

（1）发明人在单位工作期间在其本职工作范围内做出的发明创造归属于单位所有。

（2）发明人在单位工作期间为完成单位交付的工作任务做出的发明创造归属于单位所有。

（3）单位应当对职务发明人做出的发明创造给予奖励与报酬，并保障发明人的署名权。

（4）发明人离职退休后一年内作出的与在原单位本职工作相关的发明创造属于原单位所有。

单位与发明人之间相互认可、相互尊重才能真正平衡好单位与发明人之间的利益。

2. 职务发明的奖励报酬要制定制度并及时发放

对于职务发明，发明人所在单位应当对发明人给予奖励和报酬，并要保障发明人的署名权。

《专利法》第15条第1款规定："被授予专利权的单位应当对职务发明创造的发明人或者设计人给予奖励；发明创造专利实施后，根据其推广应用的范围和取得的经济效益，对发明人或者设计人给予合理的报酬。"

《专利法》第16条第1款规定："发明人或者设计人有权在专利文件中写明自己是发明人或者设计人。"

发明人在职期间，一般为了继续工作，不会跟公司要求奖励报酬，但离职后，尤其是负气离职后，很多发明人就会向政府知识产权管理部门投诉举报。笔者之前就遇到：客户被离职员工投诉没有发放奖励报酬，地方知识产权局收到投诉后要求该客户协助调查并说明情况，最终要求其按照法律规定支付奖励报酬。所以，我们建议企业不要因小失大，奖励报酬本身就是对职务发明创造的最有效物质激励，很多发明人跟我们交流时都说，如果公司愿意给高额专利奖励，他们愿意绞尽脑汁地想创意做发明创造，所以公司一定要善用专利奖励和报酬，不要让其成为公司风险点。

一般而言，对于职务发明的奖励与报酬采用：

（1）约定优先，尽量公平合理；明显不合理不公平的，发明人可以申请司法审查。

（2）对于专利授权后专利实施的报酬，由于实施专利的收益相对模糊，难以计算；一般会以技术许可费为参考依据。

如果公司没有制定职务发明奖励和报酬相关制度，发明人主张专利奖励报酬，就会直接适用职务发明的法律规定。

《专利法实施细则》第77条第1款规定："被授予专利权的单位未与发明人、设计人约定也未在其依法制定的规章制度中规定专利法第十六条规定的奖励的方式和数额的，应当自专利权公告之日起3个月内发给发明人或者设计人奖金。一项发明专利的奖金最低不少于3000元；一项实用新型专利或者外观设计专利的奖金最低不少于1000元。"

《专利法实施细则》第78条规定："被授予专利权的单位未与发明人、设计人约定也未在其依法制定的规章制度中规定专利法第十六条规定的报酬的方式和数额的，在专利权有效期限内，实施发明创造专利后，每年应当从实施该项发明或者实用新型专利的营业利润中提取不低于2%或者从实施该项外观设计专利的营业利润中提取不低于0.2%，作为报酬给予发明人或者设计人，或者参照上述比例，给予发明人或者设计人一次性报酬；被授予专利权的单位许可其他单位或者个人实施其专利的，应当从收取的使用费中提取不低于10%，作为报酬给予发明人或者设计人。"

法律规定的职务发明的奖励与报酬是以国有企业为测算基础的，相对也比较复杂，在财务处理中也比较麻烦。实务中，很多民营企业倾向于直接约定一次性奖励与报酬的方式对职务发明人进行奖励。譬如，某公司在《知识产权管理制度》中约定：

基于公司的实际经营状况、技术研发的团队创新的客观情况，本公司自专利申请获得受理通知书起 3 个月内，对职务发明人专利申请的奖励如下：

一项发明专利奖励 3000 元；一项实用新型专利奖励 2000 元；一项外观设计专利奖励 1000 元。

本公司自专利授权公告之日起 3 个月内，对职务发明人的专利报酬采用一次性结算方式，具体职务发明报酬约定如下：

一项发明专利报酬确定为 5000 元；一项实用新型专利报酬确定为 2000 元；一项外观设计专利报酬确定为 1000 元。

当然实际金额可以根据公司的具体经营状况进行调整，只要在具体制度中体现了奖励与报酬，并且实际执行，就已经实际履行了专利法中明确规定的公司对于职务发明人应当给予奖励与报酬的义务。

3. 发明人在职期间，哪些申请专利的行为仍然属于职务发明

实务中，很多发明人试图规避职务发明的规定，自己获得专利权，这些规避行为有：

（1）以自己的名义申请专利；

（2）通过自己亲属、同学的名义申请专利；

（3）自己单独注册公司或者通过自己亲属的名义注册公司申请专利。

案例 1：在职期间，将职务发明以本人名义申请专利，判决属于职务发明，归属于单位所有。〔1〕

案情事实：发明人 2010 年 10 月入职，2012 年—2013 年以本人名义分别申请三项专利，该三项专利均与发明人本职工作相关；发明人于 2013 年 9 月离职；2014 年 3 月单位发现并起诉到法院。

法院判决结果：认定该三项专利为职务发明，应当归属于单位所有。

---

〔1〕 上海第一中级人民法院（2014）沪一中民五（知）初字第 56 号判决书，载中国裁判文书网，https：//wenshu. court. gov. cn/website/wenshu/181107ANFZ0BXSK4/index. html？ docId = b13eab-67b13949eb95aeede5a54f51a8，最后访问时间：2022 年 3 月 11 日。

案例 2：离职后一年内将本职研发内容申请专利，判决属于职务发明，归属于原单位所有[1]。

案情事实：发明人 2010 年 6 月入职，工作期间参与某研发项目，2012 年 6 月离职，离职后半个月左右将原研发项目中部分内容申请专利，2013 年单位发现并起诉到法院。

法院判决结果：认定该专利为职务发明，应当归属于原单位所有。

案例 3：离职后以妻子名义成立公司，将本职研发内容申请专利，判决属于职务发明，归属于原单位所有[2]。

案情事实：三发明人 2006 年—2009 年分别入职甲公司，分别任职技术部、生产部、服务部，接触了大量公司技术经营信息，2011 年 5～9 月先后离职，离职后三人分别以自己妻子作为股东发起成立“乙公司”，2012 年 3 月以乙公司名义申请专利，该专利与甲公司产品内容紧密相关，2012 年 10 月，三人成立新公司，将原专利转让到新公司名下，并将原“乙公司”注销，2014 年单位发现并起诉到法院。

法院判决结果：认定该专利为职务发明，应当归属于原单位所有。

本案启发：本案中三发明人在离职后不以本人名义以妻子名义成立公司，并且在申请专利后半年将专利再进行转让到新成立公司，将老公司注销，妄图以此来切断自己与原公司之间的职务联系。但显然，这些“机智操作”仍然没有跳出职务发明的框架约束，依然构成职务发明。

从以上三个案例可以看出，通过自己名义以及自己直系亲属名义或者通过他们注册公司申请专利，都是难以规避法律对于职务发明的规定的。

---

〔1〕上海市高级人民法院（2013）沪高民三（知）终字第 145 号判决书，载中国裁判文书网，https://wenshu.court.gov.cn/website/wenshu/181107ANFZ0BXSK4/index.html? docId=2d25c7659-aaa4c4690aae7836e877c25，最后访问时间：2022 年 3 月 11 日。

〔2〕最高人民法院（2015）民申字第 1180 号判决书，载中国裁判文书网，https://wenshu.court.gov.cn/website/wenshu/181107ANFZ0BXSK4/index.html? docId=2ad99047cc80454aa6967e-8e103fa122，最后访问时间：2022 年 3 月 11 日。

4. 招聘研发技术人员入职，要进行入职调查，避免职务发明纠纷

新招聘的研发技术人员刚从原单位离职，入职本单位，如果在原单位从事的工作岗位与在本单位的工作岗位基本类似，工作内容也基本类似，那就要特别注意，该员工在入职一年内做出的发明创造可能是归属于原单位所有的职务发明。所以，对于研发技术人员入职，一定要进行入职调查，调查两件事情：

（1）从原单位离职多久了？

（2）在原单位从事什么样的工作岗位，工作内容是什么？

如果在本单位从事的工作岗位及内容与原单位类似，那就要求其在一年内做出的发明创造不予署名，但相应给予其发明人应得的奖励与报酬。在入职满一年后，再做出发明创造就可以正式署名了。

5. 员工离职时，进行知识产权侵权风险提醒，避免侵权行为发生

对离职的员工进行相应的知识产权事项提醒：

（1）职务发明提醒，尤其是针对研发技术人员，提醒其进入新的公司如果从事的岗位工作内容与本单位的类似，不能将在本单位工作期间做出的研发成果拿来申请专利，或者在此基础上进行发明创造；如果该员工离职创业，创业公司与本单位业务内容有竞争关系，更应当提醒，不得将在本单位工作期间做出的研发成果进行专利申请，并提示违反规定可能导致的法律后果。

（2）保密义务提醒，应当遵守与公司的保密协议，持续对公司的商业秘密予以保密，如果是市场人员离职，应当对客户名单、定价策略、渠道信息等进行保密，离职后不得主动撬公司的客户；如果是技术人员离职，应当对公司的技术资料、产品图纸、研发成果等信息进行保密，并提示泄密可能导致的法律后果

（3）竞业限制提醒，公司的高级员工、核心技术骨干离职时，应当签署

离职知识产权协议或执行竞业限制协议，告知公司会履行的支付竞业补偿金的义务，以及离职员工要承担的竞业限制的义务。

6. 上海法院职务发明裁判规则启发我们如何保护职务发明

实务中，职务发明纠纷争议的焦点如下：

（1）涉案专利技术是否系发明人在原单位任职期间或离职退休后1年内作出的；

（2）涉案专利技术是否与发明人在原单位承担的本职工作或者原单位分配的任务有关（或者发明人的工作职责使其能够充分接触和熟悉相关技术信息）；

（3）涉案专利技术与发明人在原单位任职期间掌握的技术信息的对比是否具有相关性。

表1－5　职务发明纠纷中不同情况是否构成职务发明对照表

序号	后作出的发明创造内容与在先公司期间掌握的技术信息比对	发明人信息	结果
1	完全相同	原单位员工	职务发明
2		原单位＋新单位	职务发明
3	在原单位技术信息基础上做出非实质性创新（是否同一技术领域、解决的技术问题是否相同、技术手段是否具有传承性）	原单位员工	职务发明
4		原单位＋新单位	共同共有
5	在原单位技术信息基础上做出实质性创新	原单位员工	不构成职务发明
6		原单位＋新单位	不构成职务发明

案例1：某创公司与某医疗公司专利权权属纠纷[1]

技术比对：根据某创公司在二审庭审中提交的技术比对意见，其认为涉案专利的各个技术特征均来源于某创公司专有技术、公开的某创公司专利、

〔1〕上海市高级人民法院（2017）沪民终328号判决书，载中国裁判文书网，https://wenshu.court.gov.cn/website/wenshu/181107ANFZ0BXSK4/index.html?docId=f98f21dd93b3407bbc66a-8d301234d97，最后访问时间：2022年3月11日。

公知常识或其两两结合。但仍不足以证明涉案专利的技术方案完整来源于某创公司整体技术方案，即不能证明涉案专利与某创公司某一项技术方案完全相同。

法院认定结论：原单位发明人构成职务发明，新单位发明人对该专利也有贡献，判定共同共有。

案例2：东某公司与袁某扬专利权权属纠纷二审民事判决书〔1〕

技术比对：涉案专利技术方案相较于东某公司为攀钢公司设计的技术方案，已增加了切边导料管和底板翻动机构的技术特征，两技术方案已不属于同一技术方案。社会公众有基于现有技术进行发明创造的自由，如在后的发明创造相较于现有技术具有可专利的实质性特点，即可以获得专利授权，这符合技术创新的规律，亦为现行专利制度所认可。现本案涉案专利已经获得授权，本院可以推定其具有专利的实质性特点，并进而认为其与东某公司为攀钢公司设计的酸洗切边卷取机并不相同。

法院判定结论：不构成职务发明。

案例3：埃某某公司诉瑞某公司职务发明案〔2〕

技术比对：系争专利与原告图纸存在差异，无法进行一一比对；系争专利的多数组成构件以及安装连接位置关系在原告图纸上均无对应体现，通过具体构件所体现的功能自然也不尽相同。至于系争专利与原告的“剪板机板料分离收集装置”专利，二者在部件、结构、所要解决的问题上均不相同，不能仅凭同一技术领域这一关联关系来认定二者所体现的技术方案有关。

法院认定结论：不构成职务发明。

---

〔1〕上海市高级人民法院（2016）沪民终171号判决书，载中国裁判文书网，https：//wenshu.court.gov.cn/website/wenshu/181107ANFZ0BXSK4/index.html? docId = 0880d3f052a7431890e6fc-dd16afdd95，最后访问时间：2022年3月11日。

〔2〕上海市高级人民法院（2017）沪民终61号民事裁定书，载中国裁判文书网，https：//wenshu.court.gov.cn/website/wenshu/181107ANFZ0BXSK4/index.html? docId = 8a4aead82bf244d596-c8a7c000b2d671，最后访问时间：2022年5月31日。

案例4：鑫某勤公司诉锦某公司专利权权属纠纷〔1〕

技术比对：涉案专利为“一种等径变螺距绞龙输送散装饲料设备”，属于一种输送散装饲料设备，而原告经营范围包括生产和销售散装饲料运输使用车及配件，原告也从事了电动绞龙散装饲料车研发工作，原告提供的系列图纸的技术方案亦与涉案专利虽有一定的差异，但亦有相同之处。据此能够证明涉案专利技术与胡某某在原告公司的本职工作有关。本院认为，在职务发明的认定中，发明创造的技术特征与发明人在原单位履行本职工作所接触到技术方案并不需要完全相同，只要具有一定的关联性即可，涉案专利技术方案与原告图纸中所反映的技术方案相比是否具有创造性，并不影响职务发明的认定。

法院认定结论：构成职务发明。

以上四个案例是按照时间顺序降序排列的，正好体现了对于职务发明的认知变化。如案例4，在2015年之前，法院对职务发明中相关性解释，认为只要本职工作中涉案专利技术与原单位发明人的本职工作有关即认为具有相关性。涉案专利的技术特征与发明人在原单位履行本职工作所接触到技术方案并不需要完全相同，只要具有一定的关联性即可，涉案专利技术方案与原告图纸中所反映的技术方案相比是否具有创造性，并不影响职务发明的认定。

如案例3，上海地区的职务发明纠纷案例收归上海知识产权法院统一管辖后，上海知识产权法院对职务发明的认定更严谨、更客观，也更严格。上海知识产权法院认为，不能仅凭涉案专利与发明人在原单位掌握的技术信息属于同一技术领域这一关联关系来认定二者所体现的技术方案有关，还需要进一步考量二者在部件、结构、所要解决的问题上是否相同；如果技术领域相关，但是解决的问题不同，部件、结构不同，不能认定构成职务发明。

如案例2，法院认为，如果在后专利对在先专利技术方案做出了实质性创

〔1〕上海市高级人民法院（2014）沪高民三（知）终字第112号民事判决书，载中国裁判文书网，https：//wenshu. court. gov. cn/website/wenshu/181107ANFZ0BXSK4/index. html? docId = eed9d-512d6b24952a3d18a4847597dea，最后访问时间：2022年5月31日。

新，构成新的发明创造，那就不能再认定在后专利构成职务发明。

如案例1，上海知识产权法院的观点得到了上海市高级人民法院的肯定，并进一步细化为：职务发明认定涉案专利技术的技术特征与发明人在原单位履行本职工作所接触技术方案并不要求相同，只要具有一定的关联性即可，关联性判断需综合考虑两者是否属于同一技术领域、解决的技术问题是否相同、技术手段是否具有传承性等因素，而非简单判断两者技术方案相比是否具有专利授权意义上的创造性，亦无须进行技术特征的一一比对。

所以到了最近的案例1，职务发明的认定经历了由松到紧再放松一点的过程，目前的基本尺度是，考量四个要素：在后专利技术相对于在先专利技术是否做出了实质性创新，是否属于同一技术领域、解决的技术问题是否相同、技术手段是否具有传承性等。如果在后专利做出了实质性创新，一般认为就不构成职务发明；如果在后专利未做出实质性创新，技术领域、技术问题、技术手段三要素有一定的传承性，那就认定构成职务发明。

7. 员工在外成立新公司，与公司同业竞争还申请专利，有没有办法阻止

这种情况属于非常典型的同业竞争，如果公司与员工签订有保密协议、竞业禁止协议，是可以要求该员工承担违约责任的，甚至可以以侵犯商业秘密为由起诉该员工。

对于其所申请的专利，如果能够与其在公司工作期间的职务行为关联，可以主张其为职务发明，并主张公司的专利权属。

当然，上述都是事后处理措施，从事前防范的角度来讲，有如下几个办法：

（1）知识产权意识培训，让员工明确了解什么是职务发明及其权利义务；

（2）与全体员工签订《保密协议》，与核心员工签订《竞业禁止协议》；

（3）制定《知识产权管理制度》，明确职务发明的奖励报酬并实际履行。

定期要求研发技术人员将研发创新成果进行汇总并进行专利申请或作为商业秘密定密级存档。

七、商标申请

在企业知识产权管理工作中，商标管理也非常重要。商标管理主要涉及商标申请、商标使用、商标监测、商标维权等，其中，商标申请工作更为重要，企业如果能够获得商标注册权，在日常使用中，能够按照商标使用规范进行持续商标使用，并重视商标监测，避免被第三人傍牌导致商标被混淆或淡化，就可以避免各种商标风险，不断累积商誉，成为企业健康发展的重要载体。

商标是企业发展的信息与信誉载体，研发投入产出专利成果，专利成果创造价值，为公司带来良好口碑与声誉，口碑与声誉最终都承载在企业商标上，并最终独立于企业，形成品牌。

在企业初创时，经营者种下一颗“商标”的种子，然后不断用企业的价值观熏陶培育这颗种子，通过“市场销售能力”“技术创新能力”“产品质量控制能力”“售后服务能力”等不断为这颗种子松土施肥，最终赢得消费者的信赖与忠诚，从万千竞品中脱颖而出，成长为“品牌”。

商标是一个企业的名片，是区分不同经营者的工具。品牌是一个企业的资产，是企业的最佳推销员，是企业的最强质量背书，是企业的影响力与号召力，是意见领袖与潮流先锋。对任何企业来讲，都应当先注册一个商标，然后用心培育，让它成长为一个品牌，引领企业奔向星辰大海。

商标既然如此重要，在经营过程中就需要进行管理，让它保持合规运行，避免可能的各种风险，这些风险包括商标申请类别商品错误、商标未注册成功即大量使用、商标标识使用不规范、对商标傍牌行为不闻不问、商标侵权行为疏于维权等，最终让商标这颗种子无力成长为品牌大树。

1. 什么样的标识可以申请商标

在中国进行商标申请，文字、图形、字母、数字、三维标志、颜色组合和声音等，以及上述要素的组合均可以申请商标。

商标强调显著性，拟申请商标应当与在先已经申请注册的商标能够自然区别开来，满足了显著性的要求，就能够被商标局审查通过，申请商标注册成功。但现在商标申请，申请人往往提出这三类商标申请，往往让商标的显著性判断非常困难：

（1）商标直接是商品或服务功能的描述解释说明；

（2）商标直接是经营者对企业发展的愿景与期望；

（3）商标直接是对网红热门词汇、他人驰名著名商标的修改。

所以，如果商标申请人能够刻意规避这三类商标，选择一些显著性较强的中文、英文、日文等词汇，或者委托商标设计人员进行商标设计，应该会申请注册到令自己满意的商标。

表 1－6　不同设计元素申请商标的利弊比对表〔1〕

商标	中文	英文或其他语言	图形	任意组合
举例	巴拉巴拉 孤独角兽	balabala	bb	潮童节 Balabala

---

〔1〕“巴拉巴拉”商标图样参见中国商标申请号 3028937，载中国商标网，http：//wcjs. sbj. cnipa. gov. cn/txnRead01. do？NPxosaad = qAceqqq6JuQ6JuQ6JSSi_ iGtBm3xvMmixC0bLyNRiSlqqWOUyERdqAqqJa，最后访问时间：2021 年 8 月 21 日。“孤独角兽”商标图样参见中国商标申请号 33664877，载中国商标网，http：//wcjs. sbj. cnipa. gov. cn/txnRead01. do？NPxosaad = qAkRqqrkA0JkA0JkASSi_ iBKDdhiPIMIYcxbuZG3OXEqqk_ Yy3RdqAqqAa，最后访问时间：2021 年 8 月 21 日。“balabala”商标图样参见中国商标申请号 3028936，载中国商标网，http：//wcjs. sbj. cnipa. gov. cn/txnRead01. do？NPxosaad = qAkDqqkHuZdHuZdHuSSi_ kSBAzSef0tJicz4SUZh0pWqqHRLyLRdqAqqua，最后访问时间：2021 年 8 月 21 日。“bb 图形”商标图样参见中国商标申请号 48433392，载中国商标网，http：//wcjs. sbj. cnipa. gov. cn/txnRead01. do？NPxosaad = qAceqqkuZdHuZdHuZSSi_ k4K4IDW5DHExp_ hGdIiiIEqqhB2yLRdqAqqZa，最后访问时间：2021 年 8 月 21 日。“潮童节及图”商标图样参见中国商标申请号 14444393，载中国商标网，http：//wcjs. sbj. cnipa. gov. cn/txnRead01. do？NPxosaad = qAkJqqrg8ofg8ofg8rSi_ c8eC38seayMjboSzluoofLqqHYMygRdqAqq8q，最后访问时间：2021 年 8 月 21 日。

续表

商标	中文	英文或其他语言	图形	任意组合
利弊	容易检索判断风险		难以预检索，不容易预判风险	每个元素单独考虑驳回风险
建议	单一元素单独申请商标，使用时自由组合使用			

2. 少数民族文字及繁体字是否可以用作商标注册使用

少数民族文字可以作为商标申请注册。为了便于审查，应当附商标设计说明。

商标文字可以使用繁体字，无论是简化字还是繁体字，都必须书写正确、规范，不得使用错字、停止使用的异体字和不规范的简化字。

3. 广告语可以申请商标注册吗

商标注册的基本条件：具备显著性。所以广告语作为商标进行申请注册，主要考察的也是显著性问题。大部分以广告语作为商标进行申请，都会被商标局以“缺乏显著特征”而予以驳回。

那什么样的广告语商标可以被注册呢？一般来说，广告语商标要想注册成功，需要注意以下几点：

（1）广告语本身具有较强的独创性与显著性。

（2）最好结合图形等其他具有显著性的要素，形成具有独创性的商标整体。

（3）对常用语等进行谐音变换，如运动美时美刻，从而获得独创性。

（4）最好能将公司字号或者公司已注册商标融合进去，凸显其显著性，一般这样的商标都能获得审核通过。

（5）通过长期的宣传推广及使用，商标已经具有一定的显著性，与商标使用人已经产生了直接关联性的广告语也可考虑申请商标。

广告语商标注册成功案例列举如下：

例1，商标：建设有鲁班，服务有建行；注册类别：36类。[1]

例2，商标：运动美时美克；注册类别：25类。[2]

例3，商标：一切皆有可能及图；注册类别：25类。[3]

例4，商标：上上下下的享受，注册类别：7类。[4]

4. 网络热门词汇可以申请商标吗

2020年年底，网络热词“干饭人”火了后，商标局收到了27件“干饭人”商标申请，好像总有那么一批人守在商标局门口，一手看手机搜寻网络热点，一手准备递交商标申请。

一般来讲，只要该网络热门词汇不属于“禁止商标使用”以及“禁止商标注册”范围，都可以申请注册。看到了好的网络热门词汇，一定会有很多人抢，所以手速一定要快，商标局采用先到先得的注册原则；同一天申请的，采用抽签决定，所以委托的商标服务机构一定要做到当天申请、递交、受理，不然可能就功亏一篑。

抢注网络热门词汇无伤大雅，但是以下几类“网络热门词汇”就属于“禁止商标使用”以及“禁止商标注册”，可千万不能碰：

（1）有害于社会主义道德风尚或者有其他不良影响，属于“禁止商标使

---

〔1〕参见中国商标5553282的商标公开信息，载中国商标网，http：//wcjs. sbj. cnipa. gov. cn/txn-Read01. do？NPxosaad = qAkJqqkB45dB45dB4SSi_ ocqzRM1NmqzGu3tXyADZY9qqruJ_ ERdqAqq4a，最后访问时间：2021年8月21日。

〔2〕参见中国商标7002531的商标公开信息，载中国商标网，http：//wcjs. sbj. cnipa. gov. cn/txn-Read01. do？NPxosaad = qAkYqqks0eHs0eHs0SSi_ DaBh535BLrN44IQPPu_ TUGqqczc_ 3RdqAqq0a，最后访问时间：2021年8月21日。

〔3〕参见中国商标5275831的商标公开信息，载中国商标网，http：//wcjs. sbj. cnipa. gov. cn/txn-Read01. do？NPxosaad = qAkNqqqVmrAVmrAVmrSi_ HnlYkFDyDlvCOaEJuVojeEqqcQs_ LRdqAqqmq，最后访问时间：2021年8月21日。

〔4〕参见中国商标3981970的商标公开信息，载中国商标网，http：//wcjs. sbj. cnipa. gov. cn/txn-Read01. do？NPxosaad = qAkNqqqVmrAVmrAVmrSi_ DaBh535BLrN44IOaEJuVojeEqqcQs_ 3RdqAqq0a，最后访问时间：2021年8月21日。

用”范围，不能作为商标使用，会被直接驳回，商标代理机构还要被行政处罚。

（2）“小情人”等本身属于低级趣味，有害于社会主义道德风尚，也属于“禁止商标使用”范围，不能作为商标使用。

（3）涉及封建迷信、宗教信仰词汇也会被驳回。

5. 申请商标选择指定商品时的五个基本原则

中国商标申请的商品分类采用国际通行的尼斯分类表，合计分为45个大类，其中前34个大类为商品类别，11个类别为服务类别。在实务操作中，很多商业活动并不局限在某一个具体类别，而是横跨多个类别，并且体现出商品与服务并举的模式；近年来，电子商务互联网经济的快速发展，又使得平台经济、互联网App成为普遍的商业模式，从而让商标注册的商品选择更加复杂多样。

申请商标在选择指定商品时，应当根据客户商业目标，确定合适的商标类别及商品，选择商品时，首先要注意分类表中商品和服务必须同时注册的领域：

从事眼镜销售的，眼镜产品在9类，眼镜行在44类；

从事软件开发或销售的，软件产品在9类，软件开发在42类，在线游戏在41类；

从事化妆品生产销售的，化妆品在3类，美容服务在44类；

从事食品生产的，食品类别在29、30、31类，餐饮服务在43类。

其次选择具体商品时，基本原则如下：

（1）实际产品或服务；

（2）上下游衍生产品或服务；

（3）未来三五年该产业的可能发展方向；

（4）商标防御性注册；

（5）商标防淡化注册。

这五个基本原则我们该怎么理解呢？以某化妆品公司举例，如果要申请化妆品的商标，首先要选择实际产品或服务，做化妆品的，必然要选择注册在第3类化妆品类别上。

上下游衍生产品或服务指的是，化妆品可能横向发展，衍生到5类保健品及一些29、30、31类食品类别，还可能向下游发展，做10类美容器械、28类按摩器械、44类的医疗护肤美容服务。

如果企业发展得非常好，未来三五年该产业的可能发展方向为：一个是集团化发展，化妆品为主业，向女性时尚用品延伸，就涉及14类珠宝首饰、18类箱包、21类化妆用具、25类服装婚纱、28类健身按摩器材；另一个方向是向电商平台化发展，涉及35类互联网平台、9类手机App、41类娱乐服务、45类交友服务。

商标防御性注册，主要是跟化妆品相关的，能够产生产业联想的领域、譬如16类期刊杂志文具、20类家具用品、32类及33类饮料酒水。

商标防淡化注册，主要是应用在这些类别上，会对化妆品主营业务造成混淆的，譬如有人将我们的化妆品商标注册在马桶、污水处理等类别上面，就会淡化我们的商标，防淡化注册的最好办法就是将商标进行全类注册。

6. 查询到一个在先相同商标，怎么办

截至2020年6月，中国有效注册商标总量达到2741.4万件左右。2020年上半年，我国商标申请量为428.4万件，中国一年的商标申请量在900万件左右[1]。现在申请商标有多难可想而知，两个字三个字的中文商标，几乎都很难申请注册，除非一些非常生僻的词语才能申请注册，所以在申请商标之前进行在先商标查询时，经常会遇到查询到了一个在先相同商标，这时候

---

〔1〕《国家知识产权局发布2020年上半年数据》，载国家市场监督管理总局官网，http://www.samr.gov.cn/xw/mtjj/202007/t20200710_319534.html，最后访问时间：2021年8月15日。

应该怎么办呢？去碰运气吗？已经是完全相同的商标，申请肯定会被驳回，根本不存在运气一说，我们建议可以考虑这样处理：

（1）如果一定要拿下这个商标，可以直接考虑购买；

（2）对该在先商标进行撤销或无效申请，同时自己递交申请；

（3）进行回避设计，与在先商标图样形成较大区别；

（4）在用第三个方法的同时，进行商标显著性的强化设计；

（5）以上如果都不行，重新设计一个完全不同的商标，再次查询后，重复以上步骤。

已经查到了完全相同的在先商标，还希望获得这个商标注册，只有两个办法：要么买下这个商标；要么撤销或无效掉这个商标。撤销无效的手法，无非连续三年不使用的撤销，或者是商标无效申请，相对来说，连续三年不使用的撤销不需要任何理由，只需要该商标已经注册满三年即可实施，所以使用的频率最高；而商标无效请求，需要一些站得住脚的理由，一般不太容易找到，所以成功率不高。

如果不想买，又觉得没有把握撤销或无效掉，那只能绕路而走，绕路的方式就是商标的"回避设计"，商标申请人通常在商标前面增加文字，中文商标增加非修饰性的文字。譬如，在先商标叫"××"，加字叫"佳××""好××""牛××"，属于修饰性词语，很难与"××"区分出来，一般都很难通过商标审查；如果在商标前加字，如"康××""百××"等类似无修饰性的词语；则与原有的"××"商标有了显著区分，在商标审查中更容易注册成功。英文等也是类似的操作手法；如果通过加字后，还是把握不大，就要考虑再次进行加强商标显著性设计，如何进行显著性设计，笔者在本书中列举了大量案例，大家可以参考使用。以上办法只是提高商标注册成功的概率，商标领域令人难以准确把握之处就在于其每个商标申请个案审查的主观性，为了进一步提高商标注册成功率，商标申请人可以同时递交多个类似的"显著性设计"商标申请，将驳回风险分摊到多个商标申请中，提高商标注册的成功率。

7. 商标被别人在其他类别抢注，如何应对

一般来说，应当区分自己商标的知名度及必要性，区分对待：

（1）如果只是普通商标，没什么品牌知名度，他人将我方相同的商标图样注册在其他类别上，这是合法行为，虽然我们自己可能觉得这种行为不道德。

如果我方商标是普通的文字商标，我们对该商标不存在任何在先权利，作为在先商标权人没有任何权利干涉他人在其他类别的商标申请行为。

如果我方商标是图形或者特别设计字体商标，我们对该商标存在在先著作权，我方就可以主张在后商标申请侵犯了我方著作权，可以申请撤销或者无效掉该商标。在这种情况下，建议最好对该图形或者特别字体，申请著作权登记，以便于后续发现侵权时，能有可靠的著作权证据来主张权利。

（2）如果是知名商标，具有一定的知名度，就需要再区分：

已经被在先认定过驰名商标或者著名商标，可以申请跨类保护；未被在先认定过驰名商标或者著名商标，确实知名度足够，可以考虑申请驰名认定，同时尽调对方是否存在恶意傍附、被代理关系等因素来对对方商标申请异议或无效。

实在不行，只能根据实际情况，以连续三年不使用来申请撤销，同时自己申请相关类别的商标。

当然，最重要的是，为自己的商标建立“护城河”。稍微知名一点的商标或者含义美好的商标都容易被他人抢注，所以应当向“老干妈”商标学习，事先为自己的商标建立“护城河”，避免被他人抢注，是最经济的解决方案。

8. “李鬼们”常见的商标抢注行为案例

守法经营的商标权人经常被假冒模仿商标的“李鬼们”[1]骚扰，现在我们披露一些“李鬼们”常用的商标模仿抢注手法，供大家针对性地进行预防：

（1）寻找商标申请类别及商品的漏洞进行抢注

譬如，之前某公司将“非××扰”商标注册在41类电视文娱节目服务，未注册45类交友服务，被他人抢注并起诉其商标侵权[2]。之前很多互联网平台公司，未注册9类0901计算机程序商标，被他人大量抢注。

（2）拼接知名商标

将业内知名的品牌进行拼接，譬如将两个知名品牌的各自的首部与尾部拼接为一个新词。

（3）主营业务上打擦边球商标

在知名商标主营业务上做文章，譬如在调味品领域傍附“老干妈”商标。

（4）知名人物姓名、企业字号、企业名称简称或者其他商业标识

注册某些知名公司创始人名字。很多企业字号已经被申请商标，但是企业简称可能没有申请。

八、禁止商标注册及使用

1. 禁止商标使用1——有害于社会主义道德风尚

按照《商标法》的规定，有一些标志“禁止作为商标使用”，有一些标

---

〔1〕李鬼：出自古典名著《水浒传》第四十三回，冒用黑旋风李逵名号，拦路抢劫，索要李逵买路钱，后遇到李逵，被他杀死。现在特指故意冒充他人、混淆视听的人，也可以指假冒商标等。

〔2〕《非××扰商标权案尘埃落定　判决结果两次“反转”》，载人民网，http://ip.people.com.cn/n1/2016/1231/c136655-28991078.html，最后访问时间：2021年5月25日。

志“禁止作为商标注册”，我们分别对这些禁止使用的商标词汇进行简单梳理，在“禁止商标使用”词汇中，最主要的就是“有害于社会主义道德风尚”的标志，即标志中包含了对我国政治、经济、文化、宗教、民族、道德等社会公共利益和公共秩序产生消极的、负面的影响的商标要素，商标申请人只要秉承基本的政治觉悟，一般就没有大问题，现列举一些禁止商标使用的例子：

（1）侮辱性或淫秽性文字、图案作为商标构成要素。

（2）领导人的姓名、革命烈士姓名、历史文化名人、国内外知名人物等。

（3）带有政治意义的数字。

（4）有害于种族尊严的词汇。

（5）与我国各党派、政府机构、社会团体等单位或者组织的名称、标志相同或者相近的。

（6）我国党政机关职务或者军队职务职衔，比如“大校”“处长”。

（7）各国法定货币的图案、名称或者标记，譬如“英镑”“美元”等。

（8）暴力色情、低级趣味、恶俗标志，比如“打手”。

（9）宣传封建迷信思想。

2. 禁止商标使用2——有不良影响

“不良影响”与“有害于社会主义道德风尚”是并列关系，也是价值观判断问题，一般来说，正向价值观导向的商标标识肯定没有问题，负面的一般都不行，一些中性价值观的，要谨防政治、经济、文化、宗教、民族五个方面的不良影响。

3. 禁止商标注册1——通用名称，图形，型号

商品的通用名称，是指在某一区域内为生产经营者或者消费者普遍用于称呼某一商品的名称，如“棉花”糖、“椰子”汁、“葡萄”酒、“道林”

纸等。

商品的通用图形，是指某一种类商品的一般图形，如以椰子图形作为椰子汁的商标，以棉花图形作为棉花糖的商标。

商品的型号，是指商品的性能、规格、大小等，譬如“502”胶水，商品的型号不能作为商标注册。

如果标志中除了商品的通用名称、图形和型号之外，还有其他文字、图形、字母、数字、三维标志和颜色等商标构成要素，则可以注册为商标。比如，“大众汽车”注册商标中就包含“汽车”这个商品的通用名称。

商品的通用名称、图形、型号不能由某一个企业作为商标注册而专用，否则会影响本行业其他企业的正常业务。另外，有本商品的通用名称或图形作为该商品的商标，也起不到区别各生产经营者的作用。因此，仅有本商品的通用名称、图形、型号的标志，不得作为商标注册。

商品的通用名称并不是绝对的。某一特定商品的商标在一定条件下可能演变为该商品的通用名称，如“阿司匹林”、“吉普”车、“氟利昂”制冷剂等。

4. 禁止商标注册2——直接表示商品质量、原料、功能等

商品的质量、主要原料、功能、用途、重量、数量等通常是行业通用的标准，某种意义上是通用名称或公共资源，不能由某一个企业作为商标注册而专用，如果由某一个市场主体独占，不利于刺激市场发展。

“商品质量”是指商品或服务的优劣。如以“一流”“顶级”在商品和服务上作为商标注册，那你的商品就称为“顶级”商品，你的服务就称为“一流”服务，这显然是不行的。

“主要原料”是指商品中的主要成分。如以“苹果汁”“羊毛”在饮料和服装上作为商标注册，那你的商品就称为“苹果汁”饮料、“羊毛”服装。这样他人的饮料上就不能使用“苹果汁”文字，即使就是苹果加工成汁的饮料也不能如此称呼；而你的服装即使并不含羊毛却可称呼为“羊毛”服装。

这也是不可以的。

“功能”是指商品或服务所发挥的作用。如生产止痛药品的就使用“止痛”作商标，生产补血药品就用“补血”作商标。这些商标直接表示了商品的功能，所以不能作为商标注册。如哈药三厂生产的“扑雪”“扑欣”口服液，尽管该药品的功能就是“补血”“补锌”，但是在申请商标注册时，企业希望消费者知道它的药品功能，而又不能违反商标法的规定，故改为“扑雪”“扑欣”，其读音相似。[1]

“用途”是指商品或服务的用途。如服装类商品上使用“消防”文字，鞋类上用“滑冰”文字，不能作为商标注册。

“重量”指的是商品的轻重。如某商品用“3 公斤”“2 毫克”作商标。

“数量”表示商品或服务的多少。如袜子用“一打”做商标，也是不可以的。

实务中，“果粒为主”就因为直接表示了商品主要原料而被驳回，[2]“实力学霸”则暗示服务质量而被驳回；[3]“D2P”（是研发生产一体化的简称）体现了服务功能，而被驳回。[4]

5. 禁止商标注册 3——缺乏显著特征

缺乏显著特征而被驳回的案件最著名的应当是“微信”商标，在北京市

---

〔1〕参见中国商标 1524538 的商标公开信息，载中国商标网，http：//wcjs. sbj. cnipa. gov. cn/txn-Read01. do？NPxosaad = qAqQqakPgXhPgXhPgfSi_ EZF1avH1rQzTx. QNmEAa_ QqqxE. NgwdqAqqgG，最后访问时间：2022 年 3 月 14 日。

〔2〕参见中国商标 28812497 的商标公开信息，载中国商标网，http：//wcjs. sbj. cnipa. gov. cn/txn-Read01. do？NPxosaad = qAqfkqcK2NFK2NFK2fSi_ H8Bm4BMlGXu9YOkz2GXO50qqDFlpgzdqAqq2G，最后访问时间：2022 年 3 月 14 日。

〔3〕参见中国商标 27688328 的商标公开信息，载中国商标网，http：//wcjs. sbj. cnipa. gov. cn/txn-Read01. do？NPxosaad = qAqMkqqLtcGLtcGLtrSi_ ibilBXm8wtaYtKRS1n_ UYqqqxVo1EzdqAqqtq，最后访问时间：2022 年 3 月 14 日。

〔4〕参见中国商标 27091442 的商标公开信息，载中国商标网，http：//wcjs. sbj. cnipa. gov. cn/txn-Read01. do？NPxosaad = qAqQqakPgXhPgXhPgfSi_ EZF1avH1rQzTx. QNmEAa_ QqqxE. NgwdqAqqgG，最后访问时间：2022 年 3 月 14 日。

高级人民法院就“微信案”作出的（2015）高行知终字第1538号判决中认为：

被异议商标由中文“微信”二字构成，指定使用在“信息传送、电话业务、电话通讯、移动电话通讯、电子邮件、传真发送、电信信息、提供全球计算机网络用户接入服务（服务商）、为电话购物提供电讯渠道、语音邮件服务”上。“微”具有“小”“少”等含义，与“信”字组合使用在上述服务项目上，易使相关公众将其理解为是比电子邮件、手机短信等常见通信方式更为短小、便捷的信息沟通方式，是对上述服务功能、用途或其他特点的直接描述，而不易被相关公众作为区分服务来源地商标加以识别和对待。因此，被异议商标在上述服务项目上缺乏显著特征。〔1〕

实务中，由于违反《商标法》第11条的相关规定，构成描述性符号、习惯性指称以及其他缺乏显著特征的标识而被驳回的商标几乎达到所有商标申请的三分之一。现代社会要求商标名称自带营销属性，导致商标名称直接表示商品质量、用途的比比皆是，所以商标申请人在构思商标名称时一定要慎重，并做多手准备。

6. 禁止商标注册4——复制摹仿国内外知名品牌

《商标法》第13条规定：“为相关公众所熟知的商标，持有人认为其权利受到侵害时，可以依照本法规定请求驰名商标保护。就相同或者类似商品申请注册的商标是复制、摹仿或者翻译他人未在中国注册的驰名商标，容易导致混淆的，不予注册并禁止使用。就不相同或者不相类似商品申请注册的商标是复制、摹仿或者翻译他人已经在中国注册的驰名商标，误导公众，致使该驰名商标注册人的利益可能受到损害的，不予注册并禁止使用。”

---

〔1〕 北京市高级人民法院（2015）高行（知）终字第1538号行政判决书，载中国裁判文书网，https：//wenshu. court. gov. cn/website/wenshu/181107ANFZ0BXSK4/index. html? docId = 110558baa33e45d498e1675c95b97749，最后访问时间：2022年5月5日。

实务中，经常出现商标申请人抢注、复制、摹仿国内外知名品牌，大多数情况下，知名或驰名商标的商标权人在主营类别上已经注册成功，但是在一些相关类别上可能有遗漏或者觉得关联度不大，但是，被抢注人抢注后，又觉得会淡化自己的驰名商标，只能再去异议或者无效或者直接买回。对于驰名商标、知名商标的权利人来说，需要特别谨防以下两种抢注行为：

（1）在主营类别上与驰名商标近似的商标变形体。

（2）在非主营类别上相同或者极度近似的商标申请。

虽然《商标法》中已经赋予了驰名商标相对于普通商标的“跨类保护”，但是驰名商标背后的商业利益巨大，商标申请成本又极低，抢注者层出不穷，导致蹭品牌的现象不断发生。因此，驰名商标的权利人应当做好两件事：

（1）在主营类别上进行充分的防御性注册。

（2）实时进行国内外商标监测，及时制止傍名牌现象。

例如，某公司为了防止他人傍名牌，在主营商品“辣酱”上申请了几十个与核心商标近似的防御商标。若干人申请傍牌商标，但大部分最终都被其“护城河”给拦住，最终被驳回。窥一斑而知全貌，驰名商标、知名商标在国内几乎是被“围攻”的状态，如果不建立“护城河”，很容易就被他人钻空子。另外，即使建了“护城河”，也要时刻保持警惕，实时监控第三人的商标注册情况，及时出手或异议或无效，从而保证自己的商标利益。

7. 禁止商标注册5——抢注被代理商标

抢注被代理师或者被代表人商标，是指违反《商标法》第15条的规定，商标代理师、代表人或者经销、代理等销售代理关系意义上的代理师、代表人未经授权，以自己的名义将与被代理师或者被代表人的商标相同或者近似的商标在相同或者类似商品上申请注册。在建立代理或者代表关系的磋商阶段，代理师或者代表人抢注的，亦属该种类型。同时，对于申请人与他人有合同、业务往来关系或者其他关系而明知该他人商标存在而予以抢注的，也属于不予注册范畴。

实务中，常见的抢注被代理商标的几种情况：

（1）经销商抢注被代理商标

案例：甲红酒公司在法国拥有注册商标××××，福建某公司在国内抢注了该商标。具体关系为：甲红酒公司在中国的关联公司与上海某公司之间存在品牌酒类商品销售代理关系，上海某公司与商标抢注人福建某公司为关联公司。

（2）广告商抢注客户的商标

案例：乙公司委托某广告公司进行营销广告设计及分发，该广告公司发现乙公司未在31类水果类上注册“××”商标，立即以自己的名义进行抢注，后被乙公司以违反《商标法》第15条的规定提起商标异议，最终被驳回注册。

（3）离职员工抢注“老东家”的商标

案例：某集团公司的员工离职后，在广东注册一个新公司，并以新公司的名义抢注原老东家的两个商标，被老东家提起商标异议或商标无效宣告。

当然，还有一些其他情况，譬如竞争对手抢注、商标代理机构抢注，笔者甚至遇到某国内代表团内一公司员工在参观访问某国外公司后，以自己的名义抢注该被参观公司的商标，真是令人瞠目结舌。

代理师或代表人、业务往来关系者未经授权，擅自注册被代理师或者被代表人商标的行为违反了诚实信用原则，侵害了被代理人、被代表人或者利害关系人的合法权益，抢注被代理商标，本质是破坏了诚信的商业氛围。在商业合作中，最需要诚实信用，双方本来彼此接触，相互公开一些内部私密信息以加强相互了解与互信，任一方将他人机密信息申请注册商标都是严重破坏诚信的行为，长此以往，社会风气将每况愈下，所以必须坚决打击。

8. 禁止商标注册6——损害他人在先权利

《商标法》第32条规定：“申请商标注册不得损害他人现有的在先权利，

也不得以不正当手段抢先注册他人已经使用并有一定影响的商标。”具体是指商标持有人在申请商标注册时，不得损害他人已经获得的并且仍然有效的权利，“在先权利”不是指商标权，而是指他人仍在享有的其他在先权利，包括外观设计专利权、实用新型专利权、著作权、企业名称或字号权、知名商品特有的名称权和装潢权、网络域名权、肖像权、自然人的姓名权等。将这些在先权利作为商标申请注册，有极大可能被驳回。

（1）实用新型专利权。实用新型一般形状构造较为复杂，实务中很少有侵犯实用新型的在先权利的。

（2）外观设计专利权。商标申请人要避免将与外观设计近似的图样申请注册商标。

（3）著作权，一般将他人在先创作的美术作品、图片、动漫形象、特殊字体设计等注册为商标。

（4）企业名称权。是指商标与他人的字号、商号相同或者近似，使他人对来源产生混淆，则构成对企业名称权的损害。这类的企业名称一般是指知名企业。

案例：黄某某于2011年1月25日申请商标申请号9087785号的“卤三国”商标，指定使用在豆腐制品上。两年后，卤三国公司以“卤三国”商号已在先登记并在熟食等商品上在先使用并有一定影响，向商标局提请异议，最终获得支持，该商标予以驳回〔1〕。

（5）知名商品特有的名称权、装潢权，其中包括“知名电影的特有形象的商品化权”。

案例：甲公司于2015年11月26日申请“××波特××××bote及图”商标，乙公司于2017年9月21日对该商标提出无效宣告请求，最终商标局支持

〔1〕《第9087785号“卤三国”商标异议复审裁定案》，载国家知识产权局商评委官网，http：//spw. sbj. cnipa. gov. cn/alpx/201510/t20151013_ 229776. html，最后访问时间：2021年5月25日。

了该商标无效申请〔1〕。

（6）网络域名权。域名具有与商标、商号、姓名等相抗衡的民事权利。

（7）自然人的肖像权。未经本人同意，不得以营利为目的使用公民的肖像。

（8）姓名权。最知名的莫过于“乔某案”〔2〕，某公司将美国篮球巨星“迈克尔·乔某”的名字注册为“乔某”商标，最终被最高人民法院裁定予以无效。

9. 禁止商标注册7——不正当手段抢注他人已经使用并有一定影响的商标

禁止不正当手段抢注他人已经使用并有一定影响的商标，其基本目的是保护在先使用并具有一定影响的商标。在先使用并有一定影响，是认定该商标是否构成以不正当手段抢注商标的基础和前提。在先使用并具有一定影响的商标才能够起到区分商品服务来源的作用。

案例1：圣某公司于2009年申请“×通卡”商标，申请号为7882065，指定使用第9类“磁性识别卡、密码磁卡”商品上，安徽高速运营公司向商标局提请商标异议，理由是“×通卡”是安徽省高速公路储值卡的名称，已经在先使用并具有一定知名度。最终该商标被异议成功，不予注册。〔3〕

案例2：“××面”是二十世纪九十年代上海一家老面店的招牌，在当地有一定的知名度，后被一家电子商务公司将“××面”抢注为商标，该老面店提出商标无效申请，最终获得支持。

---

〔1〕《2018商标评审典型案例（下）》，载长沙市知识产权局官网，http：//csipo. changsha. gov. cn/jdhy/hygq/201904/t20190428_ 3318556. html，最后访问时间：2021年5月25日。

〔2〕最高人民法院（2018）最高法行再32号行政判决书，载中国裁判文书网，https：//wenshu. court. gov. cn/website/wenshu/181107ANFZ0BXSK4/index. html? docId = 5175ed72c38840c1bd87-ab8a011600ae，最后访问时间：2021年5月25日。

〔3〕《“以不正当手段抢先注册他人已经使用并有一定影响的商标”的认定》，载法律图书馆，http：//www. law - lib. com/flsz/sz_ view. asp? no =2567&spn =77831，最后访问时间：2021年5月25日。

九、商标审查

1. 高驳回率——“蹭名牌”申请

商标申请注册强调的是显著性，所谓显著性就是将自己家商标与其他家商标区分开来，从而让消费者能够在万千品牌中识别出你的品牌，如果商标没有显著性，消费者眼中看到的品牌就是千篇一律的，就没法发挥商标的“区分来源”的作用。

商标的显著性也分为先天显著性与后天显著性，所谓先天显著性是指商标在申请时，本身字、形、意就非常有特点，与本类别在先的商标不同或者不相近似，这是先天性自带显著性。譬如，“卡迪米尼”面包，“独莲客”餐饮，就先天有显著性，但如果叫“好再来”饭店，“味好美”饼干，就先天没有显著性。

当然，如果商标先天没有显著性，也不是说就没有办法，还可以通过后天大量广泛使用获得知名度，然后成就显著性；譬如，蒙牛的“酸酸乳”乳酸菌饮料，直接表示了商品的特点，理论上是无法注册的，但是蒙牛从2000年开始持续使用该品牌6年，在消费者中已经非常知名，从而获得了后天显著性，被认定为“未注册驰名商标”，并最终获得了商标注册[1]。还有“×个核桃”商标，注册在“植物饮料、豆奶”等商品上。也被认为先天显著性不足，“×个核桃”直接表明了商品以核桃为主要原料的特点，也不应当注册，但是商标权人将该饮料销售全国13个省市，并聘请多位明星代言，在全

---

〔1〕《“酸酸乳”是商标还是通用名称?》，载中国青年报，http：//zqb. cyol. com/content/2006－08/23/content_ 1487921. htm，最后访问时间：2021年8月3日。

国都具有广泛知名度，获得了后天显著性，并最终获得了商标注册。[1]

先天显著性容易判断并主观把控，后天使用知名获得显著性，则需要看财力与能力了，并不是人人都可以运作出一个知名品牌的。所以我们建议在前期应当充分考虑商标的先天显著性。在先天显著性问题上，蹭名牌，搭知名品牌的便车，与知名品牌高度近似，更容易被驳回，商标局内部数据库中对于高知名度品牌会给予更高的保护强度，蹭名牌本身自带主观恶意，顺应目前严厉打击商标恶意注册行为的审查趋势，更加容易被驳回。

譬如，笔者团队帮某知名品牌进行商标监测，就发现经常有“森马曼威尼”“别样森马”“森马狮丹”之类的傍名牌商标申请，这些都很难通过审查。

2. 高驳回率——拼接现有知名品牌

现在商标设计界也比较流行“洗稿”行为，将某些知名品牌进行拼接，形成“四不像”商标进行申请注册，因为牵扯到多个知名商标，自然很容易会引来多方联名异议，导致最终注册失败。虽然有漏网之鱼能成功注册，但最终都会被驳回或无效。

某公司在2018年3月21日向商标局申请注册第29740155号35类“腾浪网 tilla. cn 及图”商标[2]。这个商标就是拼接“腾讯 + 新浪 + 网易”三个知名品牌，但现在这种拼接行为太普遍，各大互联网公司已经应接不暇，不免有些漏网之鱼。之前笔者团队帮某珠宝品牌做商标监测服务，发现某公司大量拼接珠宝类知名品牌的商标。

拼接现有知名品牌，本身自带恶意，在目前严厉打击商标恶意注册行为的大环境下，更加容易被驳回。

---

〔1〕《“六个核桃”告了“大个核桃”》，载人民网，http：//ip. people. com. cn/GB/n1/2018/0810/c179663 - 30221504. html，最后访问时间：2021年5月25日。

〔2〕《关于第29740155号“腾浪网 tilla. cn 及图”商标驳回复审决定书》，载中国商标网，http：//wsgs. sbj. cnipa. gov. cn：9080/tmpu/pingshen/detail. html？ appId = e48b88386b01d2b2016b07b-674d05776，最后访问时间：2021年5月25日。

3. 如何通过商标设计增加商标显著性

很多商标申请人都有一个误区：在商标查询时，如果发现有完全相同的在先商标申请时，只要对商标图样进行重新设计就可以获得商标注册。其实，对完全相同的在先申请，不论你做什么样的设计，只要设计后还能看出申请内容，都会因为与在先商标构成近似，而无法获得商标注册。只有在出现在先近似商标时，通过商标设计增加在后商标的显著性使两者不构成近似才有可能获得注册。看如下例子：

例 1：43 类餐饮类 597 商标设计

图 1－6 在先申请商标〔1〕

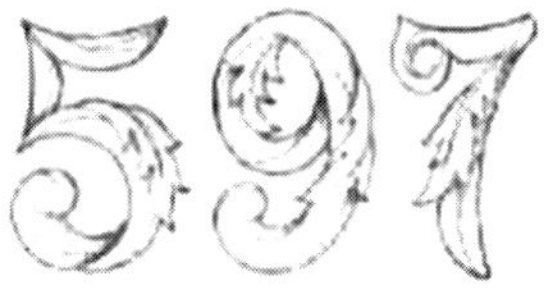

图 1－7 后申请商标〔2〕

商标局审查结果：核准注册。

总结一下商标设计的具体作用以及对审查的影响：

（1）商标设计的唯一作用是增强商标图样本身的显著性，并不能规避完全相同的在先申请。

在查询到完全相同的在先商标申请，在后商标申请不论如何进行设计，本质上两者都是相同的，商标设计有可能使两者由相同转为近似，除非在后

〔1〕 参见中国商标 5591008 的商标公开信息，载中国商标网，http：//wcjs. sbj. cnipa. gov. cn/txn-Read01. do? NPxosaad = qAqQqakPgXhPgXhPgfSi _ EZF1avH1rQzTx. QNmEAa _ QqqxE. NgwdqAqqgG，最后访问时间：2021 年 8 月 21 日。

〔2〕 参见中国商标 7856849 的商标公开信息，载中国商标网，http：//wcjs. sbj. cnipa. gov. cn/txn-Read01. do? NPxosaad = qAkNqqqVmrAVmrAVmrSi_ DaBh568BLrN44IOaEJuVojeEqqcQs_ 3RdqAqq0a，最后访问时间：2021 年 8 月 21 日。

商标申请已经设计得面目全非，不再能够看出原始图样的影子，否则都难以脱离“商标近似”的范围，是不能获得商标注册的。

（2）在查询到在先近似商标时，对拟申请商标进行商标设计增强显著性，是非常必要的，容易通过审查。

例2：9类电子产品，申请人拟申请 POWER RULER，查询到在先的 PowerRider〔1〕

图1-8 POWER RULER 的商标设计示意图〔2〕

（3）商标设计是对构成近似部分进行设计，而不是增加新的设计元素，实务中，很多申请人设计时不对构成近似部分进行设计，却通过增加图形或者增加其他文字，这都是明显的设计重心偏离，导致设计强度不够，最终很难通过商标审查获得注册。

（4）对中文、英文的商标申请，商标回避设计应当考虑增加或者变化部分字体后再进行设计，通过审查的成功率更大。而对于图形类商标申请，要增加设计强度，与在先近似申请的区别要足够明显足够大，才能最终通过商标审查。

4. 有什么样的商标使用行为才不会被别人以连续三年不使用为理由撤销掉该商标

使用是商标的灵魂，申请商标的目的是使用，国家知识产权局目前正在

〔1〕 参见中国商标？49906883 的商标公开信息，载中国商标网，http：//wcjs. sbj. cnipa. gov. cn/txnRead01. do？NPxosaad = qAkJqqkB45dB45dB4SSi_ ocqzRM1NmqzGu3tXyADZY9qqruJ_ ERdqAqq4a，最后访问时间：2021 年 8 月 21 日。

〔2〕 参见中国商标 15249104 的商标公开信息，载中国商标网，http：//wcjs. sbj. cnipa. gov. cn/txnRead01. do？NPxosaad = qAkRqqrkA0JkA0JkASSi_ iBKDdhiPIMIYcxbuZG3OXEqqk_ Yy3RdqAqqAa，最后访问时间：2021 年 8 月 21 日。

严厉打击不以使用为目的的商标申请注册行为。很奇怪，商标申请不以使用为目的，那是为了什么呢？为了买卖。虽然可以说，上万个汉字可以组合的中文商标是无穷尽的，但是有美好含义，能够给消费者留下美好印象的商标是稀缺的。一个商标网上申请注册的规费只有270元[1]，所以有专门的职业标客，每年申请上万件商标，用于出售牟利。这样的歪门邪道正在被严厉打击，对于真正的商标申请人来说，申请商标的目的一定是使用，不然就很容易被任意第三人提请商标撤销程序，如果碰到第三人向商标局以连续三年不使用为由申请撤销商标，商标权人可以提供什么样的商标使用证据呢？或者日常工作中，我们应当注意保留什么样的商标使用证据呢？

（1）商标许可协议

双方许可协议、双方营业执照复印件加盖公章、许可费用发票、被许可方的产品实样或者外包装照片、产品销售合同、销售发票。

（2）产品销售证据（产品上使用该商标图样）

国内销售协议；账务往来、产品实样或者外包装照片、发票，如证据链有断裂，应当请求对方再出具证明文件盖公章，对方营业执照副本复印件并加盖公章，税务证明等。

外销出口：海关报关单凭证、销售合同、付款凭证、发票、税单，与对方电子邮件中沟通关于商标图样或是图片，邮件中或是关于样品的沟通过程，如是对方公司邮箱更可信，最好进行公证。

实体门店销售：周边商家出具证明并加盖公章（公司出具营业执照副本复印件加盖公章，内容要包含四要素：使用人、时间日期、使用注册商标、商品）、照片（有门牌号和商标的店招）、公司办公室的水电煤单子及权属证明的相关文件、公司的税单、票据（销售发票）、往来信封（含章戳）、公用事业单位出具证明（如街道派出所）、店招制作维护的发票和合同、公司入货

---

[1]《规费清单》，载中国商标网，http：//sbj. cnipa. gov. cn/sbsq/sfbz/，最后访问时间：2021年8月1日。

入库单、内部记账单（销售记录）、收据等、门店出售商品的购买人出具购买证明（包含四要素）签字、发票并附上身份证复印件并签字。

网络销售：如果是本商标持有人的销售，需要提供第三方平台上的销售记录、协议（如果有）、营业执照、发票或是公司的销售页面。如果该商标本身无网络销售又没有其他使用证据，可以调查电商平台上如淘宝上有其他店家在使用该商标，可考虑与对方签订许可协议，并让对方提供之前的销售记录、协议、营业执照、发票、销售页面等。

（3）商标的广告宣传推广行为

参加展会：有现场照片（有标示）与主办方的协议、付款凭证、发票、现场接到的订单、当时为了参展准备的印刷品、海报等材料、现场照片、第三方媒体报道、会后冲印展会照片的发票等。

广告宣传：如制作牌匾（有设计公司协议、发票、样稿）、印刷袋子（合同、发票、样稿）、公用邮箱中电子邮件中是否有样稿或是图片等、公证、阿里巴巴等类似网站的推广页面（确认时间）、第三方媒体的广告页面、宣传报告等信息、协议、发票等。

（4）产品生产

产品生产方：要有牌子另外加标签，吊牌上要显示之前提到的四要素（使用人、时间日期、使用注册商标、商品）。

产品加工方：与加工厂签订加工协议、出货单、营业执照副本复印件加盖公章收货单、发票、付款凭证。

注意，以下情形不被视为商标法意义上的商标使用：

①商标注册信息的公布或者商标注册人关于对其注册商标享有专用权的声明；

②未在公开的商业领域使用；

③仅作为赠品使用；

④仅有转让或许可行为而没有实际使用；

⑤仅以维持商标注册为目的的象征性使用。

5. 商标合理使用的两种形式

商标合理使用是指商标注册人之外的其他人，在未经授权的情况下，基于合理的目的和理由，可以使用与注册商标相同或近似的标志，而不构成侵权。合理使用是对商标专用权的合理限制，其法律依据来自《商标法》第 59 条第 1 款的规定："注册商标中含有的本商品的通用名称、图形、型号，或者直接表示商品的质量、主要原料、功能、用途、重量、数量及其他特点，或者含有的地名，注册商标专用权人无权禁止他人正当使用。"

在实务中，商标合理使用常见的情况是对商品自身的特征或者功能、用途的描述或说明，具体如下：

（1）描述性合理使用

一般情况下，商品的通用名称，直接表示商品质量、主要原料、功能等的标志因为缺乏显著性而无法作为商标注册。但是这些标志也可能因为持续使用而获得显著性从而可以得到注册。对于这类因后天使用而获得注册的商标，商标权人不能阻止他人对这些标志在描述意义上的使用。

譬如，如果有人将"爽歪歪"在饮料上成功注册商标，而第三人在描述自己的饮料商品时，这样描述：喝了我们的饮料会心情舒畅，感觉爽歪歪，谁喝谁知道。这就属于对"爽歪歪"商标的描述性使用。

（2）指示性合理使用

指示性合理使用是指为了客观地说明商品或者服务的特点、用途等而不得不提及他人注册商标的行为。指示性合理使用较为常见的情况是在为了表明自己商品可以作为他人商品的零部件或者替换件的情况下指示他人注册商标。

譬如，我们出售的打印机，可以适配如下型号的打印机墨盒：佳能、惠普、理光，这就属于指示性合理使用。

商标合理使用是对商标侵权行为的豁免，理论上讲商标合理使用本身使用了注册商标，构成商标侵权，但是因为其行为属于法律规定的“合理使用”范畴，会获得豁免，因此两者的边界要进行严格区分。具体说明如下：

商标合理使用需要具备以下构成要件：

第一，主观上，使用人必须基于善意，不是出于利用他人现有商誉或者造成相关公众混淆的目的而使用。实务中，判断使用人是否出于善意，可以通过考察注册商标的显著性、使用是否由于表达方式的有限性所造成的必需的、不可避免地使用、使用方式是否合理、是否采取了避免混淆的措施、使用的后果是否造成了相关公众的混淆等因素来判断。

第二，客观上，合理使用以描述商品特征或者说明商品功能用途为内容。包括正常使用自己的名称和地址，合理描述商品的质量、用途、来源、重量等。

第三，从效果来看，不会导致相关公众的混淆误认。合理使用应当不损害商标权利人和包括消费者在内的第三人的利益。

实务中，很多国内电商网站上存在的，在商品标题上非必要地刻意使用一些知名大厂的品牌。譬如，适配华某/某果/某米/某星手机的手机自拍杆；适配华某/某果/某米/某星手机的手机屏幕贴膜，来达到引流的商业目的，是否构成商标合理使用存在很大争议。

6. 不规范使用商标的常见情况及后果

注册商标使用规范包括：主体合法、商标合法、商品或服务项目名称、范围合法。缺少任何一个要件，都构成商标不规范使用行为。

注册商标使用不规范的情形主要有：

（1）使用商标的主体不合法

企业进行分立、合并、转制或更名等形态变化时，商标权主体已经相应发生变化，但没有办理商标转让或更名的行为；

企业形态没有发生变化，但自行改变了商标注册人的名义的行为；

自行将注册商标转让给他人并以他人名义进行使用的行为。

（2）使用的商标不合法

自行改变注册商标的文字、图形、颜色或其组合但仍然标注注册标记；

商标有效期满，没有申请续展仍然继续使用并标注注册商标标记。

（3）使用商标的商品或服务不合法

超出核定使用的商品或服务范围使用其注册商标并仍然标注注册商标标记。

不规范使用商标的法律后果如下：

（1）构成自行改变注册商标的文字、图形或其组合的违法行为；

（2）如果又标注了商标注册标记，还会构成冒充注册商标的违法行为；

（3）如果改变后的商标同他人的注册商标近似，还会构成商标侵权；

（4）如果遇到他人以连续三年不使用撤销该商标，还会导致该商标未实际使用而被撤销。

十、商标流程

1. 中国商标申请的基本流程及时间[1]

目前中国商标申请均可以通过中国商标局的网络客户端系统进行在线提交，一般当天即可递交申请。

（1）受理：商标申请在线递交后约 2 周～4 周，会收到商标局核发的《商标申请受理通知书》；

（2）公开及审查：申请后约 1 个月在中国商标网上可查询到该商标申请

---

〔1〕《商标注册申请常见问题指南》，载中国商标网，http：//sbj. cnipa. gov. cn/sbsq/sqzn/202201/t20220128_ 339464. html，最后访问时间：2022 年 3 月 14 日。

信息；同时，商标审查协作中心开始依序审查商标申请；

（3）初审公告：申请后6个月左右会有初步审查结果：通过初审或者驳回。如该商标通过初审将由商标局进行初审公告；如果驳回，则发送驳回通知书；

（4）公众异议：从初审公告之日起有3个月的公众异议期，异议期内任何人都可以向商标局提交对该商标的异议请求；

（5）注册公告：如3个月异议期内无人异议该商标，商标局将在异议期结束后核准注册该商标并在约一个月后寄送商标注册证。

因此，整个商标注册过程顺利的话为10个月左右时间。

2. 企业名称地址变更了，一定要办理商标变更吗

商标申请人或者商标权利人的企业名称地址发生变更了，是否一定要办理商标变更呢？一定要办理，但不是那么急切，不是说一定在企业名称地址变更完成后，立即就要办理商标申请人名称地址变更，在不急用的情况下，可以在需要时提前办理，但是必须办理，这是避免不了的程序。如果一直不办理商标变更，会带来什么影响呢？就是企业如果到商标局办理其他任何跟该商标相关的事务，譬如商标续展，商标转让、商标许可、商标质押等行为，都要先进行商标变更后才能办理，否则就没法办理。

案例：有企业名称发生变更了，从A公司变更为B公司，过了一段时间，又从B公司变更为C公司，在商标局办理商标申请人名称变更时，必须办理两次名称变更手续递交两个商标变更申请，一次申请是从A变更为B，另一次是从B变更为C。不能直接办理从A变更为C。

3. 商标卖给别人，要注意什么呢

将自己的商标出售给他人，应当签订商标转让协议，并到商标局办理商标转让手续。对商标权利人来说，最关键的是要求对方在签订商标转让协议

后就必须支付转让费用，收到转让费用后，对于商标权人来说，其实就没有什么风险了。后面就是配合商标受让人进行商标转让手续，直至商标转让成功。

4. 买别人的商标，需要注意什么

买别人的商标，一般要注意以下几点：

（1）签订商标转让协议，尽量要求在商标转让成功后再支付费用，或者先付一部分，另一部分在商标转让成功后支付。

（2）为了防止商标权人一标多卖，或者中途反悔撤回商标转让程序，可以要求商标权人进行转让声明的公证。

（3）对商标转让人的商标做尽职调查，查看该商标是否存在许可、质押等行为，同时要将商标权人持有的本类别中与转让商标类似的商标一并转让。

由于现在职业商标贩卖人员越来越多，所以在近些年，购买他人注册商标还存在转让不能的风险，比如因为是具有不良影响的转让而不被商标局核准。商标局发出的不予商标转让的理由为：[1]“经查，转让人某某公司累计申请和注册商标数量较多，且累计转让商标较多，受让人较为分散，涉嫌囤积商标转让牟利，具有不良影响。为此，请补充提供转让商标的相关使用证据或者使用意图；无正当理由不能提供或证据无效的，我局将认定上述转让申请构成《商标法》第四十二条第三款所指的有其他不良影响的转让。”

《商标法》第42条第3款规定：“对容易导致混淆或者有其他不良影响的转让，商标局不予核准，书面通知申请人并说明理由”。显然囤积大量商标然后进行转让牟利被视为具有不良影响的转让。所以在购买他人商标时，还需要特别核查转让人的其他商标的情况，是不是申请注册了很多不同类别的不同商标，是不是转让过很多商标，是不是有很多商标被他人提出宣告无效，

〔1〕《我国商标主管部门与各级人民法院着力打击恶意囤积商标行为》，载人民网，http://ip.people.com.cn/n1/2018/1019/c179663-30351054.html，最后访问时间：2022年3月14日。

是不是上了信用黑名单等，从而避免遇上商标贩子，导致支付了商标购买费用，商标却无法转让成功。

5. 商标许可给别人使用，需要注意什么

商标权人将商标许可给别人使用：

首先，要签订商标许可合同，并应当到商标局进行商标许可合同备案，经过备案的合同可以对抗善意第三人，并且可以进行商标许可费用的外汇结算。

其次，要在许可合同中明确具体商标许可方式以及许可费用、许可地域、许可期限、许可商品，许可方式有：

（1）普通许可：被许可方可以为单个或者多个主体，且各主体之间是权利平等的；

（2）独占许可：可对抗商标所有人的独家使用；

（3）排他许可：商标权人和被许可人同时使用。

最后，要对被许可人的商标使用行为、商品质量进行监督，保证被许可商标使用的商品质量稳定可靠。

6. 商标到期一定要续展吗

商标权的有效期是十年，从商标核准注册之日起计算。商标有效期满，需要继续使用的，商标注册人应当在期满前十二个月内按照规定办理续展手续；在此期间未能办理的，可以给予六个月的宽展期。每次续展注册的有效期为十年，自该商标上一届有效期满次日起计算。期满未办理续展手续的，注销其注册商标。

商标到期如果不想要该商标，就不需要续展；如果不续展，商标就被注销。〔1〕

---

〔1〕《申请续展注册商标》，载中国商标网，http：//sbj. cnipa. gov. cn/sbsq/sqzn/201811/t20181114_277045. html，最后访问时间：2022 年 3 月 14 日。

十一、商标战略

1. 尽早确定企业商标战略，早做商标规划布局

企业经营者应当尽早确定商标战略：

（1）采用单一品牌策略的，在开始注册主营业务商标时，就应当全类别或者绝大部分类别都进行商标申请。采用单一品牌策略，好处在于品牌强度聚焦，弊端在于如果发生恶性事件容易深度损害品牌美誉度。

（2）采用多品牌并行商标战略的，应当在各细分商品领域单独申请商标。这样多品牌平行独立发展，互不干扰影响，各品牌之间不会相互牵连。

以国内汽车企业为例，两种不同商标战略的如下表：

表 1 -7 不同品牌的商标战略列举表[1]

商标战略	单一品牌	多品牌并行
品牌列举	奇瑞汽车 吉利汽车	上海通用旗下三大品牌 凯迪拉克、别克、雪佛兰

如上表，虽然说奇瑞汽车、吉利汽车归类于单一品牌，但其实奇瑞品牌下还设置有奇瑞、瑞麒、威麟、开瑞四大独立品牌；吉利汽车，也推出有全球鹰、帝豪、上海英伦三个品牌。但经过一段时间发展，最终又回归到强化奇瑞、吉利品牌，所以说整体上这两个品牌属于单一品牌。

对于上海通用汽车来说，其旗下凯迪拉克、别克、雪佛兰三大品牌自成体系，独立发展，并不依赖上海通用这个主品牌，在某种意义上，消费者甚至不清楚上海通用与这三大品牌之间的关系，所以说上海通用采用的就是多

[1]《车市新一轮多品牌战略狂潮悄然来临》，载人民网，http：//auto. people. com. cn/n/2014/0514/c1005 -25015145. html，最后访问时间：2022 年 3 月 15 日。

品牌战略〔1〕。

2. 为避免急用的商标注册不成功带来的商标风险，应当储备商标池

实务中，经常出现商标申请人在商标申请递交后，根本等不到拿商标注册证就开始大规模地宣传推广使用，最终发现该商标申请被商标局驳回了，那原来的宣传推广行为不但做了无用功，而且其商标使用行为还存在很大商标侵权风险。二手车平台“人人车”就遇到过这样的问题，在递交商标申请后，市场宣传部门就请明星作为代言人进行大量推广，过了几个月，才发现“人人车”商标在相关类别已经在先被友商给注册了，双方随后爆发了多起商标纠纷〔2〕。

鉴于商标注册需要近一年时间的实际情况，建议企业申请商标一定要有商标储备意识，因为商标的持有成本较低，所以建议申请人要一方面为现在的产品申请商标，同时用动态发展的眼光考虑问题，将后续可能衍生的商业方向也要同时进行商标申请，储备好替换商标，做到有备无患，万无一失。

虽然商标可以说是无穷无尽的，但是好听、好看、有美好寓意的商标是稀缺的，企业的经营情况是经常发生变化的，应当从动态角度来理解企业经营，譬如在竞争激烈的互联网行业，必须提前储备商标，随时用于另开新项目使用。有备用商标库，业务部门可以直接在备用库中选择使用已经注册商标，就不用担心宣传推广使用过程中出现的商标侵权风险。

---

〔1〕《车市新一轮多品牌战略狂潮悄然来临》，载人民网，http：//auto. people. com. cn/n/2014/0514/c1005 -25015145. html，最后访问时间：2022 年 3 月 15 日。

〔2〕《人人车起诉为“人人车”商标维权，一审获赔 570 万》，载人民网，http：//ip. people. com. cn/n1/2019/0929/c179663 -31380226. html，最后访问时间：2022 年 3 月 9 日。

3. 定时监控商标初审情况，避免自己家知名商标被他人“搭便车”

对于普通商标而言，只要将自己的核心业务及关联业务及时进行注册，基本就没有问题了，如果有雄心的企业家，还可以考虑全类注册。普通商标一般不会引来商标抢注的“狼群”。

而对于知名商标，尤其是驰名商标而言，不但要考虑全类注册，并考虑进行防御性注册，并且还得随时做两个工作：

（1）将企业运营过程中不断形成的“显著标识”商标化；这些标识可能是某些产品已经特别指明的型号，譬如移动支付扫描枪309A型卖得特别火，已经成为产品的代称，业内都称呼“309A”，这个就可以商标化。还有字号简称，粉丝对公司的爱称、昵称，譬如某公司被粉丝昵称为“粮厂”“粮店”等[1]。

（2）定时监测与核心商标相关的商标申请行为，一旦发现有人蹭品牌，立即阻止其申请注册，保持商标的纯洁性，避免被淡化，是驰名知名商标的日常必做维护工作。商标定时监测工作可以通过商标软件来完成，只要保持警惕性，爱惜自己的品牌，就可以尽量避免被他人恶意“搭便车”。

十二、软件著作权登记

企业在经营过程中，应当注重积累的知识产权资产。尤其对于现代企业来说，大量的劳动密集协作才能完成的作品，轻松一个U盘或者一封邮件就能够带走。创作艰难，抄袭简便，是信息社会的显著特征，所以企业更应当重视著作权的合规管理，尤其是软件著作权的合规管理。

---

〔1〕《小米申请粮厂商标被驳回》，载第一财经网，https：//www. yicai. com/news/101273446. html，最后访问时间：2022年3月9日。

1. 哪些作品可以申请著作权保护？作品一定要申请著作权登记吗

著作权保护对象的作品，包括小说、视频、美术作品、电影、软件等，一般科技类企业常见用于登记申请的是计算机软件著作权。

著作权人务必要注意：在你创作完成一个作品，写了一本小说、画了一幅画、拍了一段小视频、开发了一款软件产品，只要创作完成，著作权就自动产生并归属于创作者，不需要去版权局进行登记备案。所以著作权跟专利、商标的权利获得是完全不同的，专利、商标都要去国家知识产权局申请，并且要由专门的审查员进行审查，审批通过后才能授权获得权利证书。而著作权是自然产生的权利，不是政府机关审批授予著作权人的。著作权申请登记最重要的特征是：登记备案制，在作品已经创作完成之后到中国版权保护中心进行作品登记，登记的主要目的是形成第三方固定证据，以便在有人复制抄袭著作权作品时，能够举证证明本人在先创作完成了该作品。所以，如果作者认为没必要进行作品登记，也可以不去申请著作权登记，没有著作权登记，不是说你不享有这个作品的著作权，而是说你可能很难向别人来证明这个作品是你创作的。

从这个角度来讲，如果你把你完成的作品上传到百度文库、知乎、豆瓣等第三方平台进行发表，上传时间也能初步证明你在该时间已经完成了这个作品创作，能证明你拥有对该作品的著作权。有些作者，也会采用时间戳等方式证明自己的创作完成时间，也没有问题。

2. 职务作品与法人作品的区别

一般来说，作品创作一般考虑三个维度：

（1）构思、创意、想法来源；

（2）创作过程中的人、财、物的配合；

（3）作品责任的承担。

这三个全部由法人完成的是法人作品；第二个由单位完成的是职务作品；第二、第三个均由单位完成的是特殊的职务作品；全部由作者完成的是个人作品。

法人作品是指：由法人或者非法人组织主持，代表法人或者非法人组织意志创作，并由法人或者非法人组织承担责任的作品，法人或者非法人组织视为作者。譬如，中央电视台出品的《舌尖上的中国》纪录片，就属于法人作品。

职务作品是指：自然人为完成法人或者非法人组织工作任务所创作的作品。职务作品的著作权由作者享有，但法人或者非法人组织有权在其业务范围内优先使用。职务作品完成两年内，未经单位同意，作者不得许可第三人以与单位使用的相同方式使用该作品。[1]

法人作品和职务作品主要区别如下：

（1）作品的创意来源不同

法人作品的创意须来源于单位，职务作品的创意来源于作者。法人作品的作品创意来源应是法人，也就是一般由单位提出作品的创作目标和具体要求，单位对作品的构思和创作等创作环节会深入干涉并形成明确、具体、完整的意见。而职务作品在创作过程中，单位只提供一定的物质技术条件，对作品的构思和创作等创新活动，单位介入的程度不高。

（2）作品的责任承担者不同

法人作品的责任由单位承担，职务作品的责任由作者承担。

（3）单位在创作过程中发生的作用不同

法人作品，是由法人主持、组织的，一般情况下单位会全程关注甚至介入的；单位要在实施过程中发挥主持者和组织者的角色，并代表单位的意志

[1] 参考《著作权法》第18条第1款。

进行创作。而职务作品，单位一般只提供物质技术条件，对作品的进度、如何进行等过程和细节往往不予关注过多，作者自由创作的空间比较大。

（4）著作权人对作品享有著作权的程度不同

法人作品，单位享有全部的著作权权利。而职务作品，作者的著作权受到限制，即单位有权在其业务范围内优先使用，且作品完成两年内，未经单位同意，作者不得许可第三人以与单位使用的相同方式使用该作品。[1]

还有一类“特殊的职务作品”，作者仅享有署名权，著作权的其他权利由法人或者非法人组织享有，法人或者非法人组织可以给予作者奖励：[2]

（1）主要是利用法人或者非法人组织的物质技术条件创作，并由法人或者非法人组织承担责任的工程设计图、产品设计图、地图、示意图、计算机软件等职务作品；

（2）报社、期刊社、通讯社、广播电台、电视台的工作人员创作的职务作品；

（3）法律、行政法规规定或者合同约定著作权由法人或者非法人组织享有的职务作品。

3. 软件著作权申请与其他著作权申请有什么区别吗

软件著作权也属于著作权作品中的一种，本质上与美术作品、书法作品、电影作品等一样，其特殊之处在于：软件著作权的保护对象主要面向花费了较大人力和物力开发完成的软件产品。软件著作权还有一个被异化了的重要作用就是作为软件型企业的研发实力体现，可以用于申请“软件产品登记”“高新技术企业”等科技政策，从而让企业获得税收减免或者财政支持，因此企业申请软件著作权就非常多。相对而言，申请其他的作品登记的，因为没有政策加持，所以并不多见。

---

〔1〕《著作权法》第18条第1款。

〔2〕《著作权法》第18条第2款、第3款。

软件著作权申请需要提供的资料为：[1]

（1）源代码及操作说明书：源程序和文档应提交前、后各连续30页，不足60页的，应当全部提交。

（2）软件著作权登记申请表（说明申请人信息、软件开发语言、软件功能结构等）。

（3）证明文件，包括申请人、代理人及联系人的身份证明文件、权利归属证明文件等。

4. 软件著作权的每次迭代尽量申请著作权保护

实务中，经常有企业咨询，软件版本经常迭代，是否每次都需要进行软件著作权登记呢？我们首先得明确，公司申请软件著作权的目的是什么，才能给出这个问题的解法。

有些公司申请软件著作权主要目的是配合高新技术企业的申请，可以对各个软件版本申请软件著作权登记。

有些公司申请软件著作权主要目的是保护自己，可以根据实际情况，对迭代内容比较大的版本或者重要版本进行软件著作权登记，过渡性质的版本就不用申请著作权登记了。

十三、著作权登记保护

1. 公司经营活动中哪些创作作品需要进行著作权登记保护

公司经营过程中，会不断产生著作权作品，大部分没有必要进行登记，日常工作的前后链条基本能够反馈这些作品的创作时间及创作内容，而且发

〔1〕《软件著作权登记申请所需文件》，载中国版权保护中心网，https：//www.ccopyright.com.cn/index.php？optionid=1080，最后访问时间：2022年3月9日。

生纠纷的概率也不大，所以申请版权登记的必要性不大。但是有部分作品的创作，我们建议应当申请著作权登记：

（1）用作商标或者代表公司形象的标志标识；

（2）公司自行开发或委托他人开发的软件程序；

（3）具有较高艺术或商业价值的照片、图片、插画等。

实务中，经常发现有第三人将公司的 logo 抢注为商标，如果公司事先对该 logo 有著作权登记，是可以要求撤销该商标的；有第三人将公司的图片纳入商业图片库中供他人有偿使用，或者员工离职后盗用公司的软件源码等，如果公司事前进行著作权登记，证据就非常充分明确，就可以酌情进行维权保护。

2. 集成电路布图设计如何进行登记保护〔1〕

集成电路布图设计具体是指集成电路中至少有一个是有源元件的两个以上元件和部分或者全部互连线路的三维配置，或者为制造集成电路而准备的上述三维配置。布图设计专有权的保护期为 10 年，自布图设计登记申请之日或者在世界任何地方首次投入商业利用之日起计算，以较前日期为准。但是，无论是否登记或者投入商业利用，布图设计自创作完成之日起 15 年后，不再受保护。

布图设计专有权经国家知识产权局登记产生。未经登记的布图设计不受保护。布图设计自其在世界任何地方首次商业利用之日起 2 年内，未向国家知识产权局提出登记申请的，国家知识产权局不再予以登记。

注意：集成电路是指把整个电路中的元件制作在一块半导体硅片上构成的电子电路。制作在电路板上的电子电路不是集成电路，不能申请登记。

---

〔1〕《集成电路布图设计登记审批办理指南》，载国家知识产权局网，https：//www. cnipa. gov. cn/attach/0/d4b9c91154c041a49e7ad653bbfa0cc2. pdf，最后访问时间：2022 年 3 月 14 日。

第二部分　商业秘密合规与管理

商业秘密是每个企业在自身发展过程中积累的独门秘笈，正是凭借自身独特的商业秘密信息，企业才确定出自己独有的个性化发展之路。企业经营的成功决定于多种因素，有别于同行的经营信息与技术信息一定是其中最重要的因素，如果关键信息被第三人尤其是被同业竞争者获知，必然会给企业带来巨大损失，有些企业甚至一蹶不振而至倒闭。商业秘密信息是决定企业生死存亡的核心信息，不得不重视，不得不进行有效管理。

很多企业管理者虽然明白商业秘密的重要性，但是不太了解哪些信息属于企业的商业秘密信息，哪些信息是常规的企业经营信息。有些企业对商业秘密的管理矫枉过正，认为只要是企业经营过程中积累的信息都属于商业秘密，都要进行保密管理，从而在企业内部设置了众多管理职能来进行管理，浪费了管理者很多精力，对工作效率造成了极大损耗。也有一些企业觉得自己销售的产品都是成熟产品，自己的客户也是通过市场营销获得的，没有什么需要特别保密的信息，所以对整个经营管理信息不设任何保密防护，只要第三人有心了解，就能够轻而易举地获得企业内部的机密信息，公司基本放弃了商业秘密的管理，经营中几乎没有积累任何商业秘密信息。

商业秘密管理最重要的两点：第一点，能够明晰什么是企业的商业秘密，从而从企业的日常管理过程中有效分离出商业秘密信息，这是一个过滤分离的过程，企业日常经营管理过程中各种信息交杂，将商业秘密信息、知识产权信息、公知信息进行有效分离，是非常考验企业领导者的管理技巧与能力的。第二点，在商业秘密管理方面设置能落地执行的保密制度，保证商业秘密在企业内部能够得到清晰有效的确认与管理，并预防商业秘密泄密与侵权行为。能够做到这两点，就能够保证商业秘密的有效管理，在管理过程中，要对整个管理动作进行合规化审查，譬如商业秘密的保密制度是否合规、竞业禁止协议是否合规、是否会侵犯员工劳动权利、是否侵犯员工隐私权等，所以合规是商业秘密管理的重要尺度。

一、有效分离商业秘密

1. 哪些商业信息构成商业秘密

《反不正当竞争法》第9条规定："经营者不得实施下列侵犯商业秘密的行为:（一）以盗窃、贿赂、欺诈、胁迫、电子侵入或者其他不正当手段获取权利人的商业秘密；（二）披露、使用或者允许他人使用以前项手段获取的权利人的商业秘密；（三）违反保密义务或者违反权利人有关保守商业秘密的要求，披露、使用或者允许他人使用其所掌握的商业秘密；（四）教唆、引诱、帮助他人违反保密义务或者违反权利人有关保守商业秘密的要求，获取、披露、使用或者允许他人使用权利人的商业秘密。经营者以外的其他自然人、法人和非法人组织实施前款所列违法行为的，视为侵犯商业秘密。第三人明知或者应知商业秘密权利人的员工、前员工或者其他单位、个人实施本条第一款所列违法行为，仍获取、披露、使用或者允许他人使用该商业秘密的，视为侵犯商业秘密。本法所称的商业秘密，是指不为公众所知悉、具有商业价值并经权利人采取相应保密措施的技术信息、经营信息等商业信息。"

从《反不正当竞争法》中对于商业秘密的定义可以看出，商业秘密已经不再限于技术信息和经营信息，除这两者外其他类型的商业信息均构成商业秘密。

从以上关于商业秘密的定义中，可以将商业秘密的构成要件概括为秘密性、价值性和保密措施三个方面。

（1）秘密性

《最高人民法院关于审理不正当竞争民事案件应用法律若干问题的解释》〔1〕第9条第1款中规定："有关信息不为其所属领域的相关人员普遍知悉和容易获得，应当认定为反不正当竞争法第十条第三款规定的'不为公众所知悉'。"

主张享有商业秘密的权利人应当就其主张的秘密区别于公众所知悉信息进行初步举证，如明确商业秘密具体的范围、内容、载体，且信息的具体内容并非所属领域的一般常识，不能从公开渠道获得，是付出了时间、精力、金钱等获得的信息；被告则应当举证证明此信息已经被公众所知悉。法院则在听取双方意见后，灵活分配举证责任，结合社会公知常识、行业普遍认知以及被告的抗辩，对"秘密性"的构成要件进行综合认定。

（2）价值性

有关信息具有现实的或者潜在的商业价值，能为权利人带来竞争优势的，应当认定为《反不正当竞争法》规定的"能为权利人带来经济利益"〔2〕。也就是说，只要商业信息能够带来经济利益即可认为其具有商业价值性，这个构成要件相较于其他构成要件证明起来相对更容易。

（3）保密性

权利人为防止信息泄露所采取的与其商业价值等具体情况相适应的合理

〔1〕《最高人民法院关于审理不正当竞争民事案件应用法律若干问题的解释》（法释〔2020〕19号）。

〔2〕《最高人民法院关于审理不正当竞争民事案件应用法律若干问题的解释》（法释〔2020〕19号）。

保护措施，应当认定为采取了“保密措施”。[1]

法院应当根据所涉信息载体的特性、权利人保密的意愿、保密措施的可识别程度、他人通过正当方式获得的难易程度等因素，认定权利人是否采取了保密措施。具有下列情形之一，在正常情况下足以防止涉密信息泄露的，应当认定权利人采取了保密措施：

①限定涉密信息的知悉范围，只对必须知悉的相关人员告知其内容；

②对于涉密信息载体采取加锁等防范措施；

③在涉密信息的载体上标有保密标志；

④对于涉密信息采用密码或者代码等；

⑤签订保密协议；

⑥对于涉密的机器、厂房、车间等场所限制来访者或者提出保密要求；

⑦确保信息秘密的其他合理措施。

如果权利人提交劳动合同或保密协议作为证明采取保密措施的证据，还需分情况进行考量：如果上述合同中明确界定了保密的内容，而且跟诉讼中主张的秘密范围一致，则会被认定采取了保密措施；如果上述合同中未对商业秘密范围进行界定，或者约定过于宽泛，则一般不会被直接认定采取了保密措施，还需权利人进一步对商业信息的载体及重要性、其他辅助措施等内容进行说明和举证。

实务中，技术信息、经营信息及其他商业信息都可以列为商业秘密。客户名单只要具备一定条件也可以构成商业秘密。实践中原告主张客户名单为其商业秘密的案件不在少数，原告往往误认为只要员工跳槽或者离职员工带走了本单位客户，就构成了对其商业秘密的侵犯。实际上，客户名单要想作为商业秘密保护需要具备如下前提条件：

首先，客户名单不能仅仅是一张客户名称地址、电话号码、联系人等信

---

〔1〕《最高人民法院关于审理不正当竞争民事案件应用法律若干问题的解释》（法释〔2020〕19号）。

息组成的客户名单，还需提供与客户签订的已经生效的合同，从而确定相关客户是存在实际交易的客户。

其次，如果客户信息是通过公开途径能够得到的，或者由公开途径经简单劳动进行核实、查询便可以得到的话，那也不一定成为商业秘密。

最后，原告还需要证明其掌握了区别于公知信息的特殊客户信息，如交易客户的交易习惯、交易意向、个人偏好、付款要求、工作要求等内容。

总之，原告能够证明被告掌握了需要经过深入接触或者花费大量人力、物力、财力才能知晓的客户特殊信息或者深层次信息，才能取得更大的胜诉概率。原告所主张的客户只是一次交易的客户、偶然发生交易的客户、曾经交易的客户，信息则很难被认为是商业秘密的。

2. 采用商业秘密保护与专利保护的区别

企业在日常经营管理过程中，会产生或接触四大类信息：

（1）行业公知的常识性信息

每个行业都有一些常识性的公知信息，可以非常容易地在互联网上、期刊杂志或图书上获得，譬如某些成熟产品的加工工艺、产品结构、材料配方；某些客户的供需关系、采购能力、采购要求等。这些信息都是所有行业从业人员共享的行业基础信息，可以自由流通，任何从业者都可以无障碍地获得并使用。

（2）员工本身自带的本行业的经验与技能信息

员工在高等教育阶段受到的专业知识教育信息，以及他工作后在每个单位、每个岗位上积累的行业工作经验与不断增长的个人技能水平，这些经验与技能信息已经成为员工本人人格权的不可分割的一部分，随着员工本人的工作变动而予以流动，这是受法律保护的信息流动，员工本人已经内化为人格权的经验技能信息是不能作为商业秘密的。

（3）企业商业秘密信息

如上文介绍，企业经营过程中积累的除上述两部分信息外的经营信息与技术信息都可以作为企业商业秘密进行管理与保护。实务中，有些企业没有管理能力，这些本可以作为商业秘密保护的信息没有被采取任何管理措施，都被当作公知常识性信息进行自由流通，这是非常可惜的。

（4）企业专利及著作权信息

商业秘密信息是有管理成本的，也存在泄密可能性及被他人反向工程的可能性，所以很多企业会把第（3）项商业秘密信息中符合专利授权要求的信息抽取出来申请专利或者登记为著作权，从而获得更强的知识产权保护。

什么样的信息采取商业秘密保护，什么样的信息采取专利及著作权保护更为合适呢？我们建议如下：

（1）该信息会脱离控制，在公开渠道上进行独立展示，建议申请专利保护或者著作权保护，而不建议仅通过商业秘密进行保护。譬如，公开销售的终端产品，第三人购买后可以进行拆解、分析、反向工程，存在极大的泄密风险。

（2）该信息容易被他人研发或者反向出来，建议采用专利保护或著作权保护。很多时候，商业秘密权利人仅仅比同行早一些时间研发出某技术，如果不申请专利保护，同行在独立研发的情况下，也能够很快研发出来，那商业秘密保护相对于专利排他性保护就显得过于鸡肋了。

（3）该信息获取成本极高或没法进行侵权取证，建议采用商业秘密保护。有很多信息如果竞争对手也去研发，投入大量人力、物力也能够研发成功，这时候建议可以采用商业秘密进行保护，而不建议采用专利保护，专利保护需要公开技术细节信息，竞争对手通过学习、模仿、改进很容易实现该技术，如果专利侵权举证相对较难，竞争对手可能很快就能实现技术赶超。

二、有效管理商业秘密

1. 建立商业秘密管理制度，有条件的应当购买保密信息管理软件

企业技术秘密、商业秘密、客户名单等如果管理不规范，无相应管理制度，无技术防泄露措施，被泄露出去的可能性较大，会给企业带来巨大经营风险。

（1）企业为什么要关注商业秘密？

商业秘密包括技术秘密、客户名单、市场策略等公司一切不对外公开的能够为公司带来竞争优势的保密信息。

首先，商业秘密特别重要，是公司经营的根本，是巨大的无形资产。

其次，泄密特别容易，一个U盘或一个邮件就能将全部信息带走。

最后，商业秘密侵权具有普遍性，员工离职开设新公司或者离职到新东家，或者倒卖公司内部技术信息都涉及商业秘密。

（2）如何避免商业秘密泄露或者侵权？

建议可以采用以下三个方面的措施：

首先，广泛宣传教育：公司一定要从根本上重视员工商业秘密知识的宣传培训工作，严重的商业秘密侵权会触犯刑法，可能坐牢。

其次，制度管理：建立保密制度，与员工签订保密协议，对于核心骨干人员可以签订竞业禁止协议，在管理制度中明确划分各部门各岗位员工的信息接触权限。

最后，也是最好的方式，使用信息安全软件，通过技术措施避免商业秘密泄露。

（3）企业如何进行商业秘密保护？

第一，专利和商业秘密交叉保护

针对比较容易构成侵权的、比较容易看到的研发成果，企业可以采用专

利技术来保护；对于很难通过外部形式来看到的成果，则采用商业秘密的形式来保护。

第二，产品开发：软硬件结合

如果企业的研发成果主要是软件，可以将软件跟硬件捆绑并申请专利，提高第三方的侵权门槛。

第三，研发过程控制："分项目、分地域进行研发。"

对于研发项目进行人为拆解，由不同地域的多个团队进行研发，然后由单独团队进行组装，这样每个项目组成员都不能全面了解项目的全貌，从而降低泄密风险。

第四，保密制度与技术措施控制结合。

企业内部应当制定严格的保密制度，对于涉密项目进行管理授权，授权应当体现"相关性"原则和"最小接触"原则，无关人员不得接触或最少接触涉密项目。

在制定管理制度的同时，设置防泄密技术措施。企业内部的研发网络应当跟外网断开，研发成果不允许存储在本地的计算机上，应当存储在加密的硬盘上，技术上保证任何从该服务器发出的信息都是有备份的。

2. 与核心骨干员工签好竞业禁止协议，避免离职员工同业竞争

核心骨干员工是公司的核心竞争力，是公司最重要的人才资源，如果其离职创业或者加入竞争对手企业，此消彼长，对公司来讲，会是重大的损失。

目前实务中，最常见的做法是：与核心骨干员工签订保密协议与竞业禁止协议，保密协议即要求员工保守公司的商业秘密。竞业禁止是指根据用人单位通过与员工签订劳动合同和竞业禁止协议来禁止劳动者在本单位任职期间同时兼职于与其所在单位有业务竞争的单位，或禁止他们在原单位离职后一段时间内从业于与原单位有业务竞争的单位，包括劳动者自行创建的与原单位业务范围相同的企业。

根据竞业禁止的规定，劳动者在解除或终止劳动关系的竞业禁止期间将不能利用自己积累的相对具有比较优势的从业经验进行劳动，从而获得相应的劳动报酬。显然，这是对劳动者的权利限制，必将导致劳动者在竞业禁止期间收入的大幅降低，造成生活质量的下降。为保障劳动者竞业禁止期间的生活质量，竞业禁止应当遵守公平原则，具体表现在：

（1）竞业期限有明确限制，最长不超过两年。

（2）竞业期间应当给予竞业补偿金。

（3）竞业对象明确限定为公司的高级管理人员、高级技术人员和其他负有保密义务的人员。

竞业禁止本质含义是：用人单位补贴一定的竞业费用请求掌握公司核心商业秘密的高级员工暂时先不从事与公司竞争的业务，经过竞业期的缓冲，公司原有的商业秘密完成迭代升级，离职的高级员工就可以重新进入用人市场。

竞业禁止是一把双刃剑，表面看起来是对用人单位更为有利，但是从本质上来看，是一个公平合理的制度安排，用人单位在员工离职时，根据员工掌握的商业秘密情况，决定是否要发起竞业禁止的合约，如果双方签订了竞业禁止协议，那么双方都要履行。实务中，用人单位往往滥用自己的支配地位，会做出如下类似事情：

（1）跟所有员工都签订竞业禁止协议，并规定每月工资中就包含了竞业禁止的补偿费用，在职期间，用人单位可以要求员工不得在外兼职或从事与公司有竞争的业务，这是劳动合同中就可以规定的义务，不需要借助竞业禁止协议。所有员工不区分岗位与工作职能，都签订竞业禁止协议，本身也不合法，即使签订了竞业禁止协议，效力也成问题。

（2）员工离职时，签订一个超长的竞业禁止期限并给予超低的补偿金。

员工离职后可以要求按照法律规定来执行竞业禁止期限，并要求支付竞业补偿金，竞业补偿金的金额应当综合考虑该员工上年度平均工资、奖金等，如果企业不履行上述义务，员工则不需要承担竞业禁止业务。

（3）员工离职时，双方签订了竞业禁止协议，但是用人单位拒不履行支付补偿金的义务。

譬如，公司跟离职员工在竞业禁止协议中约定了每月补偿金 5000 元，在实际履行时，只支付了每月 2000 元，而且付了两个月就不再支付。按照相关司法解释规定，如果员工与用人单位约定了竞业限制，劳动者也按照约定履行了竞业限制义务，则可以要求用人单位按照约定支付经济补偿金，人民法院应予支持。

3. 业务员离职后成立新公司开发原公司的老客户，构成商业秘密侵权

案情简介：宋某某自 2006 年起在某材料公司任业务员，主要负责部分省份的销售及客户拓展工作。某材料公司与宋某某先后签订两份劳动合同，并约定有保密条款和竞业限制条款。某材料公司对其经营信息制定有保密制度，对客户及潜在客户信息采取了必要的保密措施，同时向宋某某及其他业务员支付了保密费用。

睿某公司成立于 2011 年 6 月 22 日，经营范围为钢材、建材、五金交电、涂板、反光护栏。在某公司经营期间，宋某某以宋某翔名义参与办理睿某公司工商登记手续的相关工作。睿某公司银行往来账目显示，自 2011 年 8 月 1 日至 2015 年 7 月 31 日，睿某公司与某材料公司的多笔交易客户重合，宋某某以个人名义从睿某公司账户取款多次。某材料公司以侵害商业秘密为由，将宋某某等诉至法院。

一审法院认为，宋某某、睿某公司对某材料公司的商业秘密构成共同侵权。

二审法院认为，根据某材料公司所提供的交易记录及客户来往票据，其中“品种”“规格”“数量”能够说明客户的独特需求，“成交日期”能够反

映客户要货的规律，“单价”能够说明客户对价格的承受能力和价格成交底线，“备注”反映了客户的特殊信息。这些内容构成了某材料公司经营信息的秘密点。上述经营信息涉及的客户已与某材料公司形成了稳定的供货渠道，保持着良好的交易关系，在生产经营中具有实用性，能够为某材料公司带来经济利益、竞争优势。某材料公司为上述经营信息制定了具体的保密制度，对客户及潜在客户信息采取了必要的保密措施，并与宋某某明确约定了保密条款、竞业限制条款，向宋某某及其他业务员支付了相应的保密费用，可以证明某材料公司为上述经营信息采取了合理保密措施。综上，可以认定某材料公司制作的客户名单构成商业秘密。宋某某负有对某材料公司的忠实义务，其中包括对工作中接触到的经营信息进行保密的义务，其明知公司的相关管理规定及客户名单的非公开性和商业价值，但仍私自与某材料公司的客户进行交易，且与睿某公司来往频繁，构成披露、使用、允许他人使用某材料公司经营信息的行为，侵害了某材料公司的商业秘密。睿某公司不正当获取、使用了宋某某所掌握的某材料公司拥有的商业秘密。宋某某、睿某公司对某材料公司的商业秘密构成共同侵权。[1]

笔者点评：本案是商业秘密侵权的典型案例，入选2017年中国法院十大知识产权案件。商业秘密案件因证据复杂、隐蔽，通常审理难度较大。特别是，因员工离职等带来的商业秘密保护问题一直是实务中的难点。诚实守信是商业基本伦理，员工对公司有基本的忠诚义务，在职期间应当保守公司的商业秘密不得与公司进行竞争，离职后应当承担与公司约定的保密义务。本案中，宋某某在职期间，参与成立新公司，与自己在职的公司进行同业竞争，并利用自己掌握的公司客户信息挖墙脚，谋取不当利益。公司经营是团队性活动，每笔交易完成都需要大量人员参与其中，有人负责管理，有人负责产

〔1〕河南省高级人民法院（2016）豫民终347号民事判决书，载中国裁判文书网，https：//wenshu.court.gov.cn/website/wenshu/181107ANFZ0BXSK4/index.html？docId＝6a230ac20cb84739947da9ab009a24ba，最后访问时间：2022年3月14日。

品开发，有人负责生产，有人负责市场销售，还有人负责行政人事财务等支持工作，正是大量公司人员的共同努力，才达成公司整体的经营业绩，但是部分人员在公司经营中掌握了相关信息后，起了歪心思，倒卖公司机密的技术内容，泄露公司客户信息，挖公司墙角谋取不当利益，本质上是对公司合法利益的侵害，应当受到法律制裁。

本案也给公司经营者树立了一个非常好的榜样：在公司经营过程中，难免会遇到一些心怀不轨者，对公司商业秘密进行有效管理避免被钻空子，需要管理者时刻警醒。本案中，原告反光材料公司为了保护自己的商业秘密做了三方面工作，称得上是教科书式的商业秘密保护范例：

（1）首先是签订保密协议：与被告宋某某先后签署两份劳动合同，都在劳动合同中约定有保密条款和竞业限制条款。

（2）其次是建立保密制度：对其经营信息制订有保密制度，对客户及潜在客户信息采取了必要的保密措施。

（3）最后还向涉密人员支付了保密费用。

由本案可以看出，法律已经对商业秘密侵权行为做出了法律规定并给予了充分保护，但是如果企业不重视，不建立保密制度也不采取任何保密措施，被员工或者他人商业秘密侵权而最终因为证据不充分得不到法律支持，那只能是公司本身经营管理能力的问题。

4. 从竞争对手公司高薪挖人，生产销售对方保密产品构成商业秘密侵权

案情简介：原告甲公司始建于1976年，属国家中型企业，为全国化工企业500强之一和中国香兰素生产基地。甲公司与乙公司共同研发出生产香兰素的新工艺，并作为技术秘密加以保护。该工艺实施安全，易于操作，效果良好，相较于传统工艺而言优越性显著，基于这一工艺，甲公司一跃成为全球最大的香兰素制造商，占据全球香兰素市场约60%的份额。

但在2010年，甲公司前员工傅某某从宁波丙公司获得报酬后，将“香兰素技术秘密”披露给丙公司的王某某，并进入丙公司的香兰素车间工作。2011年6月起，丙公司开始生产香兰素，并在短时间内成为全球第三大香兰素制造商。自从丙公司非法获取“香兰素”技术秘密后，从2011年6月开始生产香兰素起，其实际年生产香兰素至少在2000吨，占据全球10%的市场份额。同时，丙公司生产的香兰素产品销售地域遍及全球主要市场，并对标甲公司以低价争夺其客户和市场，对甲公司的原有国际和国内市场形成了较大冲击，导致甲公司的全球香兰素市场份额从60%滑落到50%。2015年，丙公司投资设立另一家丁公司持续使用香兰素生产设备生产香兰素。

2018年，甲公司、乙公司向浙江省高级人民法院起诉，两公司认为丙公司、丁公司、傅某某、王某某侵害了其享有的“香兰素”技术秘密，请求法院判令上述被告停止侵权并赔偿5.02亿元。

一审法院认定丙公司、丁公司、傅某某构成侵犯涉案部分技术秘密，判令其停止侵权、赔偿经济损失300万元及合理维权费用50万元。同时，一审法院在诉中裁定丙公司、丁公司停止使用涉案技术秘密生产香兰素，但两公司实际并未停止其使用行为。除王某某外，本案各方当事人均不服一审判决，并向最高人民法院提出上诉。

二审中，甲公司、乙公司将其赔偿请求降至1.77亿元（含合理开支）。最高人民法院知识产权法庭二审认定，丙公司、丁公司、傅某某、王某某侵犯涉案全部技术秘密。根据权利人提供的经济损失相关数据，综合考虑侵权行为情节严重、涉案技术秘密商业价值极大、丙公司等侵权人拒不执行生效行为保全裁定等因素，判决撤销一审判决，改判上述各侵权人连带赔偿技术秘密权利人1.59亿元（含合理维权费用349万元）。同时，本案因权利人起诉所主张的损害赔偿数额仅计算至2017年年底，而当时的法律并未规定惩罚性赔偿，因此本案未能适用惩罚性赔偿。但是最高人民法院指出，权利人对本案各被告2018年以后的持续侵权行为可以依法另行寻求救济。除了根据案件事实依法判决赔偿 1.59 亿元之外，最高人民法院还判令以侵权为业的企业的法定代表人承担连带责任。此外，因涉案侵害技术秘密行为情节恶劣、后果严重，可能涉嫌刑事犯罪，最高人民法院表示，将依法将相关涉嫌犯罪线索材料移送公安部门处理。[1]

笔者点评：商业秘密侵权是企业经营中最常见的问题，企业家们寻求司法保护得到的最终结果往往不尽如人意，本案一审判决就代表了通常法院的审判思维：适度平衡商业竞争与权利人权利，对方在一定程度上是构成了商业秘密侵权，但是高薪挖角竞争对手的员工，也是比较通常的商业竞争手段，很难说员工离职到同业企业去工作就一定构成商业秘密侵权。此外，对方公司在挖角后占据全球第三，也是跟对方本身的经营管理能力密切相关的，所以很多时候法院只能寻找平衡。但本案的判决一改通常法院在商业秘密案件中的做法，彰显了最高人民法院严格依法保护知识产权、严厉打击恶意侵权行为的鲜明司法态度。

值得大家关注的是：最高人民法院除判决 1.59 亿元赔偿外，还判令以侵权为业的企业的法定代表人承担连带责任；还将相关涉嫌犯罪线索材料移送公安部门处理。不但赔钱，还要法人承担责任，还要追究刑事责任。这对于其他商业秘密侵权人是极大的震慑与警醒，司法的风向标已经发生了重大变化，再不能肆无忌惮地采用同行挖角的方式来进行商业竞争。

5. 科技企业如何更好地防范商业秘密风险

（一）商业秘密问题是科技企业面临的最大风险

《反不正当竞争法》第 9 条规定了商业秘密包括技术信息、经营信息等商业信息。

---

〔1〕《最高法知产法庭宣判一起技术秘密侵权上诉案盗用“香兰素”技术秘密判赔 1.59 亿!》，载最高人民法院网，http://ipc.court.gov.cn/zh-cn/news/view-1067.html，最后访问时间：2021年5月25日。

2020 年 9 月 12 日生效的《最高人民法院关于审理侵犯商业秘密民事案件适用法律若干问题的规定》（法释〔2020〕7 号）进一步明确“技术信息”是指：与技术有关的结构、原料、组分、配方、材料、样品、样式、植物新品种繁殖材料、工艺、方法或其步骤、算法、数据、计算机程序及其有关文档等信息。

“经营信息”是指与经营活动有关的创意、管理、销售、财务、计划、样本、招投标材料、客户信息、数据等信息。

“客户信息”包括客户的名称、地址、联系方式以及交易习惯、意向、内容等信息。

从以上定义就可以看出，商业秘密是企业经营过程中形成的技术秘密、客户名单、市场策略等一切不对外公开的能够为企业带来竞争优势的保密信息。

商业秘密问题特别重要，多数企业都会涉及，是公司经营的根本，是巨大的无形资产。而商业秘密的泄露常常又特别容易。

商业秘密侵权又具有普遍性，员工离职开设新公司或者离职到新东家，或者倒卖公司内部技术信息都涉及商业秘密问题。

商业秘密泄露问题已经成为科技型公司面临的最大风险。

（二）商业秘密泄露本质上是企业管理不规范的恶果

企业积累的商业信息要想构成商业秘密，必须具备商业秘密三要件：

1. 价值性，即商业秘密本身是具有一定商业价值的，这一般是不言自明的。如果没有价值，一般不会发生商业秘密侵权及泄露问题。

2. 秘密性，该商业信息不为其所属领域的相关人员普遍知悉和容易获得。

需要注意，秘密性是相对标准，《最高人民法院关于审理侵犯商业秘密民事案件适用法律若干问题的规定》第 4 条对于秘密性采用反面列举方式，以下这几种就不具有秘密性：

（1）该信息在所属领域属于一般常识或者行业惯例的；

（2）该信息仅涉及产品的尺寸、结构、材料、部件的简单组合等内容，所属领域的相关人员通过观察上市产品即可直接获得的；

（3）该信息已经在公开出版物或者其他媒体上公开披露的；

（4）该信息已通过公开的报告会、展览等方式公开的；

（5）所属领域的相关人员从其他公开渠道可以获得该信息的。

正面列举：将为公众所知悉的信息进行整理、改进、加工后形成的新信息，应当认定该新信息不为公众所知悉。

商业秘密的“秘密性”非常类似于专利法中“新颖性”的定义，商业秘密信息与公知技术相同或者实质性相同，可以认为不符合“秘密性”的定义。

3. 管理性，即企业对该商业秘密采取了适当的保密措施。有观点认为所有商业秘密问题都是人员流动引起的，商业秘密问题本质上是企业管理问题，不是法律问题。企业在经营过程中不断产生商业信息，但如果企业未有效识别出其中部分商业信息属于商业秘密，则继续认定为属于不受保护的商业信息。可以看出，法律是将某商业信息是否为商业秘密的决定权交给了企业。企业认为该商业信息属于商业秘密，并在内部管理上采取了一定的“保密措施”，这些商业信息就初步认为属于商业秘密。

绝大多数商业秘密案件都是前员工离职造成的：找到“内鬼”容易，但找到证据很难。实务中，商业秘密案件常常因为证据举证不足导致胜诉率极低，根据裁判文书网公布的商业秘密侵权案件，在 2013 年至 2017 年，法院审判的侵犯商业秘密案件中，败诉率达到 63.19%，部分胜诉占 27.54%，胜诉仅占 9.27%。[1]

只有拥有完善的企业内部管理，才能在遇到商业秘密泄露时，能够充分举证，获得法律保护。

---

〔1〕《商业秘密侵权案件高发〈反不正当竞争法〉修改加大惩处力度》，载中国经营网，http://www.cb.com.cn/index/show/zj/cv/cv13447971267/p/license/10004.html，最后访问时间：2022年3月9日。

（三）商业秘密侵权与抗辩的法律规定

1. 商业秘密侵权认定规则，通说为：相似 + 接触 - 合法来源 = 侵权。其中，相似是指相同或实质性相似；接触是指侵权人实际接触了商业秘密信息或有接触可能性。

在“某来案”中，公司内部信息管理系统监测到员工下载了21个公司的机密文件，法院裁定可以对该员工诉讼行为保全。[1]

2. 商业秘密的举证责任分配

原告需要举证初步证据：即对商业秘密采取了保密措施和商业秘密被侵犯的事实。

被告主要证明该信息不属于商业秘密或者进行合理抗辩。

由于商业秘密侵权行为具有私密性，很难在公开渠道进行举证，所以大部分情况下原告只能借力取证，借助公权力的力量，譬如向公安局经侦部门报案，采用刑民交叉，刑事先行的方式，或者向法院申请证据保全的方式，获得商业秘密侵权证据。

法院在决定是否接受证据保全时，考量的几个关键点在于：

（1）是否本案关键证据（定性证据或对定量有实质性影响的证据）；

（2）当事人无力自行取证；

（3）有无准确的证据线索；

（4）胜诉可能性；

（5）是否提供担保。

3. 商业秘密的抗辩理由

（1）信赖抗辩

所谓信赖抗辩，是指第三人基于对专业人士如律师、医生等个人能力与品德的信赖，自愿脱离原单位与离职员工进行交易的行为。

---

〔1〕《某来公司商业秘密侵权纠纷案》，载中国法院网，https：//www. chinacourt. org/article/detail/2014/04/id/1281655. shtml，最后访问时间：2021 年 6 月 29 日。

被告采用信赖抗辩，一般需要提供自愿选择主动交易的证明方式：出具声明、出庭作证。客户表态一般具有较强的证明力。

法官在判断时，一般秉持离职人员不主动、不拒绝则不侵权的原则，如果离职员工主动引诱拉拢原客户，则是侵权行为。

在“某公司商业秘密”案中，离职销售人员挖原公司客户，离职员工向法院出具的《情况说明》主张信赖抗辩，法官要求第三人到庭接受法庭调查，第三人无故不到庭参加，最终被法院认定抗辩理由不成立。[1]

（2）自行开发研制或者反向工程

合法的反向工程是指通过技术手段对从公开渠道取得的产品进行拆卸、测绘、分析能够得到原产品的图纸尺寸参数等信息。事后进行反向工程无效。

原告主张反向工程，如果是自己组织人员进行反向工程的，得有相关证据证明。所以最好的反向工程是委托第三方进行反向，明确时间地点及成果，这份证据可信度就很高。目前实践中对于跳槽人员提出的反向工程抗辩，一般严格审查，大部分不予确认。

（3）不符合商业秘密“三性”

这是大部分被告常规采用的抗辩理由，毕竟每个公司的管理水平有高有低，商业秘密是否构成侵权与原告对商业秘密的管理存在重大关联。

（4）竞业禁止条款无效

企业与离职员工签署的竞业禁止协议中，没有按照约定履行补偿金等，导致竞业禁止条款无效。

（5）合法性

商业秘密保护的前提是合法性，如果拟保护的商业秘密是违法信息，则不构成商业秘密。

---

〔1〕 上海知识产权法院（2017）沪73民终38号民事判决书，载中国裁判文书网，https：//wenshu.court.gov.cn/website/wenshu/181107ANFZ0BXSK4/index.html? docId = 2447ad1d289f4aab9ad1a-7e0016fe08b，最后访问时间：2022年3月9日。

在“某公司诉姚某商业秘密案”中，原告是一家幼儿英语教育培训班，离职员工进行同业竞争，挖原培训班的学员，被起诉商业秘密侵权。被告的抗辩理由是：原告没有办学许可证，是非法培训，其客户信息不构成商业秘密。法院认为原告不具有办学资质，即使其积累的培训信息具有商业秘密的形式条件，但实质上不能构成受法律保护的商业秘密。[1]

（6）诉讼技术抗辩

常见抗辩理由包括：原告主张的商业秘密范围不明确、秘密载体未向法院提交；权利人主张的秘密点不清楚、不正确，导致被告方无法答辩等。

（四）防范商业秘密的若干管理措施

根据笔者的实操经验，建议从以下几方面进行商业秘密管理：

1. 企业商业秘密制度建设——员工管理

企业应当与员工签订劳动合同，企业内部应当制定员工手册，在劳动合同或员工手册中规定有保密义务与竞业禁止条款。

对于企业的战略岗位应当与该岗位员工签订特别保密协议。

对全体员工尤其是核心战略岗位员工，应当经常进行保密培训，让员工了解其应当承担的保密义务，从而从源头上防止泄密。

2. 企业商业秘密制度建设——介质管理

企业电脑、公司邮箱、公司手机是企业商业秘密的载体，企业内部应当制定严格制度对商业秘密信息的存储、传输、使用、销毁进行管理，避免商业秘密在使用、流转过程中泄密。

3. 企业商业秘密区域管理

企业应当根据自身生产经营情况以及商业秘密的性质，将企业内部的厂房机器设备生产线所在区域、研发部门所在区域、实验室所在区域等划分为商业秘密区域，设置警示标识，非部门员工及非授权人员不得进入该涉密区

〔1〕陈爱江、张鸣胜：《知识产权原理与制度新论》，法律出版社2008年版，第210页。

域；对于进入涉密区域的人员进行书面登记与管理。

4. 企业商秘管理操作建议

对于企业的网络环境进行等保认证，达到网络安全级别要求，防止恶意网络攻击导致商业秘密泄露；对涉密员工要求执行桌面清洁政策，人员离开办公位，涉密信息载体等应当立即随手锁入个人抽屉或者保险柜中；涉密区域使用的打印机、电脑应当设定锁屏密码，涉密资料应当及时销毁并记录核查销毁记录。

对于重度依赖商业秘密信息进行生产经营的企业，还可以不定期委托第三方匿名对涉密人员进行钓鱼邮件测试、对重要员工进行差旅保密测试，测试员工保密意识以及保密防护能力，及时进行复盘加强保密管理。

5. 各大公司的实操经验

各大公司一般都设置专门机构进行保密管理，由专人进行提醒、监督、监控、调查企业内部各保密环节执行情况并定期进行整改加强。

（五）企业如何完善商业秘密管理制度

1. 企业内部管理要处处留痕

企业制定了关于商业秘密的规章制度，发送给员工后，应当要求员工在阅读后签字表明已经收悉该文件并会遵照执行；对于内部组织的各种商业秘密的保密培训，应当设置专门的会议签到表、会议内容记录表明参会人员已经参加并了解企业对于商业秘密保护的各种要求。

要求参加重大项目的员工不但签订统一格式的保密协议，还需要单独再签订针对该重大项目专项保密协议，并单独发放保密费用，要求承担保密义务；在项目参与过程中，每个项目参与人员的各种书面记录、年度总结、招投标文件、会议讨论等均应当要求签名留档。对于项目离职人员应当保持追踪，尤其在离职两年内重点关注是否进入竞争对手公司进行工作，是否参与了针对本公司涉密项目开发，及时进行商业秘密的侵权预警。

2. 商业秘密管理制度设计：以不信任为前提设计管理制度

商业秘密保护光靠建立管理制度，向员工宣传教育签订保密协议或者竞业禁止协议是不能防患于未然的，还需要在内部管理上进行各种保密防范，譬如对于生产线、研发项目进行人为切割，让每个模块的员工不知道其他模块的具体情况，让身处其中的项目参与人员都只见树木不见森林，从而防范泄密。也有一些公司将公司内部产品配方、工艺条件等进行代码化管理，即用某些简单代码代替某项技术或物料，让项目参与人员无法推导出完整的配方，降低泄密风险。

3. 保密管理应当审时度势，不能用力过猛

商业秘密的保密措施因人而异、因事而异，不能千篇一律，全盘模板化。中国商业社会传统讲究用人不疑、疑人不用，以不信任为前提的商业秘密管理制度必然会在一定程度上损害公司与员工之间的信任感，因此，企业在设置商业秘密制度时，一定要审时度势，在保证保密效果的前提下，不能用力过猛，导致员工之间风声鹤唳、草木皆兵，员工与公司离心离德，最终也会损害公司根本利益。

第三部分　产品合规与管理

产品是企业技术研发实力与生产管理能力的载体，企业通过向第三人销售自己的产品来实现经营收入，获得经营利润，最终才能持续经营、不断成长壮大。产品是企业经营收入的来源，是企业运营的命脉。如果不对产品的研发立项、生产、采购、销售、售后进行知识产权合规审查，导致产品出了知识产权问题，就可能被权利人要求停止销售、销毁侵权产品、赔偿损失；如果故意侵权或者重复侵权，甚至会被要求2~5倍的惩罚性赔偿。因此，必须对产品的知识产权管理予以足够重视，避免合规风险。

一、产品研发立项阶段合规

1. 专利检索分析可以助力企业研发获得研发启示

企业在做某些研发项目时，往往会先进行项目可研分析，对该项目目前技术领域中的主要竞争对手、技术路线、技术瓶颈等进行梳理分析，然后评估本企业是否要进行该项目立项并推进项目研发。就如同我们在学校写论文时，首先要大量检索跟论文相关的国内外文献著作并了解提炼他们的主要观点，其次在知悉和理解这些观点后，提出我们自己的独到观点。不论是项目研发，还是撰写论文，其实都在遵循“站在巨人肩膀上再进行思考”的原则，充分了解现有技术的技术状况，不做无用功，才能真正研发出有别于现有技术的创新技术。

绝大多数的人类创新技术成果会在专利文献中公开，通过检索分析专利信息，可以对某一技术领域的专利分布情况有充分理解，并能从专利分布的强弱发现技术创新演进的方向，从而启迪我们的研发方向；从对一些核心基础专利的研究中可全面了解各种解决问题的具体技术方案，从而为后续研发创新提供技术启发，带来新的创新灵感，并产生新的专利构思。

通过专利检索分析来为企业研发获得创新启示，在专利文献的维度内充分检索，可以提供如下信息：

（1）梳理现有技术的各种技术路线及专利分布情况，从而勾勒出在某个技术领域的专利地图，发现技术空白点，启发技术人员在技术空白点进行创新探索；

（2）梳理现有技术领域中各主要参与企业及头部企业，以及他们对应的技术路线方向，找到头部企业目前正在从事的技术研发方向；

（3）梳理现有技术中的技术发展脉络，找到基础专利及每个关键技术路线上的重要专利，解读这些重要专利，启发技术人员在公司拟进入的技术路线上进行进一步创新。

以笔者团队的实践经验来看，在大多数情况下，专利代理师与主要研发人员能够积极配合，并不断进行信息交流，能够激发研发人员不断进行头脑风暴，形成更多跨越常规思维的创新提案，从而为企业技术创新带来如下帮助：

（1）形成企业在该技术领域的经过专业分析解读标引后的专利数据库；

（2）让企业研发人员快速了解目前本领域最新、最前沿的技术研发状况；

（3）让企业研发人员充分了解现有技术中各种常规的技术手段与方法，避免后续研发过程中的无用功；

（4）让企业研发人员在参与解读重点专利的过程中，头脑风暴，充分利用转用、组合、改进、要素变更等创新手法形成新的技术创新。

2. 螺杆压缩机项目提供国外同行最新研发路径与方向

国内某研究所研发生产的螺杆压缩机是国内龙头，但经过约二十年的持续开发，研发人员觉得基本已经穷尽了螺杆压缩机研究的各个方向，很难再有新的思路想法，为了打开思路，获得新的研发启示，该研究所委托笔者团队通过专利检索分析国内外螺杆压缩机方面的专利，尤其是国外一些大公司的专利分析解读，研发人员获得了很多技术启发，也明确了研发的主要路径与方向。

3. 超声手术刀项目提供竞争对手如何解决业内技术瓶颈问题的启示

国内某医疗公司正在进行超声手术刀的研发及测试。超声手术刀是采用超声能对软组织进行止血切开和凝固的一种外科手术装置，通过将电能转化为超声振动的机械能经超声手持治疗头的前端刀头输出，代替普通手术刀来切除人体的病变组织或器官，以达到手术治疗的目的。

截至 2017 年 8 月，在超声手术刀全国市场份额方面，以国外品牌为主导，鲜有国产品牌产品能够涉足该市场。该医疗公司想通过该项目了解：

（1）超声手术刀技术的宏观分布情况；

（2）国内外竞争对手是怎样解决“哪些刀头材料或结构可以实现高机械强度和长使用寿命”以及“换能器输出频率的稳定性”这两个问题的。

最终本项目针对客户提及的“哪些刀头材料或结构可以实现高机械强度和长使用寿命”以及“换能器输出频率的稳定性”这两个问题做出对应解决方案的思维导图。

第一个问题“哪些刀头材料或结构可以实现高机械强度和长使用寿命”的解决思路是要提高刀头强度与寿命，思维导图如下：

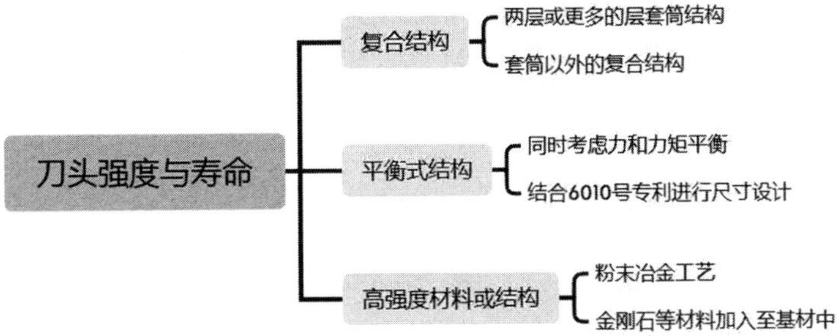

图3-2　刀头强度与寿命方向的思维导图

第二个问题“换能器输出频率的稳定性”的思维路径是如何增加输出频率的稳定性，具体思维导图如下：

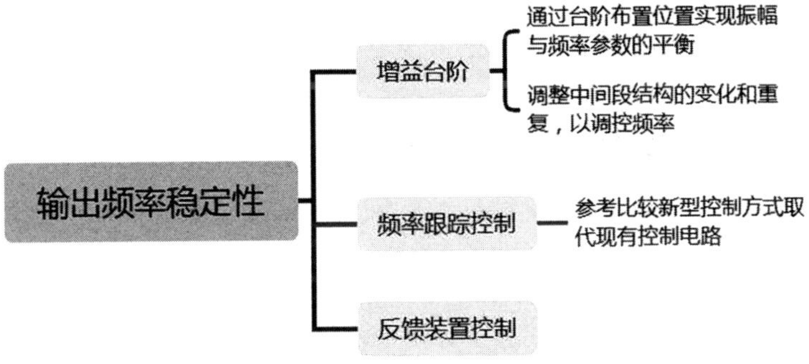

图3-3　输出频率稳定性方向的思维导图〔1〕

4. 轮胎胎压监测器项目提示专利空白点及专利布局方向

2016年9月27日，《乘用车轮胎气压监测系统的性能要求和试验方法》（GB26149）国家强制性标准强制性推行，掌握与标准相关专利的企业，必将获得巨大的市场话语权，不具备自主知识产权的产品将难以进入市场。企业如果能够把握这一关键时刻，在强制标准推行前，提前进行相应专利预警及布局，将能够更加有力地为企业积聚实力，抢占有利先机。正是基于这样的

〔1〕图片来源于笔者团队对该技术领域进行分析后独立绘制的思维导图。

契机，客户拟通过本项目对胎压监测器领域的专利进行全面的梳理，并提示专利空白点及可行的专利布局方向。

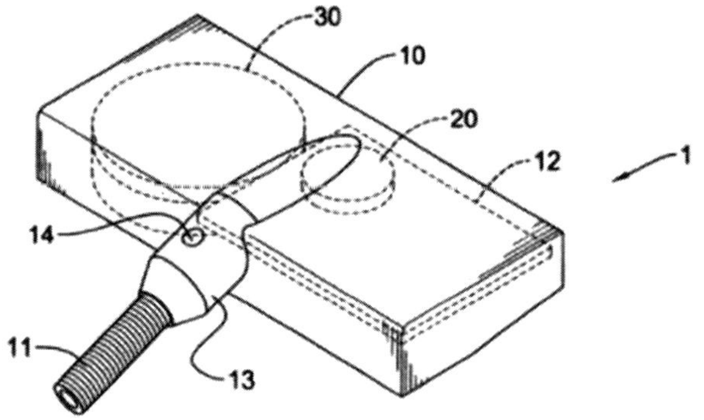

图 3－4　胎压监测器的结构示意图〔1〕

5. 专利检索分析可以助力企业挖掘出更多专利申请

实务中，企业有技术无专利、有专利无保护的情况极为常见，正常的专利申请代理过程要求企业本身具有一定的专利挖掘与布局能力，能够自主提炼出专利提案，然后撰写成书面的技术交底书，委托专利服务机构进行申请代理工作。由于大部分企业发明人并没有受过专利训练，他们提炼专利提案工作完全凭借一个技术工程师对创新技术的本能觉察，而且由于长期沉浸在技术研发工作中，他们对于技术创新的认知高度不断拔高，导致其觉得日常很多微创新都缺乏创新高度而不能作为专利提案。在这种企业专利工作状况的前提下，如何为企业挖掘出更多的专利提案，无非就以下两个办法：

（1）企业内部设置专职专利工程师，来辅助研发技术人员进行全局性的技术梳理及专利挖掘工作；

（2）委托外部的专利服务机构指派资深的专利代理师对行业特定技术进

〔1〕 图片来源于我国台湾地区发明专利 TW200812826A 的专利公开文本，授权公告号 TWI385082B，http：//pss－system. cnipa. gov. cn/sipopublicsearch/patentsearch/showViewList－jumpToView. shtml，最后访问时间：2021 年 8 月 21 日。

行全局性梳理，与研发人员进行信息交互，相互促进，挖掘出更多的技术创新提案。

外部专利代理师通过对企业特定产品或者特定技术领域进行全球专利检索，一方面充分了解行业专利分布状况，梳理出具体产品的技术路线图及重要专利情况；另一方面梳理企业目前的技术研发状况，从产品发展的理想状态来推导产品功能演进的趋势，在技术人员的配合下挖掘出更多的专利提案。

实践证明，在充分了解特定产品的专利分布及重要专利情况后，通过技术问题及技术方案梳理，结合理想产品原型，与技术人员进行头脑风暴，一定能够产生大量的技术提案来进一步完善现有产品的结构与功能，从而形成围绕现有产品的专利包布局。

专利挖掘工作有成熟的方法论，一般来讲，专利代理师会在充分细致的检索分析及梳理后，着重对以下几点进行挖掘：

（1）实际产品的工艺方案；

（2）研发过程中的全部设计方案；

（3）产品面世后同行可能的仿冒方案；

（4）产品的上下游及工艺设备配套；

（5）理想产品的理想状态。

在这几个维度上进行充分的专利挖掘，往往能够对创新产品形成专利包布局。以下是笔者团队处理过的几个专利挖掘项目：

案例 1：针对椎体成形骨科产品进行专利方案的拓展挖掘

项目背景：椎体成形术全称为经皮穿刺椎体成形术（percutaneous vertebro plasty，简称 PVP），属于微创手术，是通过向病变椎体内注入骨水泥）或人工骨达到强化椎体的技术。1984 年由 Deramond 发明并首次应用，1987 年法国医师 Galibert 首次应用于椎体血管瘤的治疗，1994 年美国首次报道将 PVP

应用于骨质疏松性椎体骨折的治疗[1]。整个手术过程是：在患者背部做一个约2mm的切口，用特殊的穿刺针在X线监护下经皮肤穿刺进入椎体，建立工作通道，经过球囊扩张后再分次注入骨水泥注入椎体内稳定骨折椎体，防止进一步塌陷，明显缓解疼痛。

客户是国内椎体成形领域的头部公司，拟通过专利挖掘布局不断扩大椎体成形骨科产品市场优势地位。

专利挖掘主要工作：

（1）对椎体成形技术领域进行国内外专利检索；

（2）梳理出专利技术路线图及重点专利；

（3）与研发人员进行专利解读与头脑风暴。

项目成果：项目合计挖掘28项专利申请，推动客户成为椎体成形骨科器械领域国内领先公司。

案例2：针对某建筑科技公司地产项目上市前所有应用技术的全方位挖掘

项目背景：客户是国内知名的建筑科技公司，拟在3个月后发布新地产项目，要将项目中应用的各项创新技术申请专利进行宣传也避免被同行模仿抄袭。

专利挖掘主要工作：

（1）与客户项目经理对项目中应用的各项技术进行集中梳理；

（2）针对初步梳理方案进行专利性检索查新，形成二次梳理方案，区分重点专利与外围专利；

（3）就二次梳理方案与技术人员进行多次现场头脑风暴，形成技术交底；

（4）完成专利撰写及申请工作。

项目成果：项目合计挖掘106项专利申请，形成全面立体项目专利布局。

案例3：针对某环保再生公司投资并购前所有应用技术的专利资产包装

---

[1] 《椎体成形术—（PVP vs PKP vs PCVP）常用几种椎体成形术式优势对比》，载丁香园，http://orthop.dxy.cn/article/737853，最后访问时间：2022年3月9日。

挖掘

项目背景：客户是国内大型的从事环保再生的科技公司，正在与国内某上市公司洽谈并购事宜，希望通过专利挖掘将公司目前正在使用的各项技术进行提炼申请，增加公司估值，提升投资者信心。

专利挖掘主要工作：

（1）针对客户产品进行专利查新检索，充分了解目前行业的现有专利状态；

（2）到客户的生产工厂进行多次实地产品查看，与技术人员进行现场沟通挖掘，梳理项目提案，形成初步技术提案清单，梳理出符合专利性要求的提案与重点布局专利；

（3）与研发技术人员沟通准备专利交底书，并进行专利撰写提交专利申请。

项目成果：通过一年多时间累计挖掘出186项专利申请，最终以数亿元资金被某上市公司并购，实现了客户的商业目标。

6. 在研发、生产、销售三个时间节点评估知识产权侵权风险

企业在研发、生产、销售这三个关键时间节点上应当评估知识产权风险，避免投入无效研发成本，浪费生产资源，赔偿侵权损失。

表3－1　企业在不同阶段的投入成本及侵权取证难易度列表

各阶段	研发阶段	生产阶段	销售阶段
投入成本	研发成本	研发成本＋生产成本	研发成本＋生产成本＋销售成本
侵权证据	不可取证	厂内生产，难以取证	产品销售给客户，可以取证

（1）为什么要在这三个节点进行知识产权风险排查？

在研发立项之前，研发成本尚未投入；在生产之前，生产资料、人工成本尚未投入；在销售之前，侵权证据还不可得；在这三个时间节点上如果能够排查知识产权风险，哪怕在两个或者一个节点进行排查，都可以有效降低

知识产权风险。

（2）发现有侵权风险，怎么办？

在研发阶段发现风险，可以立即修改调整研发方案；在生产阶段发现风险，可以立即停止生产，修改设计新的方案；在销售阶段发现风险，可以立即停止销售，必要时召回并销毁侵权产品或者与权利人沟通缴纳许可费用，同时设计新的产品方案。

所以，在研发立项阶段，排查知识产权侵权风险是最关键，最节约成本，也是最有意义的。

二、产品采购生产阶段合规

1. 采购重要产品时要求提供专利不侵权报告，避免采购侵权产品

企业在采购产品时，如果企业内部制定有规范的采购管理制度，一般都会要求：

（1）做好供方信息、价格等信息资料的管理。

（2）采购合同中应明确知识产权权属、许可使用范围、侵权责任承担等。

这样，即使供应商的产品存在侵权风险，由于采购方已经尽到了合理的注意义务，并且产品来源合法，所以只需要停止侵权行为，而不需要承担损害赔偿责任。

实务中，可能对于采购方来说，即使只承担停止侵权责任，也会造成较大的影响。譬如，供应商提供的产品零部件构成侵权，采购方用该零部件组装生产的整机就得停止销售，并且更换侵权零配件。对于采购方来讲，停止销售更换零件的成本就非常大。所以，我们一般根据采购产品的情况，建议进行如下区别对待：

（1）普通产品采购，双方签订采购合同，合同中供应商承诺承担全部侵

权责任，出具正规发票即可。

（2）重要但常规产品采购，供应商在（1）的基础上额外提供知识产权权属证明文件。

（3）重要且创新产品采购，创新产品是指该产品不同于传统成熟产品，属于近些年创新产品，且各家技术路线与工艺均有不同专利。这时候，就需要供应商在（1）、（2）的基础上额外提供由专业第三方提供的产品不侵权专利分析报告，从而最大限度地规避知识产权侵权风险。

案例：采购“ZAMS超级涂层板”专利侵权风险案例

某国内太阳能公司需要采购国内某钢厂生产的ZAMS超级涂层板，来制备太阳能光伏支架产品，该产品会出口到包括日本在内的海外多国，由于该产品销售量会非常大，而且会跟日本的某竞争对手进行竞争，公司担心会有知识产权侵权风险，委托笔者团队进行专利侵权风险分析，经过检索发现，该国内钢厂就该涂层板技术已经申请了两个专利，但是日本的竞争对手在1999年就获得了“ZAMS超级涂层板”发明专利授权，且国内钢厂的专利技术只是对日本竞争对手的发明专利的微小改进，整体技术方案还是落入日本专利的保护范围，构成专利侵权。专利分析结论是：国内某钢厂生产的ZAMS超级涂层板侵犯日本竞争对手分别在中国、日本及其他国家的授权发明专利。根据此分析报告，该太阳能公司最终没有采购该涂层板，避免了知识产权侵权风险。

2. 一个产品申请一个专利的观念已经落伍，要用专利包保护重要产品

很多发明人认为一个产品申请一个专利，就算在这个产品上有多个创新想法，但都是基于这个产品的，所以就应该申请一个专利，而且申请多个专利，不是需要更多的成本支出吗？

首先，我们要了解，专利申请是以“发明构思”为基本单位来评价新颖

性、创造性的，一个专利对应一个“发明构思”，基于一个总的发明构思下的多个技术方案可以合并为一个专利申请。显然我们针对一款产品，会产生不同的发明构思。譬如手机，有几十万件专利申请，就连最简单的手机屏幕开屏方式，都有近百个专利申请，滑动开屏、九宫格开屏、数字密码开屏等。显然，一个产品对应一个专利的专利申请思维早已过时，已经不能适应技术快速迭代与竞争白热化的新创新时代。

专利包思维是近些年来全面保护创新技术的主流方式，强调在针对某个具体技术或者产品时，不能仅采用过去的一个产品结构专利或者生产工艺专利进行保护就万事大吉，而应当以产品结构专利或者生产工艺专利为核心专利，再考虑布局以下专利：

（1）专利保护客体多样化：产品的外观设计专利、软件著作权、集成电路布图设计等；

（2）产品周边：生产该产品的专用设备及加工工艺、产品的具体零部件、上下游应用场景等；

（3）产品替代方案：实际产品结构要申请专利，但是实现类似效果的产品其他可行结构方案、可规避实际产品结构的其他结构等。

将以上这些方案申请专利后，就会形成以核心产品 + 外围产品的“专利包”，从而形成了严密的专利防护网，让专利侵权者无法规避。

案例：某医疗器械企业，主营一款脊椎类骨科产品，在市场上销售非常好，为了形成竞争壁垒，委托专利事务所进行本技术领域的专利检索与调研分析，构建专利地图，发掘技术空白点并补充申请多个专利；同时对国内外头部竞争对手进行专利监测，识别重要专利进行解读，与研发技术人员进行多次头脑风暴，形成多个新的专利构思，并提交专利申请，最终在该产品上布局形成 80 多件专利申请，构筑了防护严密的“专利包”，有力地阻挡了竞争对手大范围地进入本领域进行竞争；同时，凭借专利技术壁垒不断发展，成为国内前三的脊椎类骨科产品生产厂家，并获得了多轮融资。

3. 提交专利申请后，产品持续改进迭代，可以再次申请专利

经常出现企业研发了一款新产品后，申请了专利，然后不断地进行产品改进迭代，那后续这些改进还能再申请专利吗？会不会与已经递交并公开的专利申请相冲突呢？

首先，我们要判断后续改进是否是创新性改进。

针对产品的迭代改进，在专利意义上可以区分为：

（1）常规性改进：是指针对产品形状、色彩等设计变化；针对功能的优化，譬如原来是手动的，改成电动的；针对成本的优化，譬如材料替换、功能部件的替换等，这些改进都属于现有技术范围内的优化调整。

（2）创新性改进：是指针对产品结构、功能问题的非常规性创新，譬如第一代产品的结构设计不稳定，现有技术中也没有解决这个问题的办法，经过研究攻关，解决了这个问题，这就是创新性改进；也就是说，现有技术中并没有现成的解决方案，需要技术人员创造性地去解决。

显然，如果后续改进是常规性改进，是不能申请专利的；只有创新性改进，才可以申请专利。

那创新性改进申请专利时，是否会与已经递交的本产品的在先专利申请构成冲突呢？也不会。因为在后改进是针对在先产品的创新性改进，本身就是有新颖性、创造性的，所以自然不会构成冲突。

实务中，我们往往很难肯定地判断出在后申请是否创新性改进，《专利法》第29条第2款规定，申请人自发明或者实用新型在中国第一次提出专利申请之日起12个月内，或者自外观设计在中国第一次提出专利申请之日起6个月内，又向国务院专利行政部门就相同主题提出专利申请的，可以享有优先权。所以我们一般会建议在先专利申请后12个月内递交在后申请，并要求在先专利申请的优先权，从而用在后专利申请吸收在先专利申请，避免两个专利的相互冲突。那如果在后申请是从在先申请的12个月以后做出的呢？可

以在在先申请届满 12 个月时，一方面检索现有专利文献，看是否有同行申请类似技术，另一方面在市场上多方面调研了解是否有类似技术正在研发生产销售；如果没有任何蛛丝马迹显示有类似技术正在申请专利，可以将在先专利申请撤回，重新递交新专利申请，直至在后创新性改进研发完成，再要求在先专利申请的优先权进行申请。

案例：某企业研发完成了一款食品检测装置，研发完成后立即申请了专利。产品销售得非常好，但很多客户针对该款产品提出了很多新需求，该企业研发技术人员根据客户需求持续研发，仅过了半年就出了第二款食品检测机；过了一年半后，又推出了第三款性能更好的食品检测机。

企业研发总监跟专利代理师沟通，想了解在第一款产品的发明专利已经公开但还没有授权的情况下，第二款、第三款产品改进技术是否可以继续申请专利？

该企业第一款产品申请的专利因为已经公开且超过了 12 个月的优先权期限，所以在后改进只能考虑申请新的专利，同时还要判断，在后改进是否构成创新性改进，如果不构成创新性改进，在后申请非常有可能会因为与在先的第一款产品的专利技术构成冲突，而导致不能授权，整体来看，在后申请的风险还是比较大的。

那如果专利代理师更早地介入该企业的专利布局中，可以怎么做呢？

在第一款产品的专利申请递交后，应当密切关注第二款产品的研发进度，在半年后第二款产品研发完成后，立即识别是否有创新性改进。这时候，如果有创新性改进，可以考虑另案申请，也可以考虑要求优先权，将在先申请与改进申请并入一个新的专利申请中；在第三款专利研发过程中，密切关注市场上的产品动态，由于我方产品已经开始公开销售，所以一般建议第二款产品的专利可以进入审查环节，但单独考虑第三款产品的改进中是否有创新性改进，如果有就再单独进行专利申请，如果没有，就不再进行新的专利申请。

可见，通过专利代理师对研发过程的全程跟踪，可以充分利用专利布局技巧提炼创新技术点，更好地进行专利保护。

4. 生产自主研发的知识产权产品，也可能会侵权

经常有企业宣传自己家产品是自主知识产权产品，也就是说，产品是自己独立创作设计，没有借鉴参考抄袭别人的专利技术，还获得了国家知识产权局专利局的专利证书。自主知识产权产品，也会侵权吗?

首先，未借鉴他人现有设计的独立创作非常容易与他人的专利技术“撞车”，虽然说创新是没有边界、无迹可寻的，但是解决某些问题的方案往往异曲同工。为解决某一问题的独立研发往往会与他人已有的专利技术相同或类似。

其次，独立研发完成之后，如果不经过专利查新检索，直接申请实用新型或者外观设计专利，由于中国实用新型与外观设计专利是形式审查而非实质性审查，因此即使获得了专利证书，也并不代表你独立研发的技术并不与在先专利技术相同或近似。

最后，即使你申请的是发明专利并获得了授权，也有可能是在他人在先专利技术基础上的改进专利，实施改进专利也构成专利侵权。

因此，从这三个角度来看，就会发现，自主知识产权产品，也有较大概率构成侵权，千万不要认为自主研发，并获得了专利证书，就万事大吉，不会构成专利侵权。

案例：某公司看到日本的“胶囊旅馆”非常红火，想在上海推广“胶囊旅馆”项目，特地聘请设计师重新进行了内部设计，并申请了多件实用新型专利，拿到了专利证书，然后多方进行项目推广，某投资公司对这个项目比较感兴趣，但是担心有专利侵权风险，就委托专利事务所进行专利侵权风险分析，专利事务所收集了该公司的专利公开文本及产品宣传册，现场考察了样板间产品，发现有多个所谓创新设计侵犯了他人在先专利技术，最终由于该项目专利侵权风险较大，投资公司终止投资该项目。

三、产品销售售后阶段合规

1. 专利检索分析助力企业预判专利侵权风险并进行规避设计

企业在研发产品时，通常是先做产品可研报告，重点对该产品的市场竞争状况、技术发展现状、工艺可行性等进行综合分析，最终给出报告结论，建议公司是否批准该项目立项。目前已经有很多公司在项目可研报告中将专利侵权风险分析纳入，从而为项目立项提供更全面的决策参考。

但是，实务中，还是有很多公司，尤其是中小型科技公司往往直接根据领导的市场或技术前景判断就决定某些产品立项开发，或者有些公司的产品可研报告中，对于专利侵权风险的判断简单粗暴，缺乏专业侵权比对能力，只要没有检索到完全相同的在先专利就认为该产品没有侵权风险，导致最终产品上市后面临极大的侵权风险。

专利侵权风险判断会如何进行呢?

（1）首先明确需要分析的产品或具体技术内容；

（2）对该产品结构、功能、工艺等进行技术分解，分解到最小单元，同时考虑到生产、销售过程中可能的产品形态，明确最小比对单元及对应的技术特征；

（3）围绕该产品的相关技术特征，进行目标国的专利检索；

（4）按照专利侵权认定的技术特征“全面覆盖”原则，排查该产品是否落入在先还在有效期内的专利保护范围之内；排查每个最小单元是否在在先专利的保护范围之内；排查产品对应的每个最小单元或技术特征组合是否已经是公知技术；最终确定专利的侵权风险；

（5）给出侵权规避方向及建议，如果有必要，与研发人员共同构思专利规避方案并进行审核确认。

案例1：某国产化落地的医疗产品通过专利规避设计避免专利侵权

项目背景：某医疗公司将国外的一些优质医用产品在国内进行推广使用，但国外公司一般都会将其产品在中国已经申请专利保护，客户希望笔者团队帮助其检索到产品对应的专利并进行权利要求保护范围的解读，通过专利侵权规避设计，最终形成规避设计方案，保证其最终规避设计的产品在中国落地而不构成专利侵权。

表3-2　鼻腔吸入给药装置的各分解部件专利规避表

技术分支	技术特征	规避方向	规避难度
一级技术分支	可吸入粉末	可省略	低
	吸入器	–	高
二级技术分支	具有平均粒度介于10mm至500mm的生理上可接受的赋形剂	改变粒度，或省略	低
	含有含量为0.001%至5%的噻托铵	改变含量或成分，或省略	低
	壳体	–	高
	盖子	–	高
	底板	–	高
	吸入室	–	高
	接口	–	高
	三个孔	改变数量	低
三级技术分支	含有二窗口	改变数量或省略	低
	具有空气入口	改变位置或省略	中
	推动按钮	–	高
	围绕胶囊室的中间区域且于筛网罩及筛网下方	改变位置或省略	低
四级技术分支	经筛网罩固定的筛网	改变固边方式或省略	低
	设有二个尖梢且可相反于弹簧移动	改变数量或省略	中
	孔直径小于1毫米	改变孔径大小或省略	低

续表

技术分支	技术特征	规避方向	规避难度
附加限制特征	流动阻力约0.01 kPa～0.1 kPa分钟/升	改变参数范围	高
	通过主轴连接使得接口可开启及关闭	改变连接方式	中

项目成果：为客户明确具体专利，并引导专利规避设计方向，与研发人员头脑风暴，确定规避设计方案及技术上的可行性，最终量产销售，目前已经向各大药厂进行销售，并且销量很好，也没有收到原专利权人的任何知识产权质疑。

案例2：对某客户拟投资生产移动式安检设备进行专利风险排查

项目背景：为了保障社会安全，对各种公众场合使用安检设备进行安检已经成为通行做法。之前的安检设备一般都是固定式安检设备，被检查的人员通过安检设备进行安全检查，查看是否携带违禁物品。20世纪90年代，国外在固定式安检之外发展出了移动式安检设备，受此影响，国内也开始在移动式安检设备领域投入力量进行研发生产。客户是一家国内知名的固定式安检设备制造商，也准备进入移动式安检设备领域，但担心存在专利侵权风险，委托笔者团队进行专利风险排查分析。

主要分析工作：

经过检索分析，笔者团队发现在国内已经存在某国外公司已经授权的移动式检查车专利，该专利是移动式安检领域的基础专利，权利要求保护范围非常大，而且在多国进行申请均已经授权。客户如果要生产移动式安检设备，无法绕开该专利保护范围。笔者团队同时对客户已经申请的关于移动式安检设备相关专利进行分析，并进行特征比对，均落入某国外公司的专利保护范围。

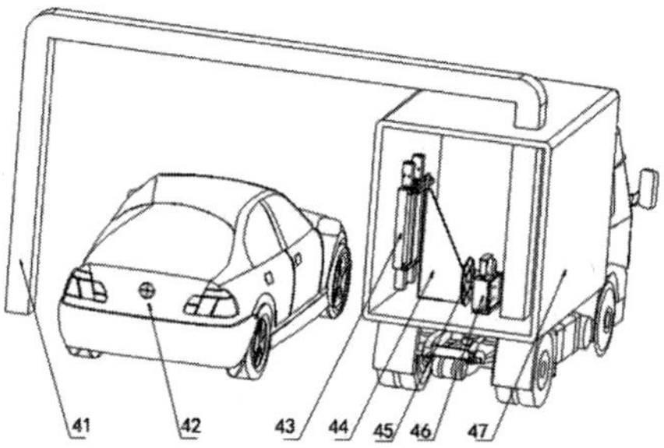

图3－5　某国外公司移动式检查车专利方案示意图[1]

项目结论：根据现有法律，客户如果开发X射线车辆检测设备，则未来的产品必须绕开该专利，该专利将会是客户面临的主要知识产权风险之一。根据通常的国内专利侵权诉讼规则，利用模拟案例分析法，论证假设万一客户未来的产品没有实质绕开该专利时所面对的知识产权法律风险。

案例3：对某科技公司智慧黑板产品进行专利侵权风险排查及专利运营

项目背景：客户是校园电气化设备的主要生产销售商，在国内市场中，拥有非常成熟的销售渠道，近来，市场上出现一种集成化的“智慧黑板”产品，深受中小学校欢迎，客户拟大规模进入智慧黑板产业，担心知识产权侵权风险，希望委托专业团队帮助梳理智慧黑板行业主要竞争对手及专利布局情况，规避知识产权风险，降低后续上市时的知识产权风险。

项目主要工作及项目效果：

（1）经过检索分析，识别出了智慧黑板产品的专利分布情况以及主要竞争对手的专利持有情况，并勾勒出智慧黑板产品的技术路线图，通过分析，识别出行业基础专利以及后续的重要专利。认为客户如果进入智慧黑板行业存在较大的专利侵权风险。

（2）客户阅读了专利分析报告后，为了规避专利侵权风险，提出要购买

[1] 图片来源于中国发明专利03801115.8专利公开文本，授权公告号CN1318841C，http://pss-system.cnipa.gov.cn/sipopublicsearch/patentsearch/showViewList-jumpToView.shtml，最后访问时间：2021年8月21日。

行业基础专利的想法，经过联系对接基础专利的专利权人，正好有出售意愿，经过双方紧锣密鼓的谈判磋商，最终以百万价格成交。

（3）笔者团队协助双方办理了专利转让手续后，又对该基础专利进行分析，对尚未授权的发明专利进行分案，形成全方位的专利包保护。

（4）协助客户进行专利许可与专利维权，并应对了多次同行针对该专利的专利无效请求。

2. 技术项目并购时可以通过专利尽调来防控投融资风险

重大投融资项目或者技术并购项目中，聘请律师团队进行法律尽职调查已经成为标准选择，通过法律尽调，可以充分了解待投项目或技术是否存在隐藏风险，及早发现风险并评估是否是可控风险，从而为是否投融资及投多少提供决策依据。但目前针对技术项目的并购尽调中，律师团队中如果没有知识产权律师深度参与，往往对知识产权部分的尽调流于形式，一般尽调中，只会关注：并购项目中知识产权清单，权利人归属以及权利状态，权利人及发明人团队中是否有职务发明、竞业禁止等风险，而不会关注拟并购技术的专利先进性到底怎么样，是否有授权前景，权利要求保护范围如何，能够覆盖到哪些具体产品；以及该技术是否可以落地实施，是否存在专利侵权风险。而技术并购项目中，最重要的就是这两点：技术的先进性或者说专利价值几何；技术能否落地生产而不会有专利侵权风险。这两点如果存在瑕疵，会大大影响投融资并购的决策意愿，以及项目的真正价值。

笔者已经欣喜地发现在很多重技术项目中投资方都会要求律师团队在常规的法律尽调报告中，专门再聘请专利律师针对以上重要的两点提供深度的专利尽调报告。这种对专利价值的深度认知相信一定会积极推动知识产权行业不断健康发展。

针对以上重要的两点风险，通常的处理方式是：

（1）对现有技术做充分的专利检索分析，评估拟并购项目对应的专利在本行业中的具体地位及价值，评估是否有新颖性、创造性以及授权前景。

（2）对该项目对应的专利以及对应的产品进行技术特征分解，并分析该技术是否存在专利侵权风险。

案例1：某公司并购国外“地下立体停车库”技术的技术尽调

项目背景：在重大经济活动、重大项目决策时，加入知识产权的考量因素，往往会带来巨大的价值，某大型国企，拟购买国外某公司持有的“地下立体停车库”技术，用于解决超大型城市停车困难问题。

首先，在前期技术价值评估时，对方认为该技术已经在该国大型城市有三个样板停车库，技术已经非常成熟，并且积累了多年的项目运营经验。其次，该项目在该国拥有多项专利授权，基于此，该公司给出了非常高的报价。

项目主要工作：

（1）对国内地下停车库技术进行专利检索分析，梳理该技术的专利分布及主要竞争对手；

（2）根据对方提供的“地下停车库”相关技术资料，分析其技术先进性、技术落地可行性、同类产品的替代性等；

（3）从专利侵权角度分析该技术在国内落地后可能的侵权风险。

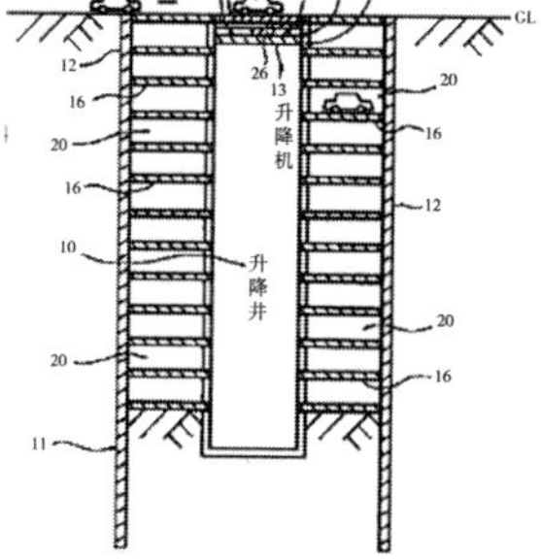

图3－6 地下停车库专利方案示意图〔1〕

〔1〕 图片来源于日本发明专利JPH06158903A号专利公开文本，授权公告号JPH07113286B2，http：//pss－system. cnipa. gov. cn/sipopublicsearch/patentsearch/showViewList－jumpToView. shtml，最后访问时间：2021年8月21日。

案例2：某抗体药物技术转让的专利尽调

项目背景：某生物医药公司研发的某抗体药物于2015年年初已获得临床研究批件，客户拟通过排他性授权的方式并购该抗体药项目，委托我们对该项目进行专利尽调。

主要尽调事务：

（1）原研药在国内相关专利是否过期或后续新补充专利的保护范围是否覆盖本项目技术。

（2）该抗体药项目的制备工艺是否涉及国内专利侵权。

项目结果：评估认定原研药在国内专利已经过期，该抗体药在国内无专利侵权风险。

第四部分　对外宣传及合作合规与管理

现代企业经营必然要进行大量的市场宣传营销行为，譬如在微信公众号、官网、第三方平台上进行宣传推广，通过各种自媒体、新媒体等进行引流导流，促进产品销售，提升自身品牌美誉度。也有很多企业为了节约研发成本，快速进行产品迭代，会与高校科研院所等进行技术合作开发。在这些频繁的对外宣传及对外合作过程中，会产生大量的知识产权问题，譬如使用收费字体、使用盗版软件、提前公开技术信息、产品外包装上使用失效专利、对外合作不约定专利权属等，这些问题往往不会立即爆发，而是会悄悄潜伏在企业内部，在企业经营的重要节点，譬如融资、上市、产品出口、招投标时，往往会被权利人突然引爆，从而给企业经营带来极大风险。

千里之堤溃于蚁穴，企业管理者应当时刻保持合规管理的警觉性，只有这样才能有效防止各种对外宣传及对外合作过程中的知识产权风险。

一、对外宣传及合作的常见风险

1. 公司经营过程中，谨防三类高发侵权风险：字体、图片、软件

这几年，国内企业经常被某些字体著作权人、图片著作权人、软件著作权人维权。

国内互联网领域，一些网民曾经理所当然地认为网络上的信息都应当是免费使用的，但是这些年，为知识产权付费已经成为主流趋势，通过前期放任知识产权侵权、后期维权来收割用户已经成为知识产权权利人的商业模式，这种商业模式可以高度概括为：放水养鱼、全面撒网和分阶段收割的商业模式。具体而言：

（1）商业软件权利人往往放任破解软件的大量流通，但保留对使用者数据监控的后门，或者对已经采购了少量正版许可的用户的许可证数量不做任何技术限制，让其他员工尽情畅享；

（2）图片权利人在线上大量提供各种高清图片，但是悄悄地将权利水印尽可能地在边缘地带模糊的标识；

（3）字体权利人的相关付费字体可以轻而易举地在正版办公软件中安装插件，甚至早已预装好。

分阶段收割期一般是在使用方获得了天使轮、A 轮、B 轮等融资的时候，权利人或根据软件后门提供的 IP 及用户注册数据，或用自动的图片搜索和识别技术确定涉嫌侵权主体，然后专业打假维权律师的律师函或者电话就纷至沓来。在 IPO〔1〕前夕，更是达到高潮。

权利人是一个维权联盟，相互之间往往会有信息共享机制，当某涉嫌侵权公司与其中一家商业软件的权利人签署和解协议后，其他权利人往往快速获得信息，精准获得你的联系方式与付费底线。

尽管权利人迫使用户最终屈服买单的终极武器是诉讼，但是最终进入诉讼的案件与实际纠纷的数量相去甚远，相对于软件而言，图片与字体的侵权证据相对更容易固定，盗版软件的证据是很难固定的，所以大部分的诉讼恐吓最终不了了之，究其原因，主要有以下三个方面：

第一，诉讼周期长、回款慢，并不是性价比最高的商业模式。

---

〔1〕 IPO：Initial Public Offering 的简写，意思是首次公开募股，是指一家企业第一次将它的股份向公众出售。

第二，商业软件存在定价过高，以及与不同被许可人差别待遇的问题，权利人一般不太愿意提交许可合同给法院。

第三，侵权证据不足，大部分时候，权利人只能获得如下证据：

①招聘信息，记载公司在招聘能熟练使用涉案软件的工作人员；

②商业软件的单方后台数据，收集有非正版软件的使用数量、IP 地址、安装时间、用户个人信息等。

上述证据仅是初步证据，对取得胜诉或者取得预期判赔数额的胜诉而言还远远不够，故商业软件的权利人的法律程序维权的效果严重依赖于行政机关的现场查处和法院的诉前证据保全。

所以，了解了权利人维权的商业模式及存在的问题后，我们建议可以这样处理：

①保护知识产权、为有价值的知识产权付费，一定是趋势所在。

②字体、图片侵权完全就是可以规避的风险，只要设计人员有知识产权侵权意识，提前规避收费字体、收费图片，就可以避免。实在需要使用收费正版图片，就寻找外部设计公司进行合作，要求必须使用正版图片。

③软件逐步正版化，减少并逐步替代一些盗版软件的使用。为必须使用的正版软件付费也是应有之义。我们注意到，有些外资企业已经有比较成熟的降低正版软件使用量的操作，譬如公司内部局域网上采用虚拟云安装的方式共享一个正版软件，这样将每个人的低频需求变成云服务器上正版软件的高频使用，还可以节约多套正版软件的许可费用。

2. 做好知识产权管理维护工作，避免知识产权失效

专利获得证书后，每年需要缴纳专利年费来维持专利有效，不缴纳专利年费则失效；商标在 10 年后需要续展才能持续有效；著作权则不需要缴纳维护费用。

（1）知识产权授权后的管理维护交给前台行政人员，不委托专利事务所是否可以？

如果是有经验的员工，应该可以胜任知识产权管理工作；如果没有相关工作经验，就容易出现缴费迟延、缴费出错等错误，建议最好委托有经验的专利事务所进行管理。专利年费每年的金额都会发生变化，容易算错。算错了年费金额而交错了费用，视为没有缴纳费用。同时我们也不建议一次性将一个专利的全部年费缴纳完成，毕竟市场情况会不断变化，有些专利会提前放弃而不需要缴纳年费。

（2）已经失效的专利是否还可以再次申请或者缴纳一笔恢复费用重新恢复效力？

已经失效终止的专利不能再次申请，也不能再次恢复，属于绝对失效状态。

案例：苏州某久公司计划于2010年3月19日登陆创业板，向证监会申报专利资产，经过证监会核查，其持有的多个专利因为未缴纳专利年费已经失效，导致本次IPO申请因申报材料不实而被撤销。[1]

二、对外宣传风险

1. 对宣传展出信息进行审核，确保先专利申请再对外公开

已经对外公开宣传、公开展出的产品就丧失了新颖性，如果再去申请专利，就算审查员不知情而给予授权，任何第三方都可以以该在先公开宣传展出信息来申请该专利无效。

[1] 《苏州某久：用专利打了一场IPO“翻身仗”?》，载人民网，http://ip.people.com.cn/n1/2016/0825/c136655-28664299.html，最后访问时间：2022年3月9日。

（1）什么样的产品展出需要进行创新审核?

一般的产品展出不需要审核，但是有创新设计的产品展出宣传之前应当经过知识产权部门审核后再公开。

（2）如果一定要抢在竞争对手前面发布新品，来不及申请专利怎么办?

可以先将简单的技术构思由专利事务所撰写处理后直接递交申请，确定专利申请日，只要赶在展会或者网站公开前一天递交申请就可以保证其新颖性。后面可以再仔细地整理、修改、补充、完善该技术方案，重新递交专利申请，要求先前专利的优先权即可。

案例：某公司将其“篷房”产品在施工完成后先在其公司官网上展出宣传，后申请外观设计专利，并在两年后起诉另一同行抄袭其篷房产品构成专利侵权，该同行收集了该公司官网宣传信息，宣告该专利无效，专利复审委最终认定该专利先公开后申请，不具备新颖性，宣告其专利无效。

2. 恶意竞价排名“劫持”他人流量构成不正当竞争

实务中，存在在百度竞价排名中，在百度后台将主要竞争对手及同行的商标、企业字号等设置为关键词，这样，原本想搜索竞争对手商标字号从而去浏览竞争对手网站的搜索流量就被“劫持”到竞价排名人的网站上，从而获得商业利益。

这种流量“劫持”方式，分为显性使用关键词和隐性使用关键词。

显性使用关键词是指，直接在百度搜索页面上显示竞争对手的商标字号，却指向竞价排名人的网站。

隐性使用关键词是指，在百度竞价排名软件后台设置竞争对手的商标字号，百度搜索页面上不显示竞争对手的商标字号，但用户点击后会指向竞价排名人的网站。

这种流量“劫持”行为显然是不道德的，在法律层面上目前是怎么评价的呢?

大量的审判案件表明，上海法院目前对通过显性使用关键词进行竞价排名，一般认定构成不正当竞争；对隐形使用关键词，原则上不认为构成不正当竞争。

3. 假冒专利行为——专利权到期终止失效后不能继续使用

专利权都是有保护期限的，发明专利的保护期限是20年，实用新型的保护期限是10年，外观设计的保护期限是15年，期限到期后，专利就自动终止失效。有些专利权人在专利终止后还会继续缴纳专利年费，误以为专利局继续接收专利年费就认可该专利继续有效，这是错误的做法。专利终止后专利权人继续缴纳专利年费，专利局既不能阻止，也无法通过电话通知退费，专利权人缴纳的费用不起任何作用，只会转到国库中等待自己去申请退款。终止后的专利就不能继续使用了，如果继续在产品包装、对外宣传材料、展会、招投标中使用该专利号，就构成假冒专利行为。

案例：上海保温电饭锅假冒专利案件——专利权到期终止后继续使用

2017年11月，上海市知识产权局在对某超市进行行政执法检查时，发现广东某公司正在该超市销售的“豪华自动保温电饭锅CFX××××××”产品包装盒上标注的专利号：ZL20042010××××.4、ZL20043011××××.2、ZL20043011××××.1其专利权均已终止，涉嫌假冒专利行为。上海市知识产权局立案调查后发现，该涉案产品的三个专利号均已于2014年12月28日因专利权期限届满而终止，专利终止日期早于产品生产日期。基于此事实，上海市知识产权局对广东某公司假冒专利行为依法予以查处，责令违法行为人立即整改，没收违法所得人民币24751元，罚款人民币50000元。

4. 假冒专利行为——未交年费已经终止失效专利不能继续使用

专利授权后需要每年缴纳专利年费才能维持专利有效，如果专利管理不到位，未缴纳专利年费导致专利提前终止失效，应当及时将该专利从企业专利台账中清除，避免其他部门的同事继续使用该专利，否则就构成假冒专利行为。

案例：2017年3月24日，某知识产权局发现福州某商场超市销售的“某智能对话玩具狗”包装上标注专利号，经查，该专利因未缴纳年费已经于2016年5月18日专利权终止，涉嫌假冒专利行为。〔1〕

5. 假冒专利行为——专利申请标注为授权专利，外观标注为发明

专利标识标注行为是有法律规定的，2012年5月1日实施的《专利标识标注办法》规定正确的专利标识标注方式为：

（1）专利申请中：中国发明专利申请号201811467××××.5（专利申请，尚未授权）。

（2）有效期内的授权专利：中国发明专利ZL201710541××××.9。

案例1：广州花都一公司，外观专利20153027××××.6已于2016年7月28日因未缴年费专利权终止，却在销售的某品牌坐便器上标注“国家发明专利20153027××××.6”该产品从广东某亿公司进货，有合法来源，但相关销售账册不齐全。该公司存在两个假冒专利行为，一是将外观设计专利标注为国家发明专利；二是将已经失效终止的专利继续使用。〔2〕

案例2：2013年3月，烟台市一酒业公司在该市公交车车体上发布内容为“某酒国家级专利产品热线2101617”的广告，并且在产品宣传页上标注有“（发明专利号：201210161××××.5）仿冒必究”字样，该专利申请仍处

〔1〕《2017年专利侵权纠纷处理和假冒专利处罚案件信息公开表》，载福州知识产权网，http：//www.fuzhou.gov.cn/zgfzzt/zscqj/fzzscq/zlbh/wqyz/201801/t20180115_1996291.htm，最后访问时间：2021年5月25日。

〔2〕《花知查字〔2018〕5号假冒专利案行政处罚决定》，载广州花都政府网，https：//www.huadu.gov.cn/zdlyxxgk/zscqxzcf/content/post_4782865.html，最后访问时间：2021年5月25日。

于审查过程中，并未获得授权，构成假冒专利行为。[1]

6. 假冒专利罪——主观故意假冒他人专利，情节严重

《刑法》第216条规定了假冒专利罪：“假冒他人专利，情节严重的，处三年以下有期徒刑或者拘役，并处或者单处罚金。”

那么，假冒专利行为与假冒专利罪的区别在哪里呢？

假冒专利罪，假冒的是他人的专利号，且主观上具有故意；客观上应当是假冒行为情节严重，一般违法所得数额在10万元以上的，应当立案追究。

假冒专利行为一般是指专利权人不合法地使用自己专利的行为，具体表现形式为：

（1）在未被授予专利权的产品或者其包装上标注专利标识，专利权被宣告无效后或者终止后继续在产品或者其包装上标注专利标识，或者未经许可在产品或者产品包装上标注他人的专利号；

（2）销售第（1）项所述产品；

（3）在产品说明书等材料中将未被授予专利权的技术或者设计称为专利技术或者专利设计，将专利申请称为专利，或者未经许可使用他人的专利号，使公众将所涉及的技术或者设计误认为是专利技术或者专利设计；

（4）伪造或者变造专利证书、专利文件或者专利申请文件；

（5）其他使公众混淆，将未被授予专利权的技术或者设计误认为是专利技术或者专利设计的行为。[2]

案例：被告人张某甲、朱某为谋取非法利益，在推销、宣传自己生产的锅炉清灰剂时，未经许可，在产品宣传册及网站上使用专利权人陆某的炉窑添加剂发明专利号ZL9710×4。2012年1月至2013年6月，被告人张某甲、

---

〔1〕《【行政执法】烟台：深入细致　查处假冒专利行为》，载国家知识产权战略网，http：//www.nipso.cn/onews.asp？id＝21915，最后访问时间：2021年5月25日。

〔2〕参考《专利法实施细则》第84条。

朱某采用上述方法销售锅炉清灰剂，非法经营额为人民币491750元。经法院判决，被告人张某甲犯假冒专利罪，判处有期徒刑一年，缓刑二年，并处罚金人民币二十五万元；被告人朱某犯假冒专利罪，判处拘役三个月，缓刑六个月，并处罚金人民币五万元[1]。

7. 企业商标注册不全、定位不准、随意使用

实务中，企业商标申请大量存在如下现象：

（1）商标申请只注册核心产品，不注册上下游延伸领域，被他人抢注，品牌失去扩展空间；

（2）商标注册品类只看到业务表象，没看到业务本质，导致商标注册无法保护其核心商业利益；

（3）注册成功后的商标标识随意修改使用，被工商局罚款。

案例1：江苏卫视使用的"非××扰"商标仅注册在41类"娱乐、电视节目"服务上，没有在45类"交友服务"上注册，"非××扰"这个相亲节目形式上是一档促成单身男女相亲的电视娱乐节目，但本质上也是为单身男女青年提供的一个交友服务平台。因此，45类"交友服务"被他人抢注后，二审法院认为江苏卫视构成商标侵权，虽然最终因为抢注人的商标被撤销而不构成侵权[2]，但是该案警醒了企业应当进行全面的商标注册保护。

案例2：易某公司是一家为用户提供在线生鲜水果配送服务的电商企业，企业认为其核心商业模式是：为用户配送新鲜水果，即物流配送服务，因此商标注册在39类物流服务；但在业务发展过程中，企业采购生鲜水果并贴牌自营，因此在29类、30类食品、31类水果上也需要注册商标。企业由于未

---

〔1〕《冒充他人专利产品被判刑　南通市检察官：经营活动应守法》，载江苏检察网，http：//www.jsjc.gov.cn/yasf/201907/t20190719_845233.shtml，最后访问时间：2021年5月25日。

〔2〕《"非××扰"商标权纠纷再审宣判：江苏电视台未侵权》，载央视网，http：//news.cctv.com/2016/12/30/ARTIsqg7kuE0hbYjGZNIFvTE161230.shtm，最后访问时间：2022年3月9日。

事先认识到自己的业务本质，导致商标注册类别不全，存在重大疏漏。本案例中，易某公司的“易某生鲜”品牌被其广告代理商抢先在31类水果上注册，后经过多轮商标异议复审花费了4年时间才将该商标夺回。

实务中，还有宣传部门、生产部门任意修改注册商标标识，仍然打上注册标识“R”，而被工商局认定为不规范使用商标，而受到行政处罚的案例。

（1）商标申请应当根据企业商业目标，确定合适的商标类别及商品，建议商标拓展类别。

表4-1　针对商标申请人不同诉求的商标布局策略列表

序号	情况	客户诉求	实际处理
1	商标基本分类	眼镜产品第9类 软件产品第9类	同时要注册44类眼镜行 软件开发服务42类
2	商标上下游衍生产品	化妆品第3类	延伸到5类滋补品、14类珠宝类、18类箱包类、21类化妆用具、25类服装、44类美容服务
3	复杂商业业态	电商网站卖二手车第35类	9类APP程序、12类车辆及配件、36类金融服务、37类车辆清洗维修、39类车辆出租、41类俱乐部服务、42类车辆性能检测
4	商标防御	×箭（口香糖）	爱×箭等
5	商标防淡化	×马（服饰）	在多类进行防御注册并进行初审监控；申请注册“×购、马×”

（2）进行商标预查询及商标设计注意点，降低商标申请注册驳回风险。

在商标申请前应当在对应类别查询该商标是否与他人在先注册的商标相同或者类似，以尽量降低驳回风险。目前，中国商标局有约3000万在先商标，分散在45个商标类别中，常规商标标识与在先商标构成近似的可能性极大，两个常用汉字组合，5个以内的英文字母组合基本因为存在大量在先近似商标而难以注册成功。

三、对外合作风险

1. 与他人进行技术合作，要事先约定专利权属

在与高校、科研院所等研发机构进行委托开发、合作开发技术的过程中，应当事前协商确定合作过程中产生的知识产权归属问题及后续二次开发的知识产权归属。如果事前双方未约定专利权归属，按照法律规定，专利归属于技术开发人所有。

（1）为什么在签订合作合同时就要约定知识产权权属呢？

首先，未付钱之前，一切好商量。

其次，成果未研发出来之前，技术价值不明，所以甲方更有谈判优势。

最后，高校科研院所的老师教授大部分有专利申请指标要求，因此相对于企业方面更有申请专利的动机。所以，如果不提前做好约定，学校老师们大部分都会将研发成果以学校名义申请专利。

（2）委托开发及合作开发合同中一般如何约定知识产权权属？

一般情况下，双方共同共有。特殊情况下，出钱方可要求独家拥有知识产权。

对于项目成果后续二次开发产生的知识产权，一般归改进方所有；在特殊情况下，共同共有或者单方独家拥有；但可以约定未获得专利权一方可以免费实施。

（3）技术合同是否需要进行登记备案？

最好去做技术合同登记备案，可以获得增值税与所得税的减免。

2. 投融资前未做专利尽职调查可能导致项目估值极不准确

对被投资企业的知识产权资产进行尽职调查，识别其法律状态，判断先

进性，以及落地是否有知识产权侵权风险，准确评估其价值，避免损失。

企业投融资前，建议对项目的三大模块九大问题进行分析、评估，最终作为投资依据。

表 4－2　投资项目中三大模块九大问题表

行业模块	1. 市场怎么样	2. 竞争是否激烈	3. 进入门槛高不高
产品模块	4. 产品符合趋势	5. 性能是否优越	6. 产品是否侵权
技术模块	7. 专利布局如何	8. 核心团队如何	9. 技术是否先进

其中，跟知识产权密切相关的是：产品是否侵权？专利布局如何？技术是否先进？这三个方面显著影响该项目的投资价值。

如果最终投资并购的项目不能落地产业化或者产业化会有侵权风险，那项目估值就会有很大缩水。同样，技术的先进性并不是持有方宣称的那么好，也就存在估值过高问题。专利的合理布局是增加该技术的垄断排他性，提高技术的盈利能力，所以如果没有合理的专利布局，项目估值也会大打折扣。

案例：某公司并购时，被并购公司主张其有多项国外专利技术，评估作价上千万；在核查时发现其 PCT 专利检索报告的结论为无创造性，因此其多国专利申请被驳回的概率较大，从而直接调低了其专利估值。

第五部分　科技政策合规与管理

一般来说，重视知识产权工作的公司大部分是科技型企业，企业发展需要知识产权保驾护航。知识产权在我国显示出了两个鲜明的属性：保护属性与政策属性。保护属性是知识产权的应有之义，企业获得知识产权，自然享有法律赋予的保护权利；政策属性是知识产权在我国当下发展语境下的附带功能，大家想当然地认为：专利申请量多的企业研发能力强、研发水平高；品牌影响力大的企业应该运营更加规范、成长潜力更大；著作权作品不断涌现的企业原创能力更强、经营能力更好。其实，在企业实际经营过程中，以上这些普遍认知大部分都能够成立，所以知识产权已经成为政府管理部门在千万企业中选拔扶持资助对象时的主要参考指标。

一方面，企业要想获得政府的各种科技政策支持，需要知识产权背书；另一方面，已经拥有大量知识产权的企业也理应获得科技政策支持。所以，我们也同样建议企业知识产权工作者要适当关注科技政策对企业发展锦上添花的作用，这对于企业知识产权工作开展会带来极大的助力。当然，在申报科技政策及项目实施的过程中也经常会出现各种问题，譬如政策申报过程中弄虚作假，虚报技术创新信息及财务信息，项目申报后不实施，等等。企业管理者需要明白科技政策的双面性，权衡利弊，结合企业的实际情况与发展阶段，谨慎并据实选择科技项目申报，在申报成功后的实施过程中进行有效管理，重视科技政策申报及实施过程中的各种合规问题。

一、科技政策说明

1. 适合科技企业申报的四大类科技政策说明

2014年年底，中央财政科技计划（专项、基金等）管理改革全面启动。按照《国务院关于中央财政科技计划（专项、基金等）管理改革的方案》（简称国发64号文件），新的国家科技计划被优化整合为五类[1]：

国家自然科学基金、国家科技重大专项、国家重点研发计划（973计划、863计划、国家科技支撑计划以及公益性行业科研专项）、技术创新引导专项（基金）、基地和人才专项。

在2014年科技政策改革之前，科技政策支持表面是一个大项目，但分到每个人头上并不多，难以形成关键性成果。现在开始转变思路了，要集中投放，让强者更强、资金更多，这样才有可能诞生真正的原创性成果。这就意味着，今后国家层面科研基金只有三大类：

第一类是普惠型，如国家自然科学基金。

第二类是科技重大专项与国家重点研发计划，都是极具针对性的，针对制约国民经济发展重大障碍的问题攻关，要求出高水平原创性成果。飞机发动机、高强度材料等制约国民经济发展的要攻关。另外，医学类重大疾病的原创新药，生物学领域的关键理论技术突破。

第三类是技术创新引导专项、人才类，目标明确，创新引导，国家投入少量钱，希望有企业参与共同研发；同时也希望选拔人才作为潜在的苗子进行培养。

---

〔1〕《国务院印发关于深化中央财政科技计划（专项、基金等）管理改革方案的通知》，载中央人民政府官网，http://www.gov.cn/zhengce/content/2015-01/12/content_9383.htm，最后访问时间：2021年5月25日。

我们根据以上科技政策的分类规则，将适合上海市科技企业申报的科技政策区分为四大类：

（1）税收优惠类科技政策

这类科技政策可以给企业减免增值税或者所得税，主要有：研发费用加计扣除、高新技术企业、高新技术企业成果转化、软件产品登记、软件企业申请、技术合同认定、技术先进性服务企业等政策。自2021年1月1日起，延续执行企业研发费用加计扣除75%政策；对于制造业企业，按照研发费用200%加计扣除〔1〕；高新技术企业可以实现企业所得税从25%减免到15%〔2〕；软件产品登记可以使得软件产品的增值税部分返还，等等。

（2）财政资助科技政策

这类科技政策可以给予企业财政经费无偿资助，主要有：创新创业大赛、科技小巨人、软件和集成电路产业发展专项、信息化发展专项、人工智能创新发展专项等各种专项资金、上海专利试点示范企业、企业研发机构、上海企业技术中心等政策。其中，创新创业大赛给予20万元的财政资助、科技小巨人市区两级给予最高300万元的资助；专利试点示范企业分别给予40万元、60万元的资助；企业技术中心给予最高300万元的资助。

（3）人才专项科技政策

这类科技政策可以给予高层次人才荣誉及无偿资助，主要有：浦江人才计划、扬帆计划、启明星计划、优秀学科带头人等。

（4）资质荣誉类科技政策

这类科技政策可以给予企业荣誉称号，主要有：上海市知识产权创新奖、上海科技奖、国家专利奖、国家知识产权优势企业、国家知识产权示范企业等。

---

〔1〕《研发费用加计扣除比例提升撬动企业创新积极性》，载中央人民政府官网，http://www.gov.cn/xinwen/2021-05/26/content_5612872.htm，最后访问时间：2021年5月25日。

〔2〕参见《中华人民共和国企业所得税法》第28条第2款。

2. 各个发展阶段的科技型公司适合申报什么样的科技政策

企业发展成长有自己的规律，大多数情况下，存在五个阶段：

（1）创业筹备阶段：创业团队发现了市场的机会或者技术产品的空白点、突破点，准备创业；在获得了人、财、物中一种或多种支持后，开始设立公司。

（2）婴儿期：公司在最初的两三年内，要发展自己的核心产品与市场，获得客户认可。在这三年内，公司能吸引住人才、开发出产品、赢得客户认可，并且能够实现基本盈利或者获得营业收入，创业成功，开始进入发展期。

（3）成长期：公司有了基本产品、客户、团队后，就进入了快速成长期，产品线不断丰富，客户越来越多，收入越来越大，成长速度也会加快，并进入发展快车道。

（4）稳定期：人才、规模、技术、市场都进入稳定期，缓慢增长中。

（5）衰落期或第二个成长期：发展停滞后进入衰落期，逐步消亡；或者转型发现新的机会进入新的赛道，获得第二轮发展机会，再次发展，往复循环。

在公司成长的这五个阶段中，也有针对性的科技政策扶持，当然前提是公司属于七大战略性新兴产业，属于科技驱动的公司。

（1）初创型公司：这类企业的特点是数量庞大，但是发展极不稳定。对于这个阶段的公司，目前主要是申请创新创业大赛的支持，如果能够通过创新创业大赛的路演及项目选拔，不但可以获得资金支持，而且也能够从第三方角度验证公司及项目的发展潜力，可能获得更多的投资机会；有些好的项目还可以被推选参加国家创新创业大赛，如果再能获得奖项，那就更有机会赢得资本的青睐。

（2）成长期企业：成长期企业的特点是发展迅速稳定，创新能力活跃，最容易获得各类科技政策的青睐与支持，最基本的资质就是：高新技术企业，由于企业主营业务不同，譬如主做软件开发服务的可以申请软件企业；主做技术外包服务的可以申请技术先进服务企业，这都是与高新技术企业并行的科技政策，效果都类似，给予企业税收的减免。

成长期的企业更有优势，可以申请专精特新企业以及各类人才专项政策等。

（3）成长规模期：在成长期企业中划分出一部分年度营业额达到3000万元以上的规模型企业，可以考虑申请科技小巨人企业、企业研发机构、专利试点示范企业、各类专项基金等。

（4）稳定发展期：这类企业一般是指在年营业收入3亿元以上的稳定发展期，企业进入这样的发展阶段，可能就要规划融资上市；而在科技政策层面，各类专项资金、企业研发机构、企业技术中心以及各种市级、国家级的资质荣誉政策都可以考虑申请。

二、高新技术企业介绍

1. 高新技术企业对企业有什么好处，为什么要申请

如果把科技企业比作一个成长的“人”，那么高新技术企业一般会被认为是这个“人”的本科毕业证书。企业的发展与个人发展在很多方面有异曲同工之妙，一个人受过高等教育并获得本科毕业证书，他在这个世界获得的各种机会相对来说就会更多。虽然我们不能说获得了更多机会就一定能获得成功，但是显然获得了更多机会比没有得到这些机会的人更容易获得成功。

高新技术企业资质给予科技企业的第一个利益馈赠就是：企业所得税从25%减免到15%。[1]高新技术企业比其他企业直接节约了40%的企业所得税

〔1〕参见《中华人民共和国企业所得税法》第28条第2款。

税费支出，可以获得更多经营利润。

高新技术企业是后续招投标、融资上市的重要基础条件；也是聚集吸引人才加盟、企业宣传推广、对外合作的重要资质认定。

如果企业想在科技政策上获得更多的政府政策支持，高新技术企业资质基本是其他更高阶荣誉资质及补贴的前提条件与信用背书。

所以，想把企业发展壮大的有雄心壮志的企业家们，都应该首先考虑将企业申请为国家高新技术企业。

2. 高新技术企业需要具备什么条件，准备什么资料

高新技术企业申请的基本条件如下[1]：

（1）企业申请认定时须注册成立一年以上；

（2）企业通过自主研发、受让、受赠、并购等方式，获得对其主要产品（服务）在技术上发挥核心支持作用的知识产权的所有权；

（3）对企业主要产品（服务）发挥核心支持作用的技术属于《国家重点支持的高新技术领域》规定的范围；

（4）企业从事研发和相关技术创新活动的科技人员占企业当年职工总数的比例不低于10%；

（5）企业近三个会计年度（实际经营期不满三年的按实际经营时间计算，下同）的研究开发费用总额占同期销售收入总额的比例符合如下要求：

1. 最近一年销售收入小于5000万元（含）的企业，比例不低于5%；

2. 最近一年销售收入在5000万元至2亿元（含）的企业，比例不低于4%；

3. 最近一年销售收入在2亿元以上的企业，比例不低于3%。

其中，企业在中国境内发生的研究开发费用总额占全部研究开发费用总

---

〔1〕参见《高新技术企业认定管理办法》（国科发火〔2016〕32号）及对应的《高新技术企业认定管理工作指引》，载国家税务总局网，http://www.chinatax.gov.cn/n810341/n810755/c2200380/content.html，最后访问时间：2022年3月24日。

额的比例不低于60%；

（6）近一年高新技术产品（服务）收入占企业同期总收入的比例不低于60%；

（7）企业创新能力评价应达到相应要求；

（8）企业申请认定前一年内未发生重大安全、重大质量事故或严重环境违法行为。

达到以上基本条件的科技企业都可以来向当地科技部门提交高新技术企业认定申请。高新技术企业认定采用评分制，综合得分达到70分以上（不含70分）为符合认定要求，就可以被认定为高新技术企业。

具体评分领域及分值为：

表5－1　高新技术企业的各评分项目分值对应表

评分项目	分值
知识产权	≤30
科技成果转化能力	≤30
研究开发组织管理水平	≤20
企业成长性	≤20

所以针对这个评分表，并以满足70分以上（不含70分）的评分要求为前提，企业应该准备：

表5－2　高新技术企业申请的主要工作内容表

主要工作	服务机构
近三年15个知识产权授权	知识产权事务所
研发费用及高新产品收入专项审计报告	财务审计事务所
近三年企业年度财务审计报告	财务审计事务所
高新项目策划及申请	科技咨询公司

3. 怎么持续维持高新技术企业称号

高新技术企业是三年有效期[1]，当三年有效期届满后，如果企业还需要保留高新技术企业的资质并享受高新企业的所得税减免，就需要重新申请认定为高新技术企业，认定要求与第一次申请认定时完全一致，对老高新企业没有任何优惠。

因为高新技术企业每次都是评估企业在申报前三年的知识产权、科技成果、研发组织管理及财务成长性，所以如果企业要持续保持高新企业的荣誉，就需要不断的在这四个方面加大研发投入、及时申请知识产权保护、促进知识产权转化为科技成果并通过研发经营管理保持业务收入能持续增长，国家正是要通过这样的政策激励来推动企业持续地投入研发创新，并最终成为企业发展的自驱力。

三、其他科技政策介绍

1. 上海市科技小巨人企业

上海市科技小巨人是由上海市科学技术委员会与上海市经济和信息化委员会联合主管的科技项目，旨在打造一大批具有国内外行业竞争优势的科技小巨人企业。

科技小巨人工程的实施对象，是指从事符合国家和本市产业发展方向的高新技术领域产品开发、生产、经营和技术服务的科技型企业。其应有：较完善的企业创新体系、创新机制及与之相适应的科研投入；自主知识产权的品牌产品；一定的经济规模和良好成长性；良好的信用和较强的融资能力。

---

[1] 参见《高新技术企业认定管理办法》第9条。

其特征为创新型、规模型与示范性。

科技小巨人企业分为两类：科技小巨人培育企业与科技小巨人企业。科技小巨人企业的前提条件是已经获得高新技术企业资质。

申请科技小巨人培育企业主要条件如下[1]：

（1）制造类企业的研发人员人数不低于企业当年职工总数的10%，软件或科技服务类企业的研发人员人数不低于企业当年职工总数的30%；

（2）企业近三个会计年度的研究开发费用总额占主营业务收入总额的比例不低于5%；

（3）制造类企业上年度主营业务收入在3000万元至1亿元之间，软件或科技服务类企业上年度主营业务收入在2000万元至6000万元之间；且企业前三年主营业务收入或净利润的平均增长率在20%以上；

（4）企业有强健的经营管理团队、健全的财务制度、较强的市场应变能力和灵活的激励机制。

申请科技小巨人企业主要条件如下：[2]

（1）制造类企业的研发人员人数不低于企业当年职工总数的20%，软件或科技服务类企业的研发人员人数不低于企业当年职工总数的50%；

（2）企业近三个会计年度的研究开发费用总额占主营业务收入总额的比例不低于5%；

（3）制造类企业上年度主营业务收入在1亿元至10亿元之间，软件或科技服务类企业上年度主营业务收入在6000万元至10亿元之间；且企业前三年主营业务收入或净利润的平均增长率在20%以上；

（4）企业应有研发机构（技术中心、实验室、测试平台等）、研发计划及与之相适应的知识产权保护、人才培养（含引进）、创新激励等运作机制和较完善的规范化管理制度，并有良好的经营管理团队，有较强的风险控制机

---

〔1〕参见《上海市科技小巨人工程实施办法》（沪科合〔2015〕8号）。

〔2〕参见《上海市科技小巨人工程实施办法》（沪科合〔2015〕8号）第7条。

制和健全的规章制度。

政策支持力度:[1]市级财政资金按照不超过实施周期内相关研发支出20%的比例给予补助，科技小巨人企业的补助额度最高不超过150万元/家，科技小巨人培育企业补助额度最高不超过100万元/家。区（县）财政资金按1：1的比例给予配套补助。项目实施周期不超过3年。

实务中发现，具有较好知识产权基础，属于上海市主导产业的芯片半导体、软件集成电路、人工智能、生物医药、航空航海等领域的科技型企业；主营业务收入超过5000万元的科技型企业更容易获得该类科技项目的支持。

上海市从2006年开始实施科技小巨人工程项目，截至2020年3月，全市已经有2155家科技小巨人企业（含培育），每年入选的科技小巨人企业有180家左右，竞争非常激烈。[2]

2. 上海市企业技术中心

企业技术中心是由上海市经济和信息化委员会主管的科技项目，旨在建设一批具有研发创新能力的企业，申请上海市企业技术中心，应当具备以下基本条件[3]：

（1）在本市依法注册的企业；在本行业处于领军地位，具有显著的规模优势和竞争优势；主要产品和服务符合国家和本市产业发展导向；重点支持战略性新兴产业，优先发展集成电路、生物医药、人工智能三大先导产业和电子信息、生命健康、汽车、高端装备、先进材料、时尚消费品六大重点产业。

---

[1] 参见《上海市科技小巨人工程实施办法》（沪科合〔2015〕8号）第8条、第9条。

[2] 《上海科技小巨人企业复工率达96%》，载第一财经网，https：//www. yicai. com/brief/100536897. html，最后访问时间：2022年3月9日。

[3] 参见《上海市企业技术中心管理办法》（沪经信规范〔2022〕3号），载上海市人民政府网，http：//service. shanghai. gov. cn/XingZhengWenDangKuJyh/XZGFDetails. aspx? docid = REPORT_NDOC_ 008270，最后访问时间：2022年3月24日。

（2）技术中心组织体系健全，管理机制完善，能持续支撑企业技术创新；能创造运用知识产权，积极布局国际专利，构建技术标准体系；建设国际化的开放式创新体系，在前沿科技、重大共性关键技术研究等方面开展联合攻关，开展产学研用协同创新。

（3）拥有技术水平高、实践经验丰富的技术带头人，拥有一定规模的技术人才队伍，在同行业中具有较强的创新人才优势；具有较完善的研究、开发、试验条件。

（4）有较高且持续的研究开发投入，研究开发与创新能力在同行业中处于领先地位；聚焦国家和市场重大需求领域，在基础性、通用性、前瞻性技术领域开展关键核心技术攻关。

（5）技术创新绩效显著，掌握核心技术，拥有自主品牌；在本行业发挥技术引领和促进作用，参与国际合作和竞争。

（6）企业信用状况良好，两年内（自申请截止日起前两年）未存在下列情况：因违反海关法及有关法律、行政法规，构成走私行为，受到刑事、行政处罚，或因严重违反海关监管规定受到行政处罚；因违反税收征管法及有关法律、行政法规，构成偷税、骗取出口退税等严重税收违法行为；司法、行政机关认定的其他严重违法失信行为。

申请上海市企业技术中心认定，应当达到以下指标要求：

（1）企业上一年度研究开发费用不低于1000万元，且占上一年度主营业务收入的比例不低于3%。研究开发费用占主营业务收入的比例为根据企业规模和参考行业系数计算后的值，具体系数另行发布；

（2）企业上一年度拥有研究开发仪器设备原值和研发软件购置费不低于1000万元（生产性服务业企业不低于600万元）；

（3）企业上一年度研究开发人员不低于60人；

（4）申请年度前的三个年度内，企业通过自主研发获取的知识产权不少于6件（医药制造业企业通过自主研发获取的知识产权、获得的临床试验许可、药品注册证书等不少于6件）；

（5）具有区级企业技术中心资格。

鼓励支持国家或本市批准的重点项目承担单位申报市级企业技术中心。

3. 上海市专利工作试点示范企业

上海市专利试点示范企业是由上海市知识产权局主管的科技项目，旨在提高企事业单位专利创造、运用、保护和管理水平为核心，以试点促推广普及，以示范促深化发展，鼓励和引导企事业单位进一步构筑知识产权竞争优势，充分发挥知识产权在建设创新型城市中的支撑保障作用。

申请认定上海市专利工作试点单位的，应具备以下基本条件〔1〕：

（1）机构和制度：高度重视专利工作，已设置专利管理机构或成果转化机构，已制定较为健全的专利管理和激励制度并有效实施，至少配备1名专利工作者。

（2）专利创造：企业拥有有效发明专利不少于5件；事业单位拥有有效发明专利不少于20件。企事业单位专利电子申请率不低于90%，近三年发明专利申请量保持增长，且无非正常专利申请。

（3）专利实施：近三年，企业的授权发明专利实施率不低于50%，专利许可、转让及专利产品销售收入占企业当年总收入的比例不低于40%。

（4）人员培训：重视开展专利宣传培训活动，管理人员及科技工作人员的培训率达到60%，员工的培训率达到40%。

（5）专利保护：专利保护意识较强，近三年内无行政和司法程序认定的侵犯知识产权行为。

项目资助情况：专利工作试点单位的试点期限为两年，给予总额不超过40万元的专项资助。专利工作示范单位的示范期限为两年，给予总额不超过

---

〔1〕参见《上海市企事业专利工作试点示范单位认定和管理办法》（沪知局〔2017〕62号）。

60 万元的专项资助。大部分地区还会再给予一些对应资助资金。

上海市专利示范企业是专利试点企业工作的深化，要求更高，一般基础条件是已经是上海市专利试点企业，且验收获得优秀，并且企业授权发明达到 10 件，在三年内可以申报上海市专利示范企业。当然，在上海专利示范企业申报后，企业还可以继续深化推进知识产权工作，继续勇攀另外两座高峰：国家知识产权优势企业和国家知识产权示范企业。

企业被认定为上海市专利试点单位后，应当与上海市知识产权局签订专利试点项目实施计划书，并在两年的时间内将政府资助费用用于：专利管理标准化体系建设（俗称贯标）、专利战略制定与实施、专利数据库及预警平台建设、专利人才培训、专利转让许可质押融资等、专利维权六大项进行项目建设实施，并在项目结束后进行项目验收，验收结果分为优秀、良好、合格，并根据验收结果进行项目资助尾款结算。

从 2013 年上海市第一批专利试点企业申报评选开始，每年认定的专利试点和示范单位不超过 150 家。[1] 一大批试点示范企业在项目实施过程中，进行知识产权管理体系建设、进行专利数据库及预警平台建设，并制定专利战略进行人才培养，有条件地进行专利维权，极大地推动了企业知识产权工作的发展，成为上海市科技型企业的专利工作标杆，引领着更多科技型企业继续更深入做好知识产权工作。

四、科创板上市介绍

1. 科创板上市企业的定位是什么

科创板于 2018 年 11 月 5 日在首届中国国际进口博览会开幕式上宣布设

---

〔1〕 参见《上海市企事业专利工作试点示范单位认定和管理办法》第十四条。

立，是独立于现有主板市场的新设板块，并在该板块内进行注册制试点。[1]

科创板上市企业的定位是：面向世界科技前沿、面向经济主战场、面向国家重大需求，主要服务于符合国家战略、突破关键核心技术、市场认可度高的科技创新企业。重点支持新一代信息技术、高端装备、新材料、新能源、节能环保及生物医药等高新技术产业和战略性新兴产业，推动互联网、大数据、云计算、人工智能和制造业深度融合，引领中高端消费，推动质量变革、效率变革、动力变革。优先支持符合国家战略，拥有关键核心技术，科技创新能力突出，主要依靠核心技术开展生产经营，具有稳定的商业模式，市场认可度高，社会形象良好，具有较强成长性的企业。

设立科创板是落实创新驱动和科技强国战略、推动高质量发展、支持上海国际金融中心和科技创新中心建设的重大改革举措。

2. 科创属性评价是指什么

科创属性评价指标体系[2]采用“常规指标+例外条款”的结构，包括4项常规指标和5项例外条款。企业如同时满足4项常规指标，即可认为具有科创属性；如不同时满足4项常规指标，但是满足5项例外条款中的任意1项，也可认为具有科创属性。这种指标体系的设计在确保科创属性评价过程具有较高可操作性的同时，又保留了一定的弹性空间，体现增强资本市场对科技创新企业包容性的改革导向。

科创属性评价4项常规指标：

（1）最近三年研发投入占营业收入比例5%以上，或最近三年研发投入金额累计在6000万元以上；

---

〔1〕《方星海副主席在中日资本市场论坛上的讲话》，载中国证券监督管理委员会官网，http://www.csrc.gov.cn/pub/newsite/zjhxwfb/xwdd/201904/t20190422_354658.html，最后访问时间：2021年8月3日。

〔2〕参见《科创属性评价指引（试行）》。

（2）研发人员占当年员工总数的比例不低于10%；

（3）形成主营业务收入的发明专利5项以上；

（4）最近三年营业收入复合增长率达到20%，或最近一年营业收入金额达到3亿元。

这4项指标能够反映出企业的研发投入、成果产出及其对企业经营的实际影响，提供了可量化的科创能力评价体系，给了申报企业明确的评价标准。指标1强调研发投入；指标2强调研发人员比例；指标3强调研发成果；指标4强调的是研发成果要助力企业长期价值增长。

申报企业如不能同时满足4项常规指标，则需要满足以下5项例外条款的任意1项：

（1）发行人拥有的核心技术经国家主管部门认定具有国际领先、引领作用或者对于国家战略具有重大意义；

（2）发行人作为主要参与单位或者发行人的核心技术人员作为主要参与人员，获得国家科技进步奖、国家自然科学奖、国家技术发明奖，并将相关技术运用于公司主营业务；

（3）发行人独立或者牵头承担与主营业务和核心技术相关的国家重大科技专项项目；

（4）发行人依靠核心技术形成的主要产品（服务），属于国家鼓励、支持和推动的关键设备、关键产品、关键零部件、关键材料等，并实现了进口替代；

（5）形成核心技术和主营业务收入的发明专利（含国防专利）合计50项以上。

这5项例外条款主要强调的是，申报企业需具有国家认定的科创研发能力。综合来看，《科创属性评价指引（试行）》提供了统一的科创属性评价体系，使得科创板的科创属性更加明确。可以看出发明专利持有量是衡量科创企业属性的重要指标，常规指标中要求形成主营业务收入的发明专利5项以上；例外指标中要求形成核心技术和主营业务收入的发明专利合计 50 项以上。对于研发能力强大的科技型企业来说，这是非常重大的利好。

3. 科创板企业上市过程中常见的知识产权问题

在科创板企业上市过程中，常见知识产权问题分类如下：

（1）核心技术存在问题导致科创属性不足

2019 年 9 月 26 日，某公司因为一半的产品为代理，不能确认是否主要依靠核心技术开展生产经营，而终止上市〔1〕。

2019 年 7 月 26 日，某公司的 8 项专利申请，有 7 项还在审核阶段，是否能通过尚且不明，科创属性不足，终止上市〔2〕。

2020 年 4 月 28 日，某药业公司因为核心技术专利来源于另一公司，且另一核心专利未获得授权，而暂缓上市。〔3〕

（2）发明专利被竞争对手无效导致科创属性不足

2019 年 12 月 13 日，某公司核心专利被竞争对手申请无效，暂停上市。〔4〕

（3）竞争对手的专利侵权诉讼狙击

2020 年 4 月 27 日，某公司被竞争对手在北京、苏州、青岛三地提起多达 16 起专利侵权诉讼，针对发明人唐某明提起了专利权属纠纷，延缓上市。〔5〕

---

〔1〕《关于终止对某有限公司首次公开发行股票并在科创板上市审核的决定》，载上海证券交易所网站，http：//kcb. sse. com. cn/announcement/notification/c/c_ 20190926_ 4921342. shtml，最后访问时间：2021 年 5 月 25 日。

〔2〕《关于终止对北京某股份有限公司首次公开发行股票并在科创板上市审核的决定》，载上海证券交易所网站，http：//static. sse. com. cn/stock/information/c/201910/8d71488770814bdb8c53b8b0-3a0e8e82. pdf，最后访问时间：2022 年 3 月 9 日。

〔3〕《科创板上市委 2020 年第 19 次审议会议结果公告》，载上海证券交易所网站，http：//static. sse. com. cn/stock/information/c/202004/6954298bacde42579b9b3ed60a346082. pdf，最后访问时间：2022 年 3 月 9 日。

〔4〕《某成科创板上会暂缓审议第二家　某证券失意》，载人民网，http：//scitech. peo-ple. com. cn/n1/2019/1217/c1007 – 31509593. html，最后访问时间：2021 年 5 月 25 日。

〔5〕《科创板上市委 2020 年第 22 次审议会议公告的补充公告》，载上海证券交易所网站，http：//static. sse. com. cn/stock/information/c/202004/3954cc8aff2249c09ce35c9513d48649. pdf，最后访问时间：2022 年 3 月 9 日。

2019 年 7 月 22 日，某公司被竞争对手提起专利侵权诉讼，暂缓上市。[1]

从以上可以看出，核心专利问题已经成为科创板上市企业的“痛点”，或者是因为企业本身没有核心专利，或者核心专利较少，被竞争对手一提起专利无效请求，就可能导致核心专利不足；又或者是被竞争对手提起专利侵权诉讼，证监会质疑其核心技术能力。

支持主营业务的 5 项核心专利是科创属性评价的条件之一，所以要想狙击竞争对手，要么申请对方的发明专利无效，要么起诉对方专利侵权，从而从根本上动摇对方的技术基础，让其科创属性评价不足。

面对这几种常见的专利狙击方式，我们应当如何应对呢?

（1）增加对主营业务的发明专利挖掘布局；

（2）支撑主营业务的授权发明专利应当达到 50 项左右；

（3）上市前，面对可能的竞争对手专利无效申请及诉讼，准备反制措施与预案。

支撑主营业务的授权发明数量达到 50 项以上的量级后，一般竞争对手就不太可能考虑再去请求无效掉全部专利，一方面无效费用高昂，另一方面即使无效掉了部分专利，仍然还符合科创属性评价中对于授权发明数量的要求。另外，拟上市企业对于可能会在上市前进行专利狙击的竞争对手其实是心中有数的，完全可以在上市前充分准备各种反制措施以应对竞争对手可能发起的专利侵权诉讼。

4. 科创板企业如何增加支撑主营业务的发明专利数量与质量

科创板上市企业如果发明专利数量不足，经常面临的证监会问询如下：

（1）是否有技术突破的瓶颈；

---

〔1〕《科创板上市委 2019 年第 16 次审议会议公告的补充公告》，载上海证券交易所网站，http：//static. sse. com. cn/stock/information/c/201907/661917fa7439476e886dabc8614ba662. pdf，最后访问时间：2022 年 3 月 9 日。

（2）核心技术是否具有先进性、是否依赖第三方；

（3）专利保护范围是否覆盖所有产品。

如前文所述，发明专利数量不足也非常容易遭受同行的专利无效及侵权诉讼的攻击，所以一定要在上市前储备尽量多的能够支撑主营业务的发明专利，如何达到这一目标呢？我们建议如下几个方法：

（1）打造高效专利产出制度——激励发明人

通过KPI及专利奖励报酬制度来激励公司员工产出更多专利。

（2）建立整体的专利战略方向，下表列出了有无战略规划的区别：

表5－3 有无专利战略规划企业的知识产权工作对比表

序号	无战略规划的企业知识产权工作	有战略规划的企业知识产权工作
1	随机申请专利，散乱无目标	服务核心主营产品与未来产品规划
2	边缘产品申请专利	聚焦核心主营产品进行专利布局
3	授权为第一目标，匹配政策为第一需求	以打造技术“护城河”为目标，以保护范围为基本考虑
4	无法形成有效的技术“护城河”	内部打造技术“护城河”，外部作为竞争攻击工具
5	第三方购买专利，难以应对“支持核心技术”“核心技术人员”问询	支持核心主营业务

（3）紧紧围绕主营业务产品，结合产品的“理想状态”，进行研发方向启示的检索分析及专利包挖掘布局。

经过笔者团队实践，在为多个科创企业服务过程中，可以通过专利挖掘布局方法论为拟上市科创企业挖掘布局出几十篇与主营业务密切相关的发明专利，并通过发明专利优先审查制度及专利快审制度，快速获得发明专利授权。

五、科技政策申报常见问题

1. 科技项目申报数据作假

实务中，个别中小微企业缺乏良好的管理能力，又非常期望获得政府的各项政策支持，因此在申报过程中，进行数据作假。从前，政府部门信息化程度不高，各主管部门的信息不能交互比对，因此存在较大的造假空间，科技项目管理部门没有核查出造假数据，企业也不会受到什么影响。但现在，政府信息化程度显著提高，各职能部门基本实现了企业数据共享，大多数情况下，科技项目管理部门通过大数据比对分析准确地识别出造假数据，就会给予造假企业严厉处罚，导致很多企业不但没有获得想要的荣誉资质扶持，反而被纳入不诚信信用黑名单，对后续政府项目招投标、评奖评优、税收减免、人才奖励等都会造成很大影响。

企业申报数据作假，一般是由于以下原因：

（1）企业不重视技术创新，临时编造技术数据

许多中小企业的领导缺乏创新意识，导致企业无创新精神；一些企业的领导有意识，没行动，不舍得技术创新投入，喜欢原地踏步，追求眼前的利益，企业缺乏创新氛围。大部分科技政策申报是要求企业具有良好的创新能力并提供客观证据支持的，这时候企业往往就会选择编造数据以满足申报要求。

（2）企业本身不符合申报条件，为了获得政策扶持优惠，铤而走险

很多企业明知道自己企业的经营情况不符合某些科技政策的申报条件要求，听信部分中介服务机构的虚假承诺“有关系可以搞定”“有特别通道”等，抱着试试看的心态，让中介服务机构对企业的各项经营数据及财务数据等进行虚假包装，试图蒙混过关。

案例：提供虚假材料申报高新企业骗取财政补贴或构成诈骗罪

被告人许某是广东某公司的法定代表人、实际经营者。2017年2月15日，许某在明知其公司不符合高新企业条件的情况下，委托某中介服务公司办理高新企业申报事宜，该中介服务公司的业务员符某等人在帮助该公司申报高新企业时，为达到高新企业的评分标准，采取不同的造假手法编造申报所需的数据和材料，具体包括：

（1）为该公司购买6项软件著作权；

（2）伪造财务报表、科研立项报告及管理制度，虚增研发人数；

（3）串通广州某会计师事务所出具虚假的审计报告；

（4）串通广州某税务师事务所出具虚假的研发费用专项审计报告和高新技术收入专项审计报告等。

上述虚假的申报材料提交给广东省科技厅审核，获得了“高新企业认证”和“高新企业培育入库”项目的资格确认，合计从广东省政府部门获得50万元的财政补贴支持。

广东省佛山市顺德区人民法院认定被告人许某通过造假申报高新企业的行为构成诈骗罪，判处是有期徒刑三年，缓刑四年，并处罚金人民币4万元。补贴费用赃款人民币50万元予以没收。[1]

由以上案例可见，在科技项目申报过程中，基于公司客观经营情况，进行科技项目申报匹配，明显不满足申报条件要求的，可以等申报条件逐步满足后再去申报，务必不能通过虚假杜撰申报数据，篡改实际经营信息来达到获得科技项目财政补贴的目的，金额较大、情节严重的构成诈骗罪，要承担刑事责任；情节轻微的也会被取消认定资格，追缴已经享受的政策优惠，并且会被政府部门列入信用黑名单，对后续企业经营造成极大损害。

---

〔1〕 佛山市顺德区人民法院（2020）粤0606刑初2247号判决书，载中国裁判文书网，https://wenshu.court.gov.cn/website/wenshu/181107ANFZ0BXSK4/index.html?docId=06dda96bb59e4b1-faa97ace50161aaf6，最后访问时间：2022年3月9日。

2. 科技项目实施弄虚作假或者直接不实施

很多企业在科技项目申报时非常积极，在项目申报通过进入项目实施阶段时，就消极应对，甚至弄虚作假，试图省略项目实施过程，直接获得项目的资质荣誉优惠扶持。我国的科技项目有两类，一类是资质荣誉类，类似于评奖，是对优秀企业的嘉奖，对企业上一阶段的经营管理技术创新等能力进行评定后给予资质荣誉，申报成功后企业不需要进行项目实施；另一类是财政优惠支持类，在企业申报成功后，需要企业在后续的几年中进行项目实施，并最终进行实施评价，根据项目实施过程及最终评价结果给予一定的财政资金支持。所以显然，对财政优惠支持类的科技项目的实施就至关重要，实务中，很多企业由于缺乏良好的项目管理能力，项目实施敷衍了事、弄虚作假，不实施或者假实施，导致很多企业在最终项目实施结题评价时获得的资助资金极少，有些甚至被取消资助资格，弄虚作假被发现的还被纳入不诚信信用黑名单，对后续再次申报政府的科技项目造成重大影响。

项目难以得到有力实施的主要原因在于：

（1）无相应的项目申报管理机构和人才

许多中小企业没有相应的项目管理机构和人才，因为企业基础比较良好，虽然获得了项目认定，但是不注重项目实施工作，没有项目跟进的管理机构与人才，最终在项目验收时临时突击，导致漏洞百出，不能通过项目实施认定。

（2）很多企业普遍存在不能做到项目费用专款专用

企业将项目扶持资金挪作他用，而不是用在项目建设实施上，影响企业的形象；企业重申报、轻实施，项目立项后因各种原因停建或不建，最终导致项目不能按期完成，影响验收。

要想解决上述问题，笔者建议如下：

(1) 看到项目申报的两面性

很多企业只看到了项目申报成功后可以获得资质荣誉，还可以获得财政优惠支持，觉得非常好，就积极申报，不去考虑项目实施对企业经营的影响。从笔者的实务经验与长期观察来看，企业在项目申报及实施上要想真正合规，必须有专人专款支持，从长期来看，企业并不会从项目申报上获得多少“利润”，企业经营者应当抛弃短期收益的急功近利想法，按照市场经济规律进行企业经营，反而对企业长期经营更为有利。

一般来讲，大中型企业有能力设置专人，基础经营条件比较扎实，也符合政府部门扶大扶强的政策导向，因此设置专人进行科技项目申报及管理是利大于弊的，有利于为企业争取更多的政策资源。

(2) 看到项目申报对企业发展的双向作用

企业的长期经营一定是遵循市场经济规律的，政府政策这只手只能在短期内推动企业发展，但是长期来说，推动作用是不明显的或者是趋于弱化的。很多成长中的企业因为产业领域比较好，符合政府某个阶段的扶持方向，很容易获得政府的很多政策支持，就有部分企业经营者觉得政府的科技政策支持非常容易获得，把很多精力放在申报科技项目及项目实施上，从而本末倒置，最终得不偿失。笔者团队就遇到过几个非常好的科技型企业，成长过程中获得了政府的很多项目支持，但最终因经营不善，破产清算。项目申报是一把双刃剑，经营者一定要摆正思路，坚守初心，用技术创新、市场营销、企业管理等硬实力来推动企业长期健康成长。

第六部分　外贸知识产权合规与管理

知识产权是全球通行的法律制度，是各主权国家授予申请人有限时间内的权利垄断。因此，知识产权制度天然具有地域性与时间性的特点，也就是说，发明创造或者商标在一国申请并获得保护，并不能自然地在他国获得保护，申请人必须到其他国家提交申请并获得该国主管机构的审查核准后才能在该国也获得法律保护。在全球化经济背景下，企业自然希望自己的创新技术、品牌、作品获得全球更多国家的认可与保护，所以这就必然涉及将某项专利技术或者商标在多国进行申请获得授权保护，如何申请多国保护，就是本部分需要重点介绍的内容。

在产品出口销售之前尽量先进行专利商标申请。有条件的，还要对专利侵权风险进行 FTO〔1〕核查；近年来，经销商抢注商标意图垄断产品销售的情况屡屡发生，还有一些国外华人将国内知名商标在当地抢注意图倒卖牟利的情况也屡见不鲜。所以跨国外贸企业的知识产权布局与管理尤为重要，在知识产权管理过程中更要重视合规。

在本部分外贸知识产权合规中，我们会从以下几个角度来说明如何在海外进行知识产权布局工作，如何降低我方产品在国外的知识产权侵权风险。在开始本部分之前，企业要先掌握这几个基础知识：

---

〔1〕 FTO：专利自由实施分析 free to operate 的简写，意思是专利风险排查。

1. 为什么要在海外国家提前进行知识产权申请？什么时机布局最好？选择哪些国家进行知识产权布局

首先，商标抢注在国内外都非常多见，行业知名品牌更容易被抢注。

其次，商标注册采用先申请制：在中国在先使用并知名，并不能当然地使权利人在其他国家就拥有这个商标，只有申请注册才能保证权利人拥有这个商标。

最后，如果企业有意向要到具体国家去宣传、销售产品，或者某国有客户或者有经销商已经使用或者准备销售、使用企业产品，应当在宣传、销售之前到该国进行知识产权申请。权利人应当尤其关注品牌在该国的名气及影响力，在未出名之前一定要先进行知识产权申请。

2. 有没有更节约成本的申请商标专利的方法

向国外申请商标可以通过马德里途径〔1〕进行商标注册申请，即使在马德里联盟中一百多个成员国都进行商标注册申请，也只需要十万元左右。

向国外申请专利可以通过PCT途径进行申请，不但可以提前评估专利授权概率，还能够有30个月左右时间〔2〕测试当地市场，评估是否在该国进行专利申请，毕竟在国外进行专利申请的成本比国内要高很多，目前每个国家专利申请费用在几万元到数十万元不等。

而版权保护，遵循伯尔尼国际公约的要求，在中国国内进行版权登记，就可以在全球都能获得认可与保护。因此，版权登记只需要在国内进行登记备案即可，不需要到国外进行申请登记。

---

〔1〕 马德里途径：即根据《商标国际注册马德里协定》的规定，在马德里联盟成员国间进行商标注册。

〔2〕《专利法实施细则》第103条："国际申请的申请人应当在专利合作条约第二条所称的优先权日（本章简称优先权日）起30个月内，向国务院专利行政部门办理进入中国国家阶段的手续；申请人未在该期限内办理该手续的，在缴纳宽限费后，可以在自优先权日起32个月内办理进入中国国家阶段的手续。"

一、专利海外申请

1. 专利要到国外申请保护，有什么途径与方法

专利到国外申请保护，有两种途径：《巴黎公约》单独国家申请与 PCT[1] 国际专利申请途径。

《巴黎公约》单独国家申请是指按照《巴黎公约》中 12 个月专利优先权的规定，在本国申请专利后，在 12 个月内分别向拟申请保护的国家专利局递交专利申请，并要求本国专利优先权，这些国家的专利局会分别单独审查该专利的新颖性、创造性，然后决定是否给予专利授权保护。

PCT 国际专利申请首先由专利申请人向其主管受理局提交，由世界知识产权组织的国际局进行国际公开，并由国际检索单位进行国际检索。如果申请人要求的话，该国际专利申请由国际初步审查单位进行国际初步审查。国际检索的目的是提供与该国际专利申请有关的现有技术资料；国际初步审查的目的是为该国际专利申请提供有关其专利新颖性、创造性的初步审查意见。经过国际检索、国际公开及国际初步审查（如果要求）等国际阶段之后，专利申请人办理进入具体国家阶段的手续。

中国国家知识产权局是中国国民或居民申请 PCT 专利的主管受理局，同时也是国际检索单位和国际初步审查单位。中国申请人可以直接向国家知识产权局提交国际专利申请。

应当注意的是：专利申请人只能通过 PCT 申请专利，不能直接通过 PCT 获得专利授权。要想获得某个国家的专利，专利申请人还必须履行进入该国家的手续，由该国的专利局对该专利申请进行审查，符合该国专利法规定的，

---

[1] PCT 是《专利合作条约》（Patent Cooperation Treaty）的英文缩写，是有关国际专利申请的条约。PCT 国际专利申请，是指专利申请人通过 PCT 途径递交国际专利申请，向多个国家申请专利。

授予专利权。

相对于《巴黎公约》单独申请途径，PCT 国际专利申请给专利申请人带来了以下好处：

（1）获得了更长的进入其他国家进行专利申请的时间，从而有充裕时间在拟进入国家测试该专利产品的市场前景（从《巴黎公约》12 个月的优先权期延长到 30 个月）。按照《巴黎公约》的规定，向外国提出普通专利申请时，专利申请人必须在首次提交专利申请之日后的 12 个月内向每一个国家的专利局提交专利申请。而通过 PCT 途径，专利申请人可以在首次提交专利申请之后的 30 个月内办理国际专利申请进入每一个国家的手续。这样便延长了进入国家阶段的时间。利用比《巴黎公约》途径多出来的 18 个月时间，专利申请人可以进行试探性的市场销售，从而测试该专利的商业前景。若经过市场的试探销售，发现专利产品并不具有市场价值，申请人可以决定不向该国申请专利，则可以节省大量的专利申请费用。

（2）通过 PCT 国际检索报告可提前获知授权概率，避免浪费申请费用。国际专利申请要经过国际检索单位的国际检索，会出具一份高质量的国际检索报告。该国际检索报告给出一篇或多篇现有技术文件，使得专利申请人既可以了解现有技术的状况，又可以初步判断发明是否具备授予专利的前景。一般来讲，国际检索报告如果认可专利的新颖性、创造性，那么进入具体国家后，进入国家专利局授权的概率在七成以上。如果国际检索报告不认可专利的新颖性、创造性，申请人还有一次进行修改及意见陈述争辩的机会，并要求进行国际初步审查，国际初步审查单位会考虑申请人的意见陈述作出国际初步审查报告。如果该国际初步审查报告仍然认为，该发明不具备新颖性、创造性，则专利申请人可以考虑不再进入国家阶段，以便节省费用；如果该国际初步审查报告认可专利的新颖性、创造性，则专利申请人可以考虑进入具体国家来获得专利授权。

所以，在常规情况下，我们更建议通过 PCT 国际专利申请途径到国外申请专利保护。

2. 国外申请专利费用贵吗？要多久？有资助吗

到国外申请专利的费用相对于中国国内专利申请，肯定是更为昂贵，一般来讲，到美国、日本这样的发达国家申请专利，市场价大概在6万~10万元人民币。相对于国内专利申请来讲，主要有两个方面费用比较贵：

（1）额外产生一个专利文件翻译费用，约1万元；

（2）国外专利律师的小时费率相对于国内专利代理师更贵。

这两个因素导致国外专利申请费用相对较高。

国外专利申请及审查的速度与国内发明专利审查的速度类似，实质审查一般都需要2年左右，[1]所以整体的审查速度各主要国家基本都差不多，区别不大。

这些年，国家大力支持企业申请发明专利及国际专利，很多地方对于国际专利申请授权还有财政资助，譬如2018年上海市知识产权局发布的《上海市专利资助办法》第12条第1款规定："资助申请人申请国外专利资助的，每项发明专利授权后资助不超过5个国家或地区。其中，通过PCT途径获得授权的每个国家或地区资助不超过人民币5万元；通过巴黎公约途径获得授权的每个国家或地区资助不超过人民币4万元。"该资助办法有效期到2023年12月31日。

但是2021年年初国家知识产权局发布的《国家知识产权局关于进一步严格规范专利申请行为的通知》指出："2021年6月底前要全面取消各级专利申请阶段的资助。各地方不得以资助、奖励、补贴等任何形式对专利申请行为给予财政资金支持……'十四五'期间，各地方要逐步减少对专利授权的各类财政资助，在2025年以前全部取消……"

可以看出，上海市目前还生效的专利资助办法已经取消了专利申请资助，

---

〔1〕《我国高价值发明专利审查周期压减至13.3个月》，载中央人民政府网，http://www.gov.cn/xinwen/2021-08/28/content_5633939.htm，最后访问时间：2022年3月9日。

只针对发明专利授权及国外授权专利进行授权资助，目前还是符合国家知识产权局的整体政策要求的，但是，这个授权资助政策也应该按照国家要求，在 2025 年以前全部取消。据此，很大可能上海市的专利授权资助办法会在 2023 年 12 月 31 日失效后不再延续，但在此之前，应该还会继续生效。

整个知识产权行业的发展趋势，是以创新保护为核心目标，逐步取消各类知识产权资助政策。

3. 国外申请专利有加快程序吗

国外专利申请也有加快审查途径，就是我们通常提及的专利审查高速路（Patent Prosecution Highway，简称 PPH）。PPH 是指专利申请人提交首次申请的专利局（OFF）认为该申请的至少一项或多项权利要求可授权，只要相关后续申请满足一定条件，申请人即可以 OFF 的审查结果为基础，请求其他国家的专利局加快审查后续申请。举个例子：专利申请人在 2019 年 1 月向中国专利局递交了一个专利申请，过了半年，又在美国要求该中国专利申请的优先权递交了一个美国专利申请，到了 2020 年 3 月，中国专利申请收到第一次审查意见通知书，通知书中说权利要求 1～5 有新颖性、创造性，权利要求6～8 没有新颖性、创造性，这时候，专利申请人要是希望快速授权，就可以将中国专利局的第一次审查意见通知书提交给美国专利商标局并请求直接对该专利的权利要求 1～5 直接授权。这就是专利审查高速路，本质上，就是几个签订了 PPH 协议的国家相互认可对方的专利审查结论，如果一国专利局授权了某专利申请，其他国家的专利局就不用再审查该专利申请，直接予以授权。

目前最受专利申请人欢迎的 PPH 加快审查协议是中国、美国、日本、欧盟、韩国这五个专利局签订的 PPH，自 2014 年 1 月 6 日启动，在 2020 年又延长了 3 年，有效期至 2023 年 1 月 5 日[1]。

---

〔1〕《五局（IP5）专利审查高速路（PPH）试点再延长》，载国家知识产权局网，https：//www.cnipa.gov.cn/art/2019/12/31/art_340_42321.html，最后访问时间：2022 年 3 月 9 日。

4. 中国专利局认为可以授权的专利，国外也会授权吗

专利制度是国际性的法律制度，不论是哪种法系，虽然在专利申请流程、新颖性、创造性认定等具体规定上有差异，但是基本原则、审查标准等方面还是趋于一致的。只有这样，才能让全球竞争的各国企业基于同样的游戏规则公平地进行商业利益的博弈。

中国国家知识产权局的审查能力是受到国际认可的，中国国家知识产权局是 PCT 国际申请主管受理局，同时也是国际检索单位和国际初步审查单位。中国专利审查员的审查能力也是受到国际公认的，中国还与美国、欧盟、日本、韩国签订 PPH 合作协议，大家相互认可专利审查结论。

所以，如果中国专利局认为可以授权的专利，基于同样的审查规则，大概率在国外也会得到授权。目前实务中遇到的在国内可以授权的专利申请在国外没有授权的案例基本都是：中国审查员没有检索到破坏专利新颖性、创造性的日文或者英文专利对比文件，导致在国外专利被驳回。具体原因在于，虽然中国审查员在审查时也会检索日文、英文的专利文献，但是毕竟英文和日文不是母语，在审查的精度上相对于日本审查员或者欧美审查员会存在一定误差。所以，如果有这方面的担心，也可以重点对日文、英文的专利进行检索查新，可以大幅度提高查新准确度，从而保证在国外的专利授权率。

5. 如何避免产品出口在海外产生专利侵权风险

很多有海外市场的企业，非常担心自己的产品在海外有专利侵权风险，一方面，譬如美国、欧盟有非常严格的知识产权保护制度，如果在他国构成专利侵权，赔偿金额及诉讼费用都非常高，很多企业打不起这个官司；另一方面，主要是美国“337 条款”，如果有知识产权侵权，不但会打击到专利侵权企业，还会影响到整个行业不得出口产品到该国，这样对行业的影响就非常大。

怎么预防海外专利侵权风险呢？我们提供两个建议：

（1）产品设计构思时，不要抄袭模仿别人的专利产品

这是从源头上避免产生侵权风险；研发技术人员要有知识产权意识，独立创新，适度借鉴。

（2）提前预防专利产品侵权风险

在产品出口之前，甚至更早的时候，就应该针对目标国进行专利侵权风险分析，俗称 FTO。在一项技术在实施应用前，一般应进行 FTO 检索，寻找可能遇到的专利壁垒，识别判断是否有专利侵权风险，保障技术能够自由地运作。FTO 是专利分析行业的标准服务产品，大部分有经验的专利律师都能够提供这项服务，本文不再赘述。

二、商标海外申请

1. 商标到海外申请保护，有什么途径和方法

就像专利一样，商标到海外申请保护，也有类似的两个途径：单独国家商标注册及马德里商标注册途径。

单独国家商标注册，顾名思义，就是直接到拟申请保护的国家递交商标注册申请，由于商标到海外申请注册时，该商标往往在国内已经申请注册多年，没法再要求 6 个月的优先权，所以一般都不会再要求优先权。如果在国内是新申请商标要到国外去申请，是可以要求国内商标的 6 个月优先权期限的。

马德里国际商标注册，是指根据《商标国际注册马德里协定》（以下简称马德里协定）和《商标国际注册马德里协定有关议定书》（以下简称议定书）规定，在马德里联盟成员间所进行的商标注册，国际局像邮局一样只起中转平台作用，即申请人通过国际局一并提交其向各个联盟成员国的商标注册申

请，再由各成员国商标局依其法律审查是否给予注册保护，实质上是为申请人提供了一个较为便利的申请渠道。马德里协定和议定书是两个不同的条约，各成员间申请人通过国际注册指定各国并依照其所适用的条约进行商标申请。截至2021年1月，马德里联盟成员共有107个，基本上覆盖了全球主要经济体。[1]

马德里国际注册与国内注册/申请的关联性：

（1）马德里国际注册必须以国内注册/申请为基础，指定协定国必须国内已注册，指定纯议定书成员必须国内已申请，即取得商标申请受理通知书。

（2）马德里国际注册申请应与国内注册/申请内容一致，即申请人名义一致、商标一致、商品和服务不超出国内注册范围，此外国际注册可以多类合并申请。

（3）中心打击原则，即马德里国际注册之日起5年内，其关联的国内商标注册若被驳回、撤销等失效，其效力及于国际注册所有指定国，5年后国际注册与国内注册不再关联。[2]

马德里国际注册的显著特点：

（1）马德里国际注册具有手续简便、费用较低的便利性，申请人只需一份申请即可指定几十个国家，避免了逐一办理遭遇各国的代理、翻译、公证认证等独特要求，同时也可节省相当费用（目前一类普通商标的注册即使指定所有成员费用也不超过10万元人民币）。国际注册同样每10年交费续展，其他如后期指定、转让、变更、续展等，手续均比较简便，费用也比较低廉。

（2）马德里注册国际局发证较快，只需6~8个月即可，但国际局的注册证并不是在各国被核准注册的证明，只是表示该申请已在国际局登记，将转

---

〔1〕《马德里联盟缔约方列表》，载中国商标网，http：//sbj. cnipa. gov. cn/gjzc/201909/t20190929_307130. html，最后访问时间：2022年3月9日。

〔2〕《马德里协定》第六条第2款、第3款，载中国商标网，http：//sbj. cnipa. gov. cn/gjzc/202106/P020210623333463716926. pdf，最后访问时间：2022年3月9日。

发至各指定国进行审查，能否在各指定国获得注册，得视各成员国是否驳回该申请，若未被驳回则自动在该国受保护，指定国一般不再发证。（驳回期限协定国是 12 个月，纯议定书国为 12 个月或 18 个月）[1]

（3）马德里国际注册的一些弊端：国际注册确实给申请人带来了诸多便利，但在某些方面也有弊端，作为申请人要根据具体情况决定是直接注册还是通过国际注册来获得保护。

与直接注册审查周期比较短的国家相比，马德里注册的周期就太漫长了；若在成员国进行审查需要答复审查意见、异议答辩、驳回复审等仍然得委托当地代理师，产生新的费用。

中心打击原则对于申请人影响太大，国内基础申请失效，马德里申请全部失效。虽然对于纯议定书国可以转换为国家注册，但无疑又将耗费时间与费用。

大多数情况下，笔者都建议通过马德里国际注册的方式进行海外商标申请，只要你选择国内已经注册成功的商标作为基础申请，然后通过马德里进行海外商标申请，规避了马德里申请的主要风险，充分使用它的低廉价格，还是非常划算的。

2. 商标在海外被他人抢注，怎么应对

笔者之前遇到有个做文具生产销售的公司，在国内外有很多经销商，其中有个美国经销商为了独占美国销售市场，把该公司的商标在美国抢先申请注册，然后发函给亚马逊，要求亚马逊把平台上其他经销这个公司品牌的文具全部下架，理由是涉嫌商标侵权。文具公司对美国经销商这种没有基本商业道德的商标抢注行为极为愤怒，来咨询我们该怎么处理。

对于已经被他人在海外抢注的商标，如果不想放弃该国市场，只能购买

[1]《马德里协定》第五条第 2 款，载中国商标网，http：//sbj. cnipa. gov. cn/gjzc/202106/P020210623333463716926. pdf，最后访问时间：2022 年 3 月 9 日。

并转让该商标；申请无效或者撤销该商标的同时自己提交商标申请；或者另外换新商标。这个文具公司的商标在美国申请被发现时，还在申请流程中，文具公司表示一定要尽全力拿回该商标，通过委托美国当地的商标律师对该商标申请予以撤销，经过一年多的商标撤销流程，最终将该商标被撤销，同时文具公司在美国同步申请注册了该商标。

知识产权有一个特点，就是申请注册的成本较低，但是后续撤销、异议、维权诉讼的成本会呈几何级增加，如上案例中，一个美国商标申请的成本约在 1 万元，但是后续做商标撤销的成本最后花了近 10 万元（还是在对方没有应诉的情况下，如果对方应诉，流程更为漫长，预计至少要花 15 ~ 20 万元的费用)，所以为了避免在事后花费巨额的律师费用亡羊补牢，不如事前花费最小的代价来防患未然。

3. 如何避免商标被他人在海外抢注

外贸企业遇到最多的问题可能就是商标抢注问题，尤其最近这些年兴起的“商标投资热”，有很多“商标投资人（抢注人）”专门研究各行各业的头部公司及品牌，将一些权利人自己没有申请注册的品牌抢注下来，然后开始碰瓷倒卖，获取商业利益。国外也有很多这样的“商标投资人”，恶意在当地国家抢注中国国内的知名品牌。商标不同于专利，专利要求全球新颖性，所以只要一个专利在国内已经申请了，如果没有专利申请人让渡优先权，其他人在其他国家是无法申请完全相同的专利的。但商标不一样，基于地域性特点，商标没有全球新颖性的概念，所以一个商标可以在全球所有国家申请。对于商标保护来讲，只有一个办法，就是将这个商标在全球所有国家都进行申请。

显然，这种做法不太现实，成本太高，目前据笔者所知，只有部分奢侈品品牌在全球两百个国家做了商标注册。有些经济体量特别小的国家，根本没有商标注册的必要性。所以在这种情况下，商标申请人只需要挑选部分国家进行商标注册。挑选国家的条件是什么呢？

（1）产品生产、销售国或者拟销售国；

（2）主要经济体；

（3）成本较低、保护力度较大的国家。

笔者优先推荐通过马德里商标体系进行海外商标注册，基本覆盖了主要经济体与主要生产销售国，剩余的只能通过单独国家商标申请的方式进行逐一申请了。在当地取得了商标注册权，才能初步保护你的商标；对于知名商标，尤其是在当地国有较大影响力的知名驰名商标，最好委托有经验的当地商标事务所进行商标监测，避免被他人申请类似商标、淡化或者傍附商标。

三、其他知识产权海外保护

1. 著作权也需要海外登记吗

著作权是因创作完成而自然产生的，本身并不依赖申请登记而获得权利，所以，如果一项作品已经创作完成了，这个作品的著作权就已经产生了，无须再去登记备案。但是，由于著作权登记的作用在于形成第三方证据，对于有些相对重要的，暂时又没有相对可靠的作品完成日期证据的情况下，建议最好在作品创作完成后立即在本国进行著作权登记备案，这种登记备案只需要做一次，在其他国家都会受到认可与保护。

2. 知识产权海关备案可以预防侵权吗

知识产权海关备案是指知识产权权利人为取得海关知识产权保护而事先就自己需要保护的知识产权（包含商标权、专利权、著作权等）向海关进行申请备案。海关是进出口货物的必经通道，海关在对货物进行例行检查时，可以同时检查货物是否有侵犯备案知识产权的情况；如果有，海关可以暂扣货物，并通知权利人来核查是否构成知识产权侵权，如果核实构成侵权，权利人需要缴纳保证金，并在一定期限内向法院起诉侵权，如果权利人核查不构成侵权或者不缴纳保证金或者不在时限内起诉，海关都会对该批货物进行放行。

从以上海关保护知识产权的工作机制及流程来看，对于权利人的知识产权侵权查处多了一个渠道，而且对于侵权人的威慑很大，造成的影响也很大。如果货物在海关被扣押，并接受后续的侵权诉讼流程，这批货物就没法按时交付给客户，大概率会构成违约，从而对侵权人的商业运作带来较大影响；所以大部分侵权人会倾向于与权利人进行和解谈判，在支付对价后获得权利人的长期知识产权许可，这对权利人来说，也是非常有利的。

当然，从知识产权海关查处的机制来看，海关工作人员一般是难以识别通关货物是否构成侵权的，这时候，权利人的侵权信息通报对于成功查处非常重要，另外，商标的易对比和易识别性使得商标侵权查处相对于专利与著作权更容易和更方便。所以，关键还是在于权利人要监测侵权信息，然后通过海关知识产权备案这个渠道进行侵权货物的扣押与查处。

第七部分　知识产权维权诉讼合规与管理

知识产权是一项民事权利，权利人在享有知识产权带来的垄断排他利益时，也很容易遭遇他人侵犯自己的知识产权，试图分享这份诱人的垄断利益。如果权利人遇到了知识产权侵权行为，基于商业利益考量，可以有多种处理选择，譬如发函警告、行政举报查处、司法维权诉讼等，维权诉讼是其中一项最重要的法律救济手段，可以得到法律的强制执行作为后盾。在维权过程中，知道自己有哪些权利，有哪些规范要求，如何合规地行使权利，是权利人应当学习的基本知识。

一、专利保护

1. 中国知识产权强保护严保护时代

在过去国内技术基础较薄弱，国内企业学习借鉴先进国家的先进技术，然后消化吸收，利用国内超强的技术配套能力、低廉的生产成本、丰富的劳动力资源、广阔的消费市场，后来居上，成为全球科技发展的弄潮儿。中国改革开放后发展的几十年不断上演着这样的励志故事。很多企业家甚至形成了思维惯性，认为我们必须继续发挥差异化竞争优势，在技术发展上继续执行这种跟随、模仿、消化的策略。

首先，这种观念时至今日还有较大市场，只能说明他们已经落后于这个不断发展的时代，最近二十年，国内很多企业已经完成“追随、模仿、消化”阶段，进入“赶超”甚至是“领跑”阶段，以华为、海尔、格力等为首的中国科技企业不断崛起，积累了大量的知识产权资产，他们甚至比国外企业更渴求树立“尊重知识产权、保护发明创造”的氛围，只有真正保护知识产权，才能有更多的创新技术不断涌现，这是企业自发的利益诉求。

其次，2008 年以来连续十多年政府引导的知识产权大发展给各类企业进行了一次全方位的知识产权启蒙，上到各级政府部门，下到中小学生，搞创新创造，申请专利保护已经成为全社会的基本共识，更有“国家知识产权战略”的强势出台，知识产权保护显然已经不是表面文章。

再次，中国每年的专利申请量达到 300 多万件，已经赶超美日欧，占到全球年度专利申请量的 40% 左右；[1] 申请这么多专利，国家和企业花了这么多成本，却不发挥保护作用，只是摆在纸上，谁也不愿意。

最后，知识产权已经是国际通行的游戏规则；中国企业要走出去，参与全球市场竞争，抢占全球技术高地，必须依托知识产权这个竞争武器，知识产权如果只申请、不保护，谁也不答应。

2021 年实施的《民法典》以及各知识产权相关法律如《专利法》《商标法》《著作权法》均将“惩罚性赔偿”纳入新修改的法律法规中，同时进一步提高专利法定赔偿的金额。法律法规的相应修改体现了国家严格知识产权保护的决心与信心。

毋庸置疑，随着中国创新能力的不断提升，知识产权申请量的不断攀高，走出去的中国企业日益增多，知识产权保护只会越来越严格！

---

〔1〕 参见《连续 9 年专利申请数全球第一！中国在知识产权保护方面取得卓著成效》，载中国长安网，http：//chinapeace. gov. cn/chinapeace/c100007/2020 - 12/18/content_ 12427873. shtml，最后访问时间：2022 年 3 月 15 日。

2. 为什么我申请的专利不能真正保护我的产品

笔者从事知识产权律师工作以来，遇到的客户对专利的最多误解就是：

（1）申请专利没有用，那么多人山寨我的专利，专利局也不管。

（2）侵权产品跟我的专利几乎一样，法官还判不侵权。

我们总是不愿意真正从自身去寻找原因，这两个抱怨背后是这两个巨大的认知误区：

第一，你申请的专利是真正的技术创新吗？是全世界范围内都没有的技术创新吗？在申请专利前你做过细致的现有技术查新检索吗？

现代科技发展有一个重要规则：站在巨人肩膀上的创新才是真正的创新，闭门造车的“自主创新”往往导致大量的所谓创新是现有技术的“重复再现”。

发明人如果在项目立项之前，没有进行充分的现有技术调研，尤其是专利方面的调研，往往导致最终产生的研发成果是“现有技术”，不具有专利性。

发明人如果在专利申请之前，没有进行充分的现有技术检索，大概率地导致最终申请的专利是“现有技术”，难以被最终授权。所以很多时候，发明人发现很多人模仿自己的专利技术，他自己也觉得自己的专利技术是“原创”“自主创新”，但审查时就被专利局给驳回了，或者就算拿到实用新型专利证书，去起诉别人时，也会被别人找到在先技术证据给申请无效。

第二，通过一个专利就想保护一个产品根本就是天方夜谭，有经验的侵权人会针对性地进行规避设计，避开专利保护范围，所以真正的专利保护一定是多个专利从不同角度、涵盖上下游、覆盖全部可能技术方案的专利包，只有这样才能大概率保护你的创新产品。

很多发明人检索查新确认了自己的创意方案或者新产品设计具有创新性，就会考虑立即申请专利进行保护，经过专利审查，这个发明或者实用新型专利也拿到了专利证书。很快，市场上发现有同行开始模仿专利产品，但买回侵权产品研究时发现，侵权产品与专利产品有很多细节上的不同。很多发明人就会认为，侵权产品原理、功能跟自己的专利都是一致的，形状构造上有一点点差别无所谓，去法院起诉后，最终即判决不构成侵权。

请务必注意，专利的回避设计是一项非常成熟的律师业务，即对他人专利进行专利分析并给出规避该专利保护的设计方案，且该规避设计方案不构成专利侵权。如下图所示，就是笔者团队为客户设计的规避外国某公司“唾液采集器”专利的规避方案，该规避方案也申请专利并获得专利授权。国内某企业研究了客户的这款产品，再次进行规避设计，形成了新的规避方案。从而出现了三款产品：加拿大公司专利产品、我方客户的专利规避产品、国内某企业的再规避产品；这三款产品功能、原理都相同，但是具体结构上存在差别，均不构成专利侵权。

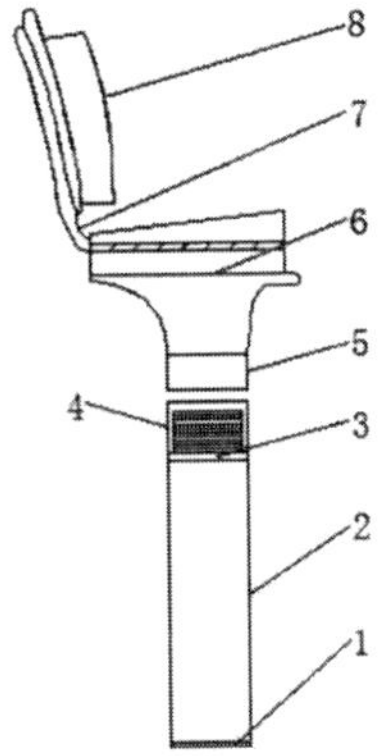

图7-1 外国某公司产品[1]

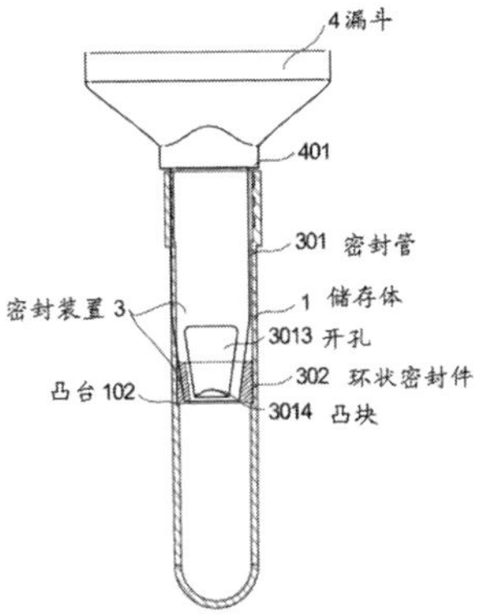

图7-2 客户产品[2]

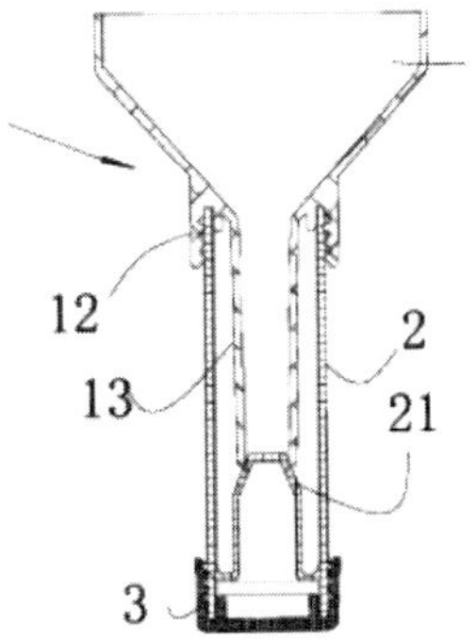

图7-3 第三人产品[3]

[1] 图片来源于中国发明专利200680052625.6的专利公开文本，专利授权公告号CN101370425B，http://pss-system.cnipa.gov.cn/sipopublicsearch/patentsearch/showViewList-jumpToView.shtml，最后访问时间：2021年8月21日。

[2] 图片来源于中国发明专利201510408631.1的专利公开文本，专利授权公告号CN104921760B，http://pss-system.cnipa.gov.cn/sipopublicsearch/patentsearch/showViewList-jumpToView.shtml，最后访问时间：2021年8月21日。

[3] 图片来源于中国实用新型专利201720069842.1的专利公开文本，专利授权公告号CN207095917U，http://pss-system.cnipa.gov.cn/sipopublicsearch/patentsearch/showViewList-jumpToView.shtml，最后访问时间：2021年8月21日。

如果你的专利没有能真正保护你的产品，无非就是上述这两个原因，要么是专利本身就是假创新，经不住专利无效的检验；要么就是专利保护范围太狭窄，被别人轻易绕开。停止抱怨，这并不是外部环境的问题，而是认知能力与创新能力的问题，请发明人务必正确对待这项具有高度技巧性的法律工作。

3. 好技术好产品没有得到真正专利保护的四个重要原因

根据笔者的观察，好技术没有得到专利保护有如下四个因素：

（1）把产品的技术方案直接申请一个专利，企图用一个直接描述了产品方案的专利保护自己的技术思想。如图7－4，如果想要用一个栅栏围起我们的院子，与用一根木条围起我们的院子，两者的防护效果的差别很大。

显然，一根木条是没有用的，一定是多根木条串接成一个栅栏才能真正形成一个保护墙。单一的一个专利就如同一根木条，一根木条是保护不了你的产品的。对于竞品或者仿品来说，他们会研究你产品的“技术思想”，通过专利规避来绕开你的专利保护。

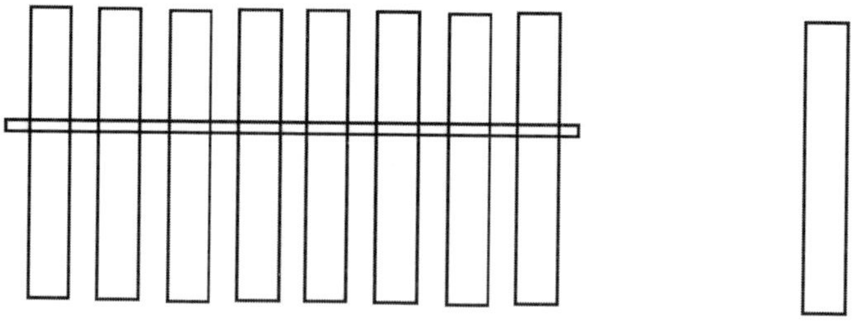

图7－4　栅栏与单根木条的围护结构对比示意图

很多时候，专利权人拿来市面上跟他创意类似的产品问我们是否可以发起专利侵权诉讼，仔细比较后就会发现，对方只是抄袭了他的“技术思想”，实现这个“技术思想”时采用了不同的技术方案，也就是我们说的“扩展方案”与“规避方案”，从而直接规避了专利保护，不构成专利侵权。

（2）找了不专业的人写了一个非常窄的专利保护范围，任何人都可以轻易地避开你的专利保护。

目前专利市场上，存在“真假”专利代理师，专利代理师中也存在“授权导向”与“保护导向”的两种写法。不懂专利的发明人很容易踩坑。

所谓“真假”专利代理师，是说专利代理师是需要通过国家知识产权局的职业资格考试，获得专利代理资格，并在专利事务所实习一年后才能成为执业专利代理师。就如同律师、会计师、精算师等一样，这是一门有职业准入门槛的职业。但是现在很多做科技政策的、商标软著、公司注册、财务审计的也对外宣传可以做专利代理，这其实是违法行为。找了这样的“代理师”，做出来的专利肯定难有保障。

即使找到了真的有执业资质的专利代理师，也存在对专利的“授权导向”与“保护导向”的两种写法，就是说，如果专利代理师不愿意多花力气多动脑筋，就按照发明人给的技术交底书或者实际产品直接进行产品素描描述，不做任何对后续专利保护有重大意义的“上位概括”与“层次布局”，这种写法就是“授权导向”写法。而“保护导向”写法则要求专利代理师以专利授权后的更大保护为目标，进行“上位概括”与“层次布局”，并考虑产品的上下游产业以及可能的侵权无效角度，这种写法显然更加劳心劳力。

专利保护是一种策略安排，需要技术与法律的通盘考虑，也需要对行业技术路线的整体把控，只有在了解行业专利技术分布态势后，对实际的产品创新进行技术扩展与技术规避，将实际产品方案 + 扩展方案 + 规避方案 + 技术预言结合起来，才能形成立体的三维专利保护。

如果要达到这样的要求，显然是需要更高的费用的，中国一流专利事务所中有很多的专利代理师都是具有这个能力的，关键还是在于专利申请人愿不愿意为自己的好产品保护买单。

（3）没有进行现有技术检索查新与布局考虑，专利直接描述具体产品结构。好的技术需要好的代理师仔细打磨雕琢，专利代理师通过详细的现有技术检索对比分析，才能形成一个最佳的保护体系。一名顶尖的专利代理师一个月最多写三件专利案，说明保护全面的好专利并不是信手拈来的，是需要检索、分析、布局、全面考虑的，是需要优秀代理师与发明人反复沟通推敲、全情投入、细致打磨的。所以回头想想，发明人只愿意花两千元钱，专利代理师没做现有技术检索、没做专利布局考虑，完全照着产品描述，半天就写出来的专利申请文件如果真能起到保护作用，那才奇怪呢。

（4）没有从侵权取证角度来布局专利，申请了一堆工艺方法，打官司时取不到有力证据。客观事实与法律事实之间有一道巨大鸿沟，我们需要用证据来证明法律事实，从而让法律事实无限接近客观事实。实务中，申请人拿出一堆生产工艺、软件方法专利，然后说我知道哪个同行在侵犯我的专利技术，但是在工厂内部生产的，问律师能不能起诉。发明人有个朴素而又天真的想法：法院可以派人去调查，侵权人确实在工厂里面偷偷实施我的专利工艺，侵犯专利权。法律诉讼里面最基本的概念：谁主张，谁举证。如果不能提供坚实证据，就无法进行诉讼。所以，从诉讼取证角度来看，申请专利最好是产品结构、硬件结构、软硬件结合、第三方可自由购买产品中的流程方法等。

4. 好产品如何获得更好、更全面的专利保护

一个好的创新产品最有价值的是它蕴含的“发明构思”，而不是具体的产品方案，“发明构思”可以有多个产品方案来实现，所以我们认为至少要考虑以下几个方面，并形成一个真正涵盖所有体现该“发明构思”产品方案的“专利包”，才能真正保护好这个创新产品：

（1）实际产品的结构、工艺、生产设备等；

（2）研发设计产品时所有的设计方案；

（3）同行如果要抄袭模仿我们的专利产品可能采用的规避方案；

（4）能够遏制同行在同类产品上发展的技术方案；

（5）产品在未来几年的可能技术演进方向（或者理想产品状态）。

有了这样的专利包设计，才算对创新产品进行更全面的保护，让有意模仿抄袭的同行钻不到空子，绕不开专利，才能真正发挥专利价值。

无独有偶，我们发现广东省专利代理行业协会在2021年1月9日发布了《广东专利代理协会高质量专利申请分级代理工作指引（试行）》[1]，该指引中将高质量专利代理服务进行分级，具体包括：

（1）最基础的B级服务：概念级扩展

即对技术方案进行合理概括，避免引入非必要的技术特征。

（2）基础的BB级服务：概念级扩展＋产业链扩展＋申请类型扩展＋规避方案扩展

不但要有概念级扩展，还需要有原始发明构思级的扩展，站在“假想侵权者”角度将各种侵权规避方案纳入专利保护范围；同时还需要针对产业上下游进行“产业链布局”；从维权取证角度出发，体现“单一主体意识”。

（3）A级高质量服务：横向扩展＋纵向挖掘＋套案布局＝专利包

即对技术方案进行多方位多角度的拓展，并进行套案布局，形成全面立体的专利包布局。

（4）AA级高质量服务：理想产品＋竞争对手的所有可能方案

即站在理想产品状态下各功能结构应当的状态方式，以及竞争对手在该产品上可能演进的技术路线及技术方案，并提前布局设防。

该指引对一个高质量专利服务的四个不同层次进行了详细说明，与我们提出的“专利包”理念异曲同工，供大家对照参考，从而更加明晰一个好产品如何架构出更全面的专利保护体系。

案例1：教学黑板“录播专利包”布局案例

该发明的核心发明构思是解决“录播讲课过程中的重要信息”问题。将发明人提供的“讲课者控制录播进程”的技术方案拓展到由听课者、系统分

---

〔1〕《广东发布专利代理领域首个行业协会指引，引导服务分级分类收费》，载广东专利代理协会官网，http：//www.gdpaa.cn/NewsDetail/2447373.html，最后访问时间：2021年8月3日。

别控制录播的技术方案；同时将录播功能独立出来或者融入其他产品系统中，最终形成7件专利构成的“录播专利包”。

表7-1 录播专利包专利布局涉及专利方案列表

专利布局角度	专利涵盖方案
1. 讲课者进行录播控制	1. 通过物理按键
	2. 通过无线信息获取（遥控器、二维码、射频卡）
	3. 通过生物特征信息（脸、手势、声音、触控）
2. 系统进行录播控制	1. 设定时间开始进行录制
	2. 高频率出现的词语自动识别后进行录制
	3. 通过App实时发送；或者，报警装置等
3. 听课者进行录播控制	听课者通过App或终端发送识别（与讲课者类似）
4. 系统综合三方信息进行录播控制	系统对讲课者、听课者、系统自身数据（可两两组合）分析情况识别关键信息进行录播控制
5. 系统事后对录播信息进行关键信息识别	对课堂信息进行整理；包括1. 高频率词语；2. 音调；3. 师生互动情况等条件
6. 独立的录播盒子	独立装置，可以识别关键信息发出录播的控制指令对关键信息进行录播与标识
7. 基于录播的云终端系统	含录播功能的云终端系统

案例2：外科微创医疗器械“戳不破的球囊专利包”布局

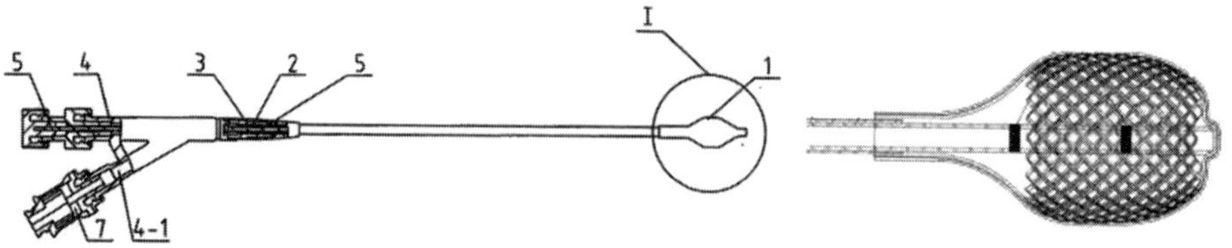

图7-5 球囊专利装置结构示意图〔1〕

〔1〕 图片来源于中国实用新型专利200620041715.2的专利公开文本，专利授权公告号CN2905092Y，http://pss-system.cnipa.gov.cn/sipopublicsearch/patentsearch/showViewList-jumpToView.shtml，最后访问时间：2021年8月21日。

解决进入人体骨裂骨刺部位的“球囊戳不破”的问题，最终形成如下专利包：

（1）加强筋球囊结构

（2）双层球囊结构

（3）蜂窝球囊结构

（4）顶端加厚球囊结构

（5）顶端采用复合柔性材料球囊结构

（6）球囊材料配方及制作方法

（7）球囊安装结构

……

5. 把最终产品申请成专利就能获得保护吗

将研发出来的最终产品申请成专利，获得的保护相对比较弱，更多地侧重于防御。我们讲专利包理念时就提及，一个好的创新产品最有价值的是它蕴含的“发明构思”，而不是具体的产品方案，“发明构思”可以有多个产品方案来实现，最终产品方案只是实现这个“发明构思”的技术方案中的一种，所以如果有聪明的竞争对手，学习了解了你的产品的“发明构思”，然后构思出另外的技术方案，就可以规避你的专利，这也是“专利侵权规避设计”的基本方法论。

最终产品申请成专利，只能避免被别人原封不动的抄袭模仿，但现代社会已经很少有人不做任何规避地直接“抄袭”，所以说将最终产品进行直接描述形成的专利更多的是防御，防御别人原封不动的抄袭，也防御别人直接将我们的最终产品方案拿去申请专利。

6. 如何判断专利保护强度

在专利领域，有两个可以相对量化的专利评价体系：

（1）专利授权概率：即通过对专利申请文件进行检索查新后，进行新颖性、创造性判断，评估该专利最终通过审查获得授权的概率。

（2）专利保护强度：即通过对一个产品对应的一个授权专利或者一组授权专利的授权文本进行分析，综合该专利的保护范围大小及侵权诉讼的胜诉率两个维度，评估该专利的保护强度大小。

专利 1 级保护强度：只保护了最终产品的实际方案，从方案本身是否清楚完整、是否存在非必要技术特征、侵权比对是否清晰无歧义三个维度再进行细分。

专利 2 级保护强度：保护了专利的发明构思。

专利 3 级保护强度：站在假想侵权者角度可能的侵权方案均被覆盖保护。

专利 4 级保护强度：对产品的上下游产业进行横向纵向布局。

专利保护强度这个概念，一方面有助于专利权人量化自己产品的专利保护强度，另一方面也提供了强化自己产品的专利保护力度的思路。

7. 如何利用外观设计更好地保护产品

外观设计保护的观点概要：

（1）外观设计应当像发明专利一样进行有效布局，才能真正保护到位。

（2）外观设计应当重视设计特征，在确定有新颖性、创造性的设计特征后，应当对其他特征进行扩展，形成相似设计群，扩大保护范围。

（3）外观设计专利从设计完成到市场销售以及出现仿品这段时间，应当避免出现信息损耗，导致外观设计专利无法保护到产品。

（4）重视“借鉴”与“抄袭”，严格打击抄袭，并尽量避免被他人借鉴。

（5）在侵权判断时，应当重视产品的设计空间与设计特征。

近年来，很多企业越来越重视外观设计专利保护，但在实务中，发现很多竞品在向自己“致敬”，抢占了自己产品的市场份额，拿自己产品对应的外观设计专利去起诉反而不能被法院最终认定构成侵权，觉得外观设计的专利保护没有意义。基于这样的错误观念，我们来研究讨论一下如何更好地利用外观设计专利来保护自己的产品。

（1）外观设计专利侵权纠纷几乎占了整个专利侵权纠纷案件的50%，具有成本低、侵权比对简单快速直观的极大优点。

首先，发起外观设计侵权诉讼之前要先评估专利稳定性，向专利局申请专利权评价报告。中国的外观设计专利审查采用的是形式审查制，而不是欧美国家采用的实质审查制，意思是：虽然你向国家知识产权局申请的外观设计已经被授权了，但是并不能说这个专利就一定具有新颖性与创造性。再白话一点说：审查员也没有审查比该专利是不是相对于现有设计有明显区别，所以就算授权，也有较大可能实质上是一个无效专利。

实务中，如果要进行外观设计侵权诉讼，应当首先进行专利稳定性评估，这个工作可以自己进行或者委托专利事务所进行，当然也可以直接申请专利权评价报告。但由于专利权评价报告是不可诉的行政行为，如果专利权评价报告认定专利有新颖性、创造性，那皆大欢喜；如果专利权评价报告认定专利没有新颖性、创造性，专利权人没法去申诉争辩，从而导致该专利最终相当于失效了。

所以慎重起见，一般都会建议专利权人先委托国家知识产权局专利检索中心进行查新检索，如果查新检索报告认定该专利不具有新颖性、创造性，那专利权评价报告就没必要再去做了，这个外观设计专利在形式上还有效，还具有专利的威慑力。如果查新检索报告认定有新颖性、创造性，再去申请专利权评价报告，这样比较保险。

其次，发起外观设计侵权诉讼之前要做好证据收集工作。法律诉讼主要都是围绕证据来进行的，外观设计侵权需要从“权利稳定性”“侵权事实”“损害事实”三个方面来收集证据，侵权事实方面要尽量进行公证取证，尤其面对电商平台的销售行为，进行网页公证保全是非常有必要的。

（2）权利人应当在外观设计专利申请之初就未雨绸缪，做好专利布局，应对可能的专利侵权诉讼。

要充分利用相似外观设计制度，将产品的扩展设计方案一并进行申请，形成相似的设计专利包。

《专利法》第31条第2款规定："一件外观设计专利申请应当限于一项外观设计。同一产品两项以上的相似外观设计，或者用于同一类别并且成套出售或者使用的产品的两项以上外观设计，可以作为一件申请提出。"一件外观设计专利申请中的相似外观设计不得超过10项。

《专利审查指南》中对于相似外观设计规定要具备如下几个条件：

①一件申请中的各项外观设计应当为同一产品的外观设计；

②同一产品其他外观设计应当与简要说明中指定的基本外观设计相似。

判断相似外观设计时，应当将其他外观设计与基本外观设计单独进行对比。

一般情况下，经整体观察，如果其他外观设计和基本外观设计具有相同或者相似的设计特征，并且二者之间的区别点在于局部细微变化、该类产品的惯常设计、设计单元重复排列或者仅色彩要素的变化等情形，则通常认为二者属于相似的外观设计。所以可以看出，在具有相同或类似设计特征情况下（类似于发明专利中的区别特征），可以将如下相似设计进行合案申请：

①对产品局部进行细微变化；

②对产品进行惯常设计；

③对产品设计单元重复排列；

④对产品色彩要素进行变化。

案例1： 专利号20163016××××.3化妆盒外观设计专利（设计单元重复排列）[1]

---

〔1〕 图片来自中国及多国专利审查信息查询网站，http：//cpquery.cnipa.gov.cn，最后访问时间：2022年5月5日。

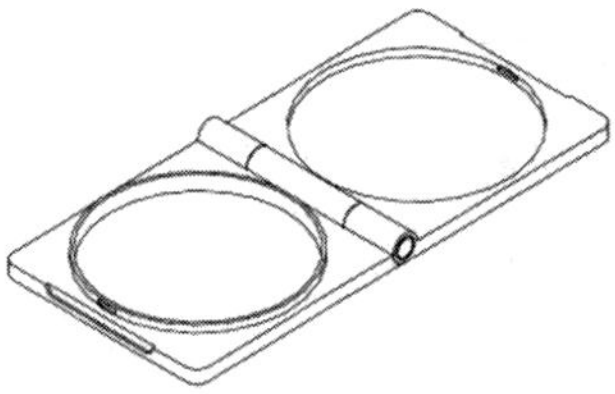

图7－6　设计1

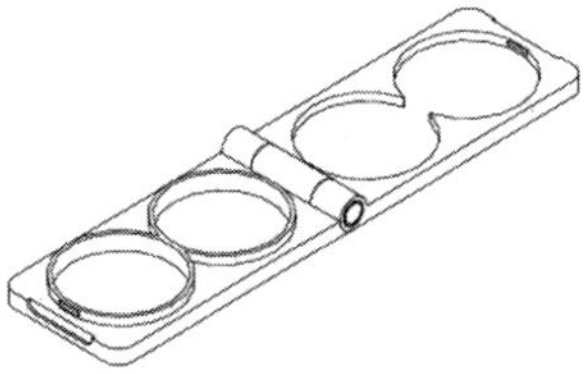

图7－7　设计2

案例2：专利号20163016××××.4化妆盒外观设计专利（产品的惯常设计）[1]

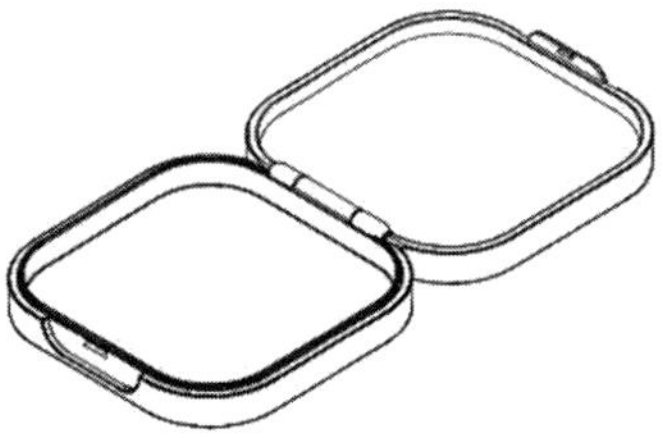

图7－8　设计1

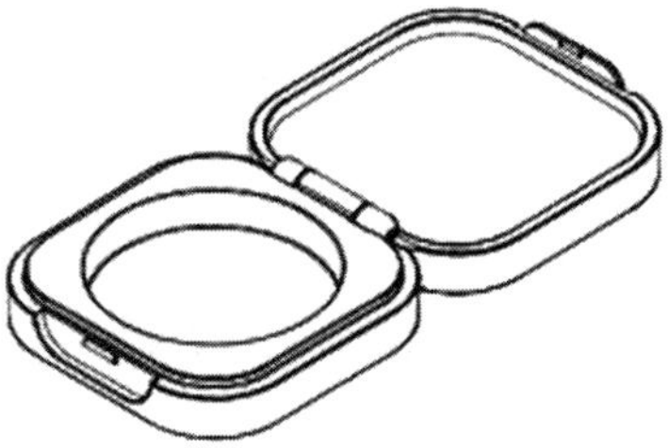

图7－9　设计2

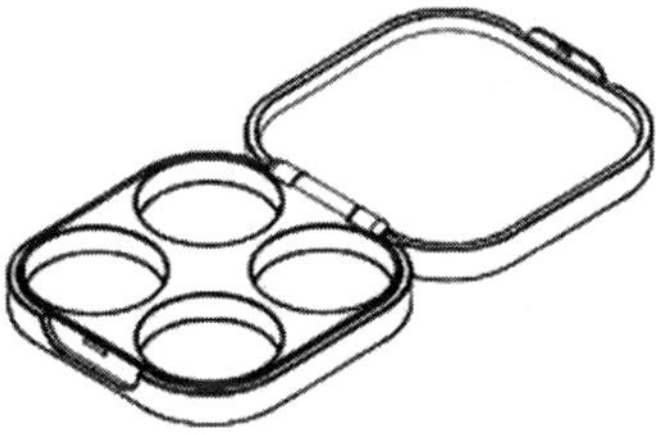

图7－10　设计3

图7－11　设计4

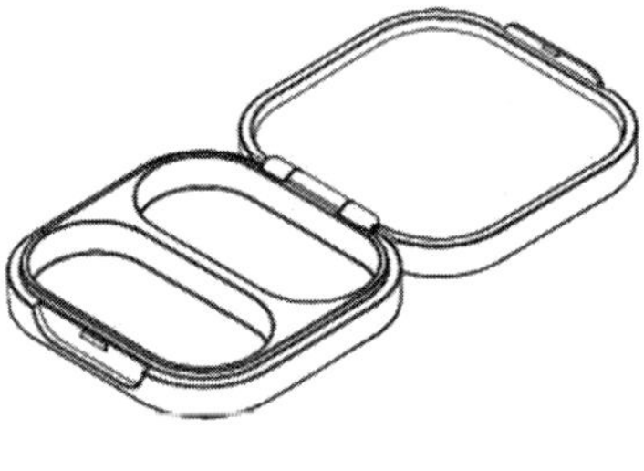

图7－12 设计5

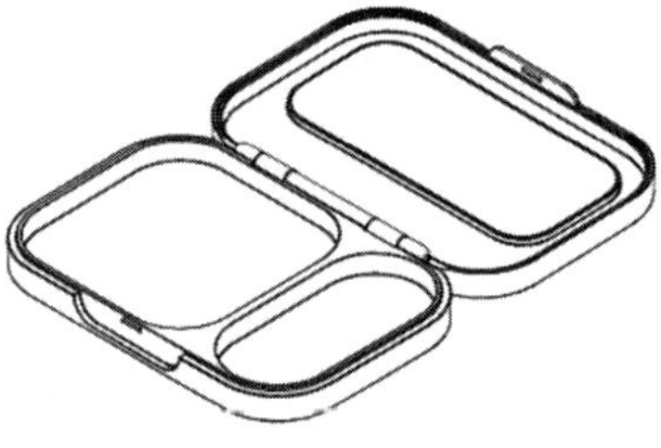

图7－13 设计6

〔1〕 图片来自中国及多国专利审查信息查询网站，http：//cpquery.cnipa.gov.cn，最后访问时间：2022年5月5日。

（3）有效应对借鉴与抄袭

目前主流看法是，借鉴是吸收了原创设计的设计理念与思想，在此基础上进行消化演绎形成新的设计，这种新设计与原创设计之间有部分共同之处，但是也有很多新的演绎不同之处，目前在司法实践中，一般认为借鉴不构成外观设计侵权。

从专利权人角度出发，抄袭比较容易判断，只要基本设计相同或者特别近似，那就构成侵权。但是借鉴，是学习了专利产品的设计理念，并做了改进演绎深化，在借鉴产品中可以看出专利产品的影子，但是细究下来却发现两个产品之间还是存在很多区别点，这就让原创设计者非常头疼，要想有效应对这种“借鉴”，就需要专利权人在申请时就能够“以小人之心度君子之腹”，先考虑如果这个产品被别人借鉴，会出现什么样的变体设计，然后尽量将这些“变体设计”进行事先的布局，就能有效避免被轻易地规避侵权。

在做布局时，同时要注意：尽量考虑将主要设计特征单独申请成专利，这就如同发明专利权利要求布局时，以最小单元建构独立权利要求，才能获得更大的保护范围。

①避免先去出售或者展出再去申请外观设计专利，从而导致外观设计丧失新颖性而无效

很多客户会在产品设计出来后先去试探市场，市场反响较好后再去申请专利，这种错误做法目前已经被审查员注意到，并且会在专利审查中予以指出，并直接予以驳回。审查员会在专利审查意见中直接指出：“该专利申请内容在专利申请日之前已经在淘宝上公开销售，不是我国专利法意义上的新设计，不符合专利法第二条第四款规定，不能授权。”

②避免设计产品与最终销售产品之间存在较大差异

实务中，往往一个产品设计完成后递交专利申请，然后将产品设计图拿去开模生产时会做调整修饰，最终生产出来的产品与设计图纸可能会有一定区别，然后再有同行“借鉴”这些产品时再次经过一次信息损失，导致最终

的仿冒产品与原始的专利设计图之间存在较大差异，最终被法院认定不构成侵权，这就让权利人比较心痛了。为了避免这种情况发生，应当充分利用优先权制度，在外观设计申请6个月内将最终产品也提交申请并要求最先产品设计的优先权。

对专利制度应用更为熟练的专利权人，会充分利用专利申请后的审查时间，监控产品状况，通过要求优先权来不断撤回专利并修改后重新申请的方式，将围绕该产品的新设计都包含在专利的保护范围之内。

（4）如何对比他人涉嫌侵权产品，并准确认定是否构成外观设计侵权

经常有客户咨询，发现了一款跟专利产品非常类似的模仿产品，两者外观非常接近，希望委托律师发起外观设计侵权诉讼。

这时候问题来了，怎么判断是否构成外观设计侵权呢？

①虽然外观设计的比对原则是整体观察判断，但是首先一定要识别外观设计专利的设计特征是什么，才能作出准确判断。

举例说明，有个客户来咨询外观设计侵权，有个同行仿冒他们的外观设计专利，具体产品比对如下图：

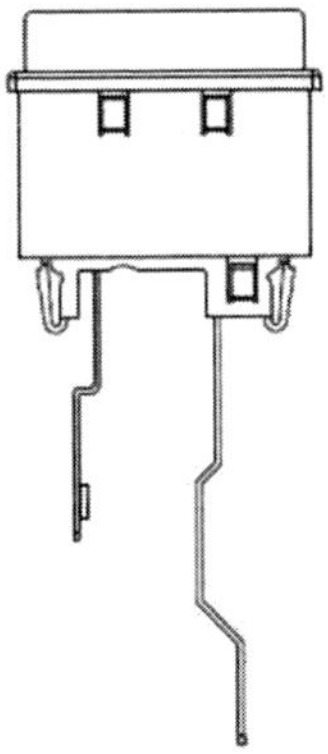

图7-14 外观设计专利图〔1〕

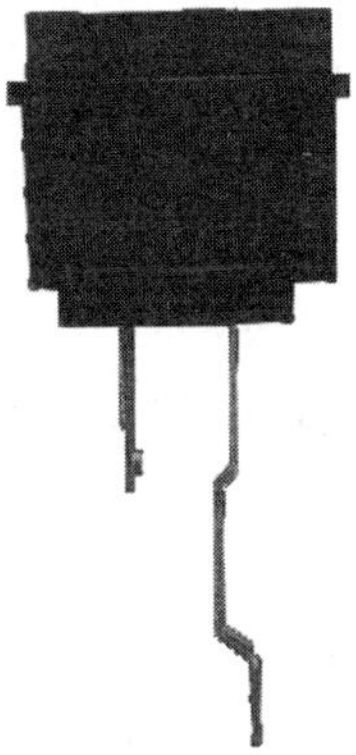

图7-15 涉嫌侵权产品照片〔2〕

〔1〕图片来源于中国外观设计专利20163059××××.4的专利公开文本，专利授权公告号CN304157975S，http://pss-system.cnipa.gov.cn/sipopublicsearch/patentsearch/showViewList-jumpToView.shtml，最后访问时间：2021年8月21日。

〔2〕本样品照片来源于笔者对实际产品的拍摄照片。

客户从产品的整体外形上进行比对，看起来确实近似，那是否就一定构成专利侵权呢？我们在判断外观设计侵权时需要注意：首先，外观设计专利的设计特征是什么，对方是否规避了我们专利的主要设计特征，而构成“现有设计”；其次，在本产品领域中，是否有一定的设计空间，对方产品是否涵盖我方专利的主要设计特征、本产品的设计空间大小是进行侵权判断的重要决定因素，只有综合这些因素才能准确判断是否构成专利侵权。

②产品设计空间

产品设计空间是设计人员对工业产品进行外观设计创作时能够自由创作的自由度。具体而言，是指在产品实用功能、技术条件、现有设计等因素制约下设计师可以设计的范围，即允许产品外观发生设计变化的设计内容。

引入设计空间的基本逻辑在于对设计空间极大的产品，设计人员创作自由度较高，该产品形式必然更丰富多彩，一般消费者就更不容易注意到比较细小的设计差别。反之，则更容易注意到比较细小的设计差别。

设计空间大小需要考虑的因素：

产品功能：设计空间服从于产品功能，功能决定了设计空间；

技术条件：受到设计条件限制越大，设计空间越小；

现有设计状况：产品的现有设计密集，设计空间相对较小，较难形成新的设计。

不同种类产品的设计空间不同：以审美、装饰功能为主的产品，设计空间较大；以产品实用功能为主的，设计空间较小。分析每项外观设计时，都必须将该项外观设计分解为具体的设计特征，就每一个设计特征考察其在实用功能方面受到的限制和在现有设计中出现的概率。实务中，没有一个判决会仅停留在泛泛地讲某项外观设计设计空间大或小的层面上。

二、专利维权

1. 如何发现他人侵权线索——专业机构监测+市场监测

如果有他人侵犯了我方的知识产权，一般的发现渠道有如下三个：

（1）市场销售人员；

（2）研发技术人员；

（3）客户。

一般情况下，首先，公司内部的市场销售人员会最先发现有人做了跟我们一样的产品，而我们的产品是申请了专利或者著作权的；其次，我们的客户也会向我们反馈，有人向他们推销跟专利产品类似的产品；最后，研发技术人员在查阅资料、与同行交流时，也会发现侵权线索。但是，这些侵权行为一般都是已经发生一段时间才能被我们发现并注意到的，能否更早地发现侵权行为，从而更早地制止侵权避免损失呢？权利人可以委托专业机构在互联网上进行拉网式侵权线索的实时监测，并重点对目标竞争对手以及有侵权前科的同行进行监测，从而及时发现许诺销售的侵权行为，更早地发现侵权线索，以更充分地进行取证准备及维权规划。

遇到知识产权侵权行为，有以下几种处理方式：

（1）发侵权警告函

对于侵权行为和侵权后果不是很严重，涉嫌侵权企业不是太大的，权利人可以以发警告函的形式提醒对方，要求其停止侵权。

（2）以赔偿为目标的侵权诉讼

如果涉嫌侵权行为给权利人造成了较大损失，权利人准备以获得赔偿为目标起诉侵权人，在向法院提起诉讼或向对方发送警告函之前，应充分准备侵权证据以及自身受到损失或对方获得利益的证据，为以后在法院诉讼中做好准备。

（3）以谈判或合作为目的的侵权诉讼

权利人向法院提起诉讼的目的并不是得到法院判决，而是与侵权人进行谈判，最终获得更大商业利益或者赢得合作。

（4）以扫清市场为目标的侵权诉讼

目前的司法环境，导致很多时候知识产权权利人从诉讼中很难得到足额的赔偿，但如果不提起诉讼，侵权行为将蔓延，权利人的市场份额将受到极大影响，所以在大多数情况下，权利人诉讼的主要目的就是扫清市场，避免正品被不断边缘化，造成劣币驱逐良币的现象。

所以，如果能够通过专业机构进行侵权监测，就可以更早更快地了解知识产权侵权情况，从而更早地根据自己的市场策略与商业目标来制定诉讼策略，及时进行证据取证固定工作，从而赢得先机。

2. 可以要求知识产权侵权方先停止侵权吗

我国《专利法》《商标法》《著作权法》都分别对即发侵权作出了类似的规定，当权利人或者利害关系人有证据证明他人即将实施侵犯其知识产权的行为，如不及时制止，将会使其合法权益受到难以弥补的损害的，可以在起诉前向人民法院申请采取责令停止侵权行为和财产保全的措施。所以，关键还是在于能够有确切证据证明对方即发侵权行为，譬如对方已经生产好了侵权产品，准备投入市场销售。

3. 发生知识产权侵权行为，可以要求侵权人承担什么样的责任

在我国以《专利法》《商标法》《著作权法》为主体的知识产权法律体系中，针对侵权行为，主要规定了停止侵害、消除影响、赔礼道歉、赔偿损失等责任承担形式。只要构成知识产权侵权行为即同时构成停止侵害的民事责任，在这里，侵权行为和侵权责任的构成要件相同。

（1）停止侵害。只要构成知识产权侵权行为，即可以主张要求承担停止侵害的民事责任。

（2）消除影响、赔礼道歉。在目前的立法上，只有著作权法规定了这两种责任形式，而且对其构成要件没有明确规定，似乎可以认为只要构成侵犯著作权的行为，就要承担消除影响、赔礼道歉的民事责任。

（3）赔偿损失。

《专利法》第71条第1款规定："侵犯专利权的赔偿数额按照权利人因被侵权所受到的实际损失或者侵权人因侵权所获得的利益确定；权利人的损失或者侵权人获得的利益难以确定的，参照该专利许可使用费的倍数合理确定。对故意侵犯专利权，情节严重的，可以在按照上述方法确定数额的一倍以上五倍以下确定赔偿数额。"《专利法》第77条规定："为生产经营目的使用、许诺销售或者销售不知道是未经专利权人许可而制造并售出的专利侵权产品，能证明该产品合法来源的，不承担赔偿责任。"

《商标法》第63条第1款规定："侵犯商标专用权的赔偿数额，按照权利人因被侵权所受到的实际损失确定；实际损失难以确定的，可以按照侵权人因侵权所获得的利益确定；权利人的损失或者侵权人获得的利益难以确定的，参照该商标许可使用费的倍数合理确定。对恶意侵犯商标专用权，情节严重的，可以在按照上述方法确定数额的一倍以上五倍以下确定赔偿数额。赔偿数额应当包括权利人为制止侵权行为所支付的合理开支。"《商标法》第64条第2款规定："销售不知道是侵犯注册商标专用权的商品，能证明该商品是自己合法取得并说明提供者的，不承担赔偿责任。"

《著作权法》第54条第1款规定："侵犯著作权或者与著作权有关的权利的，侵权人应当按照权利人因此受到的实际损失或者侵权人的违法所得给予赔偿；权利人的实际损失或者侵权人的违法所得难以计算的，可以参照该权利使用费给予赔偿。对故意侵犯著作权或者与著作权有关的权利，情节严重的，可以在按照上述方法确定数额的一倍以上五倍以下给予赔偿。"《著作权法》第59条第1款规定："复制品的出版者、制作者不能证明其出版、制作有合法授权的，复制品的发行者或者视听作品、计算机软件、录音录像制品的复制品的出租者不能证明其发行、出租的复制品有合法来源的，应当承担法律责任。"

据此，从这三大法规中可以看出：

赔偿损失首先考虑的是权利人的举证情况，如果权利人不能举证，只能适用法定赔偿。

赔偿损失还区分生产者、销售者、使用者，专利侵权诉讼主要目的是要打击侵权产品的源头即生产制造商，对于生产制造商，不论是否有过错，均需要承担赔偿责任；而对于销售商及使用方来说，适用的是过错责任原则，即如果侵权产品有合法来源，则认为主观上无过错，不承担赔偿责任；如果没有合法来源，推定主观有过错，要承担赔偿责任。

最后对于恶意侵权，不论是生产、销售、使用，均给予加重的惩罚性赔偿予以震慑。

4. 现在知识产权侵权会被惩罚性赔偿吗？会罚多少呢

知识产权侵权惩罚性赔偿并不是一个新概念，在其他国家早就有对故意侵权的惩罚性赔偿。我国知识产权法律中引入知识产权惩罚性赔偿制度，是为了显著提高违法成本，旨在震慑、遏制知识产权恶意侵权行为，更好地维护权利人利益，增强全社会尊重他人知识产权的自觉性，提高我国知识产权的保护水平。

我国目前的知识产权侵权赔偿主要是补偿性赔偿，赔偿数额的依据是权利人实际损失、侵权人的侵权获益、专利许可使用费等，如果权利人无法举证前述计算依据，则由法院依法酌情确定赔偿金额。实践中，大部分专利侵权案件由于难以证明实际损失、侵权获益、许可使用费，不得不采用法定赔偿标准，但因为法定赔偿额普遍较低，权利人所获得的补偿往往难以真正弥补其实际损失。引入惩罚性赔偿制度，正是考虑到专利权人维权成本过高、赔偿太少不足以弥补成本的问题。通过惩罚性赔偿制度，为专利权人提供充足的赔偿，同时加重惩罚侵权人，由此来重新恢复侵权人与专利权人之间对等的价值关系，有效维护公平公正的市场经济秩序。

惩罚性赔偿的功能不在于填补权利人因为被侵权造成的损失，而在于惩罚侵权人的严重过错行为。惩罚性赔偿是补偿性赔偿金不足以遏制侵权人的恶意侵权行为，按照法律明确规定并经法院判决，由有侵权恶意的侵权人承担的、赔偿数额超出被侵权人实际损失的侵权责任承担方式，是一种附加的民事责任形式。由此，惩罚性赔偿使得侵权人的违法成本远远高于违法收益，进而有效遏制和打击知识产权侵权行为。

惩罚性赔偿的基本原则规定在已经生效实施的《民法典》第1185条规定中："故意侵害他人知识产权，情节严重的，被侵权人有权请求相应的惩罚性赔偿。"

《专利法》第71条规定："……对故意侵犯专利权，情节严重的，可以在按照上述方法确定数额的一倍以上五倍以下确定赔偿数额。权利人的损失、侵权人获得的利益和专利许可使用费均难以确定的，人民法院可以根据专利权的类型、侵权行为的性质和情节等因素，确定给予三万元以上五百万元以下的赔偿……"

《商标法》第63条规定："……对恶意侵犯商标专用权，情节严重的，可以在按照上述方法确定数额的一倍以上五倍以下确定赔偿数额……权利人因被侵权所受到的实际损失、侵权人因侵权所获得的利益、注册商标许可使用费难以确定的，由人民法院根据侵权行为的情节判决给予五百万元以下的赔偿……"

《著作权法》第54条规定："……对故意侵犯著作权或者与著作权有关的权利，情节严重的，可以在按照上述方法确定数额的一倍以上五倍以下给予赔偿。权利人的实际损失、侵权人的违法所得、权利使用费难以计算的，由人民法院根据侵权行为的情节，判决给予五百元以上五百万元以下的赔偿……”

所以，目前基本可以明确，针对故意、恶意的知识产权侵权行为，可以适用惩罚性赔偿，赔偿金额以损害赔偿金额的1倍到5倍来确定。

惩罚性赔偿的典型案例[1]：2020年12月12日，深圳市福田区人民法院在“vivo诉vivi商标侵权案”中，同时适用补偿赔偿与惩罚性赔偿机制，具体为：

对于销售商：某讯公司销售vivi手机的交易金额为95万余元，酌情确定其赔偿原告经济损失20万元，适用了补偿赔偿机制。

对于生产商：某通公司生产该vivi手机获利金额为34.5万元，且主观恶意侵权，对侵权人适用惩罚性赔偿，按照获利金额的3倍确定赔偿数额，即103.5万元。

合理开支：某通公司支付诉讼费用等合理开支10万元，某讯公司支付诉讼费用等合理开支2.6万元。

三、专利无效宣告

1. 专利授权后还可以通过专利无效宣告来让专利失效

专利授权后，任何单位或者个人认为该专利权的授予不符合本法有关规定的，可以请求专利复审委员会宣告该专利权无效。

专利无效请求人应当具备民事诉讼主体资格。

专利无效请求的对象是已经公告授权的专利，包括已经终止、放弃（自

---

[1] 深圳市中级人民法院（2020）粤03民终16190号民事判决书，载中国裁判文书网，https://wenshu.court.gov.cn/website/wenshu/181107ANFZ0BXSK4/index.html?docId=860ec4b63fc840-e5b79eac9900ff7290，最后访问时间：2022年3月9日。

申请 日起放弃的除外）或者已被部分无效的专利。

请求人自提出无效宣告请求之日起一个月内缴纳无效宣告请求费。无效宣告请求费：发明专利 3000 元，实用新型专利 1500 元，外观设计专利 1500 元。无效宣告请求费不可以减缓。[1]

提请专利无效宣告需要准备的文件如下：

（1）请求人应当提交无效宣告请求书和证据各一式两份；

（2）请求书中应当列明无效宣告请求范围、理由和证据。

请求人应当在无效宣告请求书中明确无效宣告请求范围，譬如请求专利权利要求 1－5 项无效，或者请求全部专利权利要求无效。

无效宣告理由仅限于《专利法实施细则》第 65 条第 2 款规定的理由，合计 12 个条款，具体条款应当明确列出。[2]

（3）委托书及委托权限

在无效宣告程序中，当事人可以自行处理也可以委托专利代理机构，如果自行处理，即为公民代理，注意如果单位指派其员工或者委派无专利代理资质的律师应诉，也属于公民代理。如果委托专利代理机构的专利代理师处理，应当提交委托书。

2. 专利无效宣告的基本理由

《专利法》第 45 条及《专利法实施细则》第 65 条规定了 12 个专利无效宣告理由的法律条款：

第一，7 条常用无效宣告理由对应的法律依据。

（1）《专利法》第 2 条

第 2 条规定，本法所称的发明创造是指发明、实用新型和外观设计。

---

〔1〕《专利和集成电路布图设计缴费服务指南》，载国家知识产权局网，https：//www. cnipa. gov. cn/module/download/down. jsp？ i_ ID＝171803&colID＝1518，最后访问时间：2022 年 3 月 9 日。

〔2〕国家知识产权局：《专利审查指南》，知识产权出版社 2020 年版，第 263 页。

发明，是指对产品、方法或者其改进所提出的新的技术方案。

实用新型，是指对产品的形状、构造或者其结合所提出的适于实用的新的技术方案。

外观设计，是指对产品的整体或者局部的形状、图案或者其结合以及色彩与形状、图案的结合所作出的富有美感并适于工业应用的新设计。

（2）《专利法》第 22 条

第 22 条规定，授予专利权的发明和实用新型，应当具备新颖性、创造性和实用性。

新颖性，是指该发明或者实用新型不属于现有技术；也没有任何单位或者个人就同样的发明或者实用新型在申请日以前向国务院专利行政部门提出过申请，并记载在申请日以后公布的专利申请文件或者公告的专利文件中。

创造性，是指与现有技术相比，该发明具有突出的实质性特点和显著的进步，该实用新型具有实质性特点和进步。

实用性，是指该发明或者实用新型能够制造或者使用，并且能够产生积极效果。

本法所称现有技术，是指申请日以前在国内外为公众所知的技术。

（3）《专利法》第 23 条

第 23 条规定，授予专利权的外观设计，应当不属于现有设计；也没有任何单位或者个人就同样的外观设计在申请日以前向国务院专利行政部门提出过申请，并记载在申请日以后公告的专利文件中。

授予专利权的外观设计与现有设计或者现有设计特征的组合相比，应当具有明显区别。

授予专利权的外观设计不得与他人在申请日以前已经取得的合法权利相冲突。

本法所称现有设计，是指申请日以前在国内外为公众所知的设计。

（4）《专利法》第26条第3款、第4款

第26条第3款、第4款规定，说明书应当对发明或者实用新型作出清楚、完整的说明，以所属技术领域的技术人员能够实现为准；必要的时候，应当有附图。摘要应当简要说明发明或者实用新型的技术要点。

权利要求书应当以说明书为依据，清楚、简要地限定要求专利保护的范围。

（5）《专利法》第27条第2款

第27条第2款规定，申请人提交的有关图片或者照片应当清楚地显示要求专利保护的产品的外观设计。

（6）《专利法》第33条

第33条规定，申请人可以对其专利申请文件进行修改，但是，对发明和实用新型专利申请文件的修改不得超出原说明书和权利要求书记载的范围，对外观设计专利申请文件的修改不得超出原图片或者照片表示的范围。

（7）《专利法实施细则》第20条第2款

第20条第2款规定，独立权利要求应当从整体上反映发明或者实用新型的技术方案，记载解决技术问题的必要技术特征。

一般来说，《专利法》第33条、第26条、《专利法实施细则》第20条是必选专利无效理由，而《专利法》第22条、第23条是专利无效能否成功的决定性理由。

第二，5条不常用专利无效宣告理由。

（1）《专利法》第19条第1款

第19条第1款规定，任何单位或者个人将在中国完成的发明或者实用新型向外国申请专利的，应当事先报经国务院专利行政部门进行保密审查。保密审查的程序、期限等按照国务院的规定执行。

（2）《专利法》第5条

第5条规定，对违反法律、社会公德或者妨害公共利益的发明创造，不授予专利权。

对违反法律、行政法规的规定获取或者利用遗传资源，并依赖该遗传资源完成的发明创造，不授予专利权。

（3）《专利法》第9条第1款

第9条第1款规定，同样的发明创造只能授予一项专利权。但是，同一申请人同日对同样的发明创造既申请实用新型专利又申请发明专利，先获得的实用新型专利权尚未终止，且申请人声明放弃该实用新型专利权的，可以授予发明专利权。

（4）《专利法》第25条

第25条规定，对下列各项，不授予专利权：

（一）科学发现；

（二）智力活动的规则和方法；

（三）疾病的诊断和治疗方法；

（四）动物和植物品种；

（五）原子核变换方法以及用原子核变换方法获得的物质；

（六）对平面印刷品的图案、色彩或者二者的结合作出的主要起标识作用的设计。

对前款第（四）项所列产品的生产方法，可以依照本法规定授予专利权。

（5）《专利法实施细则》第43条第1款

第43条第1款规定，依照本细则第四十二条规定提出的分案申请，可以保留原申请日，享有优先权的，可以保留优先权日，但是不得超出原申请记载的范围。

3. 专利无效的审查流程

专利无效宣告一般会经历如下审查流程：

（1）无效受理通知

无效宣告请求经形式审查符合专利法及其实施细则和审查指南有关规定的，专利复审委员会[1]向当事人发出受理通知书，并将无效宣告请求书和有关文件副本转送专利权人，要求其在收到受理通知书之日起的指定期限内答复。专利权人不予答复的，不影响案件的审理。

专利复审委员会一般会在收到无效请求后15日～30日内向双方发送专利无效受理通知书。

（2）专利无效答辩

专利权人应当在收到专利复审委员会转送的专利无效请求文件后一个月内进行专利无效答辩，期满不答辩的，不影响专利无效的审理。

专利权人根据专利无效请求文件的理由，可以修改权利要求。

发明或者实用新型专利文件的修改仅限于权利要求书，其原则是：

①不得改变原权利要求的主题名称；

②与授权的权利要求相比，不得扩大原专利的保护范围；

③不得超出原说明书和权利要求书记载的范围；

④一般不得增加未包含在授权的权利要求书中的技术特征。

外观设计专利的专利权人不得修改其专利文件。

修改权利要求书的具体方式一般限于权利要求的删除、技术方案的删除、权利要求的进一步限定、明显错误的修正。

权利要求的进一步限定是指在权利要求中补入其他权利要求中记载的一个或者多个技术特征，以缩小保护范围。

注意：2017年修改《专利审查指南》后，将“权利要求的合并”修改为“进一步限定”，实际上是指可以将从权中的一个或多个特征并到主权，而不一定要求是整个从权并到主权。

---

[1] 2019年国家知识产权局专利复审委员会已经更名为国家知识产权局专利局复审和无效审理部，作为业内长期习惯，下文还是称呼该部门为专利复审委员会，不再赘述。

明显错误，是指不正确的内容可以从原说明书、权利要求书的上下文中清楚地判断出来，没有作其他解释或者修改的可能[1]。所属技术领域的技术人员能够识别出的明显错误，即语法错误、文字错误和打印错误。对这些错误的修改必须是所属技术领域的技术人员能从说明书的整体及上下文看出的唯一的正确答案[2]。

（3）无效请求人增加无效理由或证据

①请求人增加无效证据：请求人可以在提出无效宣告请求之日起一个月内补充证据，并且应当在该期限内结合该证据具体说明相关的无效宣告理由。

请求人在提出无效宣告请求之日起一个月后补充证据的，专利复审委员会一般不予考虑，但下列情形除外：

针对专利权人以合并方式修改的权利要求或者提交的反证，请求人在专利复审委员会指定期限内补充证据，并在该期限内结合该证据具体说明相关无效宣告理由；

在口头审理辩论终结前提交技术词典、技术手册和教科书等所属技术领域中的公知常识性证据或者用于完善证据法定形式的公证书、原件等证据，并在该期限内结合该证据具体说明相关无效宣告理由。

请求人提交的证据是外文的，提交其中文译文期限适用该证据的举证期限。

②请求人增加无效理由：请求人在一个月内可以增加理由与证据并予以说明；一个月后原则上不允许增加，除非专利权人进行权利要求的修改（非删除方式），与提交的证据明显不对应的无效理由可以进行修改。

注意：在提交无效请求时，已经明确无效的理由及证据，不允许证据突袭（公知常识证据除外）。实务中，无效的理由部分双方理解可能不同，这里面可以将对具体“特征”的理解不用在口审前说得那么清楚，在口审时再进

---

〔1〕 国家知识产权局：《专利审查指南》，知识产权出版社 2020 年版，第 47 页。
〔2〕 国家知识产权局：《专利审查指南》，知识产权出版社 2020 年版，第 170 页。

行充分争辩。别的方面都不能留有后手。[1]

③对于专利权人来说，其举证期限也受到严格限制

专利权人应当在专利复审委员会指定的答复期限内提交证据，但对于技术词典、技术手册和教科书等所属技术领域中的公知常识性证据或者用于完善证据法定形式的公证书、原件等证据，可以在口头审理辩论终结前补充。

专利权人提交的证据是外文的，提交其中文译文的期限适用该证据的举证期限。

专利权人提交或者补充证据不符合上述期限规定或者未在上述期限内对所提交或者补充的证据具体说明的，专利复审委员会不予考虑。

对于双方来讲，有证据表明因无法克服的困难在上述期限内不能提交的证据，当事人可以在所述期限内，以书面方式请求延期提交。[2]

④双方当事人权利处分

请求人可以放弃全部或者部分无效宣告理由及证据。对于请求人放弃的无效宣告理由和证据，专利复审委员会通常不再查证。

在无效宣告程序中，当事人有权自行与对方和解。对于当事人均向专利复审委员会表示有和解愿望的，专利复审委员会应当给予双方当事人一定的期限进行和解，并暂缓作出审查决定，直至任何一方当事人要求专利复审委员会作出审查决定，或者专利复审委员会指定期限已届满。

在无效宣告程序中，专利权人针对请求人提出的无效宣告请求主动缩小专利权保护范围，且相应的修改已被专利复审委员会接受的，视为专利权人承认大于该保护范围的权利要求自始不符合专利法及其实施细则的有关规定，并且承认请求人对该权利要求的无效宣告请求，从而免去请求人对宣告该权利要求无效的举证责任。

在无效宣告程序中，专利权人声明放弃从属权利要求的，视为专利权人

---

〔1〕 国家知识产权局：《专利审查指南》，知识产权出版社 2020 年版，第 264 页。

〔2〕 国家知识产权局：《专利审查指南》，知识产权出版社 2020 年版，第 266 页。

承认该权利要求自始不符合专利法及其实施细则的有关规定，并且承认请求人对该权利要求的无效宣告请求，从而免去请求人对宣告该权利要求无效的举证责任。[1]

（4）专利口审

口审不是专利无效的必需流程，按照2020年版《专利审查指南》的规定，专利复审委员会是否安排口审，遵循以下原则：

请求人提交的无效请求证据充分、理由成立，专利权人未要求进行口头审理，可以直接作出决定，不需要进行口审。

请求人请求宣告无效的范围部分成立，可能会做出宣告专利权部分无效的决定的，应当发出口头审理通知书，其余情况均可口审可不口审。

当然，任何一方当事人可以要求进行口审，请求进行口头审理的理由如下：

①当事人一方要求同对方当面质证和辩论；

②需要当面向合议组说明事实；

③需要实物演示；

④需要请出具过证言的证人出庭作证。[2]

口审的基本流程同一般的民事诉讼程序，遵循开庭、庭审调查、庭审辩论、最后意见陈述、闭庭的流程。实务中，一般按照四个阶段来进行：

第一阶段：核对身份、回避、和解、资格等。

第二阶段：调查阶段。

请求人说明无效理由、依据、证据以及证据的结合方式；然后专利权人介绍基本的答辩理由和意见；针对主权项，主审员一般会要求请求人归纳相对于最接近的对比文件的区别特征，然后针对该区别特征，在哪些证据中有公开或启示或者属于公知常识等；双方质证无效证据的合法性、真实性、关联性。

---

〔1〕国家知识产权局：《专利审查指南》，知识产权出版社2020年版，第261页。
〔2〕国家知识产权局：《专利审查指南》，知识产权出版社2020年版，第270页。

第三阶段：辩论阶段。

双方就无效的理由证据一一争辩，合议组适时提问并规范把握程序进程；

在口头审理辩论时，合议组成员可以提问，但不得发表自己的倾向性意见，也不得与任何一方当事人辩论。

第四阶段：总结发言，庭审结束。

双方所有意见陈述完毕，分别进行总结发言。合议组组长宣布口审结束，合议组离开，专利代理师留下来等书记员整理好庭审记录，然后核对后双方签字。

时间：口审时间一般为2个小时，根据案件复杂度确定；核对签字时间一般要大半个小时，复杂的案件，可能要开一天庭审。

（5）无效宣告审查决定

合议组在口审结束后进行合议，并由主审员撰写无效审查决定，一般无效审查决定会在口审结束后1个月~2个月内出具，并发送给双方当事人。[1]

4. 通过47份网站公开证据来证明专利内容已经被提前公开

案情简介：涉案专利名称“多旋翼无人飞行器”（专利号：ZL20122068××××.2），专利权人为某疆公司，无效宣告请求人为某通公司，专利无效决定书35449号。[2]

---

〔1〕国家知识产权局：《专利审查指南》，知识产权出版社2020年版，第272页、第273页。

〔2〕《35449号专利无效决定书》，载国家知识产权局专利复审与无效部网站，http：//reexam－app. cnipa. gov. cn/reexam_ out2020New/searchdoc/searchfs. jsp，最后访问时间：2021年5月25日。

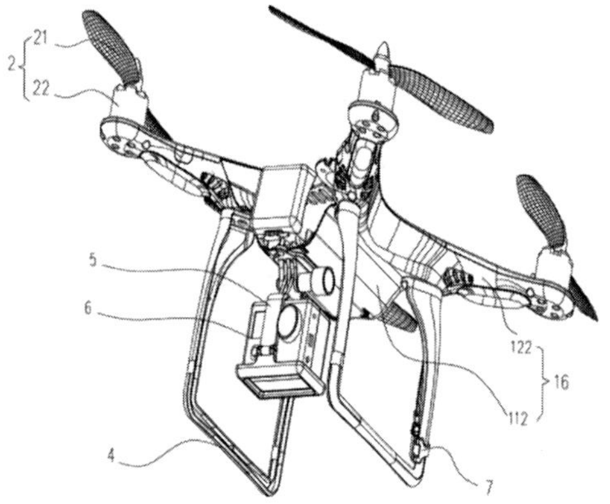

图7－16 多旋翼无人飞行器专利结构示意图〔1〕

无人机作为最近几年重点发展的技术，不论是民用还是军用，其应用的范围越来越广泛，生产企业对其研制投入的成本也越来越高。本案专利涉及多旋翼无人机的上下壳体一体化结构，属于多旋翼无人机的重要技术，本专利的同族专利在美国也存在侵权纠纷。某疆公司与某通公司自2015年起即在中国和美国开始了“专利大战”，涉及多件多旋翼无人机上下壳体一体化结构的发明专利。2018年，某通公司和某疆公司在美国就无人机相互发起“337调查”和专利侵权诉讼，这些专利纠纷引发了社会的广泛关注。〔2〕

请求人提交了47份证据，尤其是多份无人机领域的网站公开证据来证明该专利的内容已经被提前公开；还有部分证据来证明该专利技术已经不具有创造性。专利权人提交了10项反证，对抗请求人证据的真实性与关联性。

口审中，对专利无效工作比较有启示的地方在于：

证据19是由北京市海诚公证处出具公证书复印件，专利权人对证据19

---

〔1〕图片来源于中国实用新型专利201220686731.2的专利公开文本，专利授权公告号CN203127141U，http：//pss－system.cnipa.gov.cn/sipopublicsearch/patentsearch/showViewList－jumpToView.shtml，最后访问时间：2021年8月21日。

〔2〕《【十大案件】“多旋翼无人飞35449行器”实用新型专利权无效宣告请求案》，载国家知识产权局专利复审与无效部网站，http：//reexam.cnipa.gov.cn/alzx/fswxsdaj/22199.htm，最后访问时间：2021年5月25日。

的真实性无异议，合议组亦认可证据19的真实性。证据19包含以下5个部分：

（1）某门户网站新闻中心于2012年8月29日对“第九届上海国际模型展览会开幕”的新闻报道的网页截屏复印件（公证书的第5～15页，下称为证据19－1）；

（2）思某某公司网站于2012年9月4日发布的新闻，涉及思凯利公司参加“2012年第九届上海国际模型展览会”的模型展示图的网页截屏复印件（公证书的第16～35页，下称为证据19－2）；

（3）在“模型中国论坛”上，由网友“yan×××”于2012年8月28日23点发布的标题“上海模展多旋翼篇上图了!!!”的文章的网页截屏复印件（公证书的第36～70页，下称为证据19－3）；

（4）在“5iMX论坛”上，由网友“yan×××”于2012年8月28日22点34分发布，并于2012年8月28日22点50分最后编辑的关于“【第九届上海模展】上海模展上图了!! 多旋翼篇!!”的文章的网页截屏复印件（公证书的第71～98页，下称为证据19－4）；

（5）某网站网友“freexq×××”于2012年9月1日上传的标题为“shanghai model show”视频的网页截屏复印件（公证书的第99～105页，下称为证据19－5）。

由此证据19－1、19－3、19－4及19－5相互印证在2012年8月28日举行的“第九届上海国际模型展览会”上展出了上述产品，并由网友通过图片和视频在网上分享，即上述产品的结构在本专利申请日前已经处于公众想得知就能得知的状态。据此，权利要求1所要求保护的技术方案相对于证据19的区别在于：外壳包括主体部和由主体部围设的外壳内腔，所述电路模块收容于外壳内腔中，传感器置于外壳上且远离外壳内腔，脚架与主体部相连，所述传感器位于脚架上。这些区别所实际解决的技术问题是：设置电路模块和传感器的安装位置以避免电路模块对传感器的干扰。

合议组认为，多旋翼无人机爱好者在dronevibes论坛针对设计方面的一些问题在进行探讨，并提出了为了防止电池和指南针靠近而将指南针放在脚架上的方案。

由以上对证据19的分析可知，由于证据19的模型具有飞行功能其必然具有电路模块，虽然从证据19中无法明确看出电路模块被收容在外壳内腔中，但是本领域中为了保护电路模块通常是将电路模块收容在外壳内。在证据19公开的上外壳由向上凸起的壳体和与壳体一体成型的机臂构成的启示下，且采用一体成型的方式形成一个结构件是本领域的常规设计，为了保护电路模块及加工方便，本领域技术人员容易想到将证据19中的下支架也设计成一体结构，即圆盘结构包括内盘（以支撑电路模块）、外环和从内盘延伸到外环并与上机臂对应的辐条，因此内盘和幅条与上壳体和上机臂围设形成外壳内腔以收容电路模块、脚架与圆盘结构相连的方案是本领域技术人员在证据19的基础上容易想到的。证据7公开了飞行器具有指南针，且由于指南针容易受到电子设备的干扰而需要避免该干扰，证据12公开了多旋翼无人机具有指南针，为了防止电池和指南针靠近而将指南针放在脚架上的方案，并且，在无人机领域，基于实际需求而将传感器设置在脚架上也属于现有技术。因此，本领域技术人员在证据19的基础上，基于证据7、证据12或公知常识的教导，在设置电路模块和传感器的位置时，为了避免电路模板对传感器的干扰，将传感器远离收容电路模块的外壳内腔，并将传感器设置在脚架上是容易想到的，且在证据19的脚架上设置传感器既没有技术障碍，也没有产生预料不到的技术效果。权利要求1不具备创造性。

经审理，国家知识产权局作出第35449号无效宣告请求审查决定，宣告专利权全部无效。

专利复审委员会点评：该案涉及对网络证据是否能够达到证明标准的认定，尤其是对于多个来源不同的网络证据可以相互印证时，可以确认这些证据的证明力。

笔者点评：实务中，专利创新是站在前人现有技术基础上作出的新的发明创造。很多专利创新思路是来源于在先论坛讨论启发，如果发明人仅是将在先公开讨论出来的创新方案进行简单组合就能获得专利授权，是不符合专利法的基本要求的。专利法保护的是真正的创新，而他人在先公开讨论出来的方案，如果真正的发明人没有去申请专利，任何第三人去将该创意拿来申请专利，就不符合新颖性的要求。

本专利值得启发无效请求人的地方是：追溯发明构思的源头，通过行业展会上的最新现有产品及行业论坛上的网友讨论，将该专利最接近的对比文件定型下来，这种对比文件的定型比常规在先专利公开文献的定型要更接近。

然后再通过将最接近对比文件与专利方案的区别特征划分出来，进行逐一攻破，证明该专利不具有新颖性、创造性。这种分析证明方式非常值得无效请求人学习。

5. 应当从整体技术方案而不应割裂技术特征来评判专利创造性

案情简介：涉案专利名称为“一种产生按压声音的按键开关”（实用新型专利号：ZL20162103 ××××. X），专利权人为某华公司，无效宣告请求人为某方苏州公司和伍某梅。专利无效决定书 40870 号[1]。本专利涉及一种在按压时产生声音的键盘开关，其应用于机械键盘中，能够使得薄型机械键盘同样具有良好的手感，并在按压时可以发出声音反馈，解决了薄型机械键盘时的按压手感和发声问题，提高了用户体验。

[1]《40870 号专利无效决定书》，载国家知识产权局专利复审与无效部网站，http://reexam-app.cnipa.gov.cn/reexam_out2020New/searchdoc/searchfs.jsp，最后访问时间：2021 年 5 月 25 日。

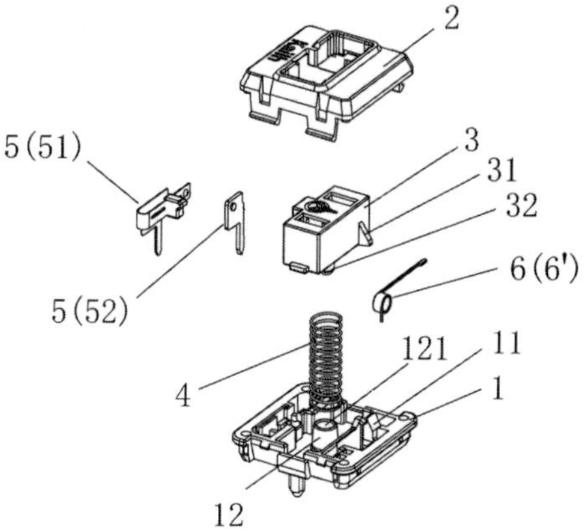

图7－17 键盘开关专利结构示意图〔1〕

近年来，随着电子竞技运动在国内的兴起，游戏玩家对高品质计算机外设的需求日益增长。作为计算机外设的重要组成部分，机械键盘以其手感优异、迅捷灵敏的特性得到越来越多键盘爱好者的青睐。本案专利权人某华公司在广州知识产权法院针对竞争对手提起了多项侵权诉讼，自2018年起陆续有不同请求人对涉案专利提起多次无效宣告请求。

请求人认为：权利要求1相对于证据1存在如下区别特征：基座上设有一导引斜面，弹性件的一端位于导引斜面的正上方，该按压块位于导引斜面的侧边。根据上述区别特征可以确定权利要求1实际要解决的技术问题是：通过导引斜面与按压块配合共同使得键盘弹性件敲击发声。

针对上述区别特征，第一请求人认为：本专利是在基座上单独设置一导引斜面用来引导弹性件一端的移动路径，而证据1则是在凸棱的下面设置导引斜面用来引导弹性件一端的移动路径，两者仅仅是位置的不同，上述位置设置的不同属于本领域的公知常识，权利要求1相对于证据1和公知常识的结合不具备创造性。

〔1〕图片来源于中国实用新型专利201621037804.X的专利公开文本，专利授权公告号CN206022174U，http：//pss－system.cnipa.gov.cn/sipopublicsearch/patentsearch/showViewList－jumpToView.shtml，最后访问时间：2021年8月21日。

第二请求人认为：导引斜面位置的不同属于本领域的公知常识。另外，证据2给出了弹性件可以敲击其他位置，可以得到调整导引斜面位置的启示，上述区别被证据2公开。因此，权利要求1相对于证据1和公知常识、证据1和证据2的结合不具备创造性。

对此，合议组认为：首先，关于上述区别特征是否属于公知常识。对于区别特征的理解，需要放在技术方案中进行理解，将区别特征脱离技术方案或者将具有内在关联性的区别特征不合理地拆解为零散的元素进行理解都是不恰当的。具体到本案，本专利中权利要求1记载，按压组件上设有按压块，基座上设有导引斜面，弹性件的一端位于导引斜面的正上方，而弹性件的一端同时也位于按压块的正下方，且按压块位于导引斜面的侧边，从权利要求1中可以看出，其限定了导引斜面与按压块位于不同的部件，两者之间相互配合共同对弹性件的一端作用进而实现发声的功能。因此，上述区别特征并不仅是导引斜面设置位置的不同，也存在着部件间的配合关系，并且也没有证据证明上述区别特征属于本领域的公知常识，第一请求人和第二请求人关于上述区别特征属于公知常识的意见不成立，不能被接受。权利要求1的技术方案通过导引斜面与按压块配合共同使得弹性件敲击发声，能够像大键盘一样产生声音的有益的技术效果，具有创造性。

经审理，国家知识产权局作出第40870号无效宣告请求审查决定，维持专利权有效。

专利复审委员会点评：本案诠释了创造性审查过程中对技术启示的判断，强调了不应当将权利要求中相互关联的技术特征割裂开来，对于技术特征的理解应当放在技术方案整体中进行，脱离技术方案孤立地考察技术特征本身或者将具有内在关联性的技术特征不合理地拆解为零散的元素进行理解都是不恰当的。[1]

笔者点评：在专利无效案件中，最常见的情况是专利无效请求人检索到了两篇在先公开文献，在先文献1中公开了被无效专利的区别技术特征甲，在先文献2中公开了被无效专利的区别技术特征乙，然后专利无效请求人将在先文献1+2予以组合，认为公开了被无效专利的全部区别技术特征甲、乙，因此该专利不具有创造性，应当被宣告无效。专利相对于现有技术的创造性并不来源于单一区别技术特征，而是来自整体技术方案，所以，首先不能割裂技术特征而应当从技术方案的整体来看待专利的创造性；其次在先文献1与在先文献2之间是否有结合启示也是衡量本专利创造性的重要标尺。很多情况下，本领域普通技术人员虽然知道了在先文献1、2，但是并没有动机将两者进行结合从而得到本专利的技术方案。本案就是非常典型的在先文献之间缺乏结合启示的案例，不论是专利无效请求人或者专利权人，都应当充分论证现有技术之间是否存在结合启示，这才能把握专利无效案件的精髓。

6. 技术特征组合之后还需要有技术启示才能否定专利的创造性

案情简介：请求人某美饰界公司、某耀公司就专利权人某德盛公司的ZL20142052××××.0号实用新型专利权分别提出无效宣告请求。[2]

---

[1]《【十大案件】“一种产生按压声音的键盘开关”实用新型专利权无效宣告请求案》，载国家知识产权局专利复审与无效部网站，http://reexam.cnipa.gov.cn/alzx/fswxsdaj/22197.htm，最后访问时间：2021年5月25日。

[2]《35919号专利无效决定书》，载国家知识产权局专利复审与无效部网站，http://reexam-app.cnipa.gov.cn/reexam_out2020New/searchdoc/searchfs.jsp，最后访问时间：2021年5月25日。

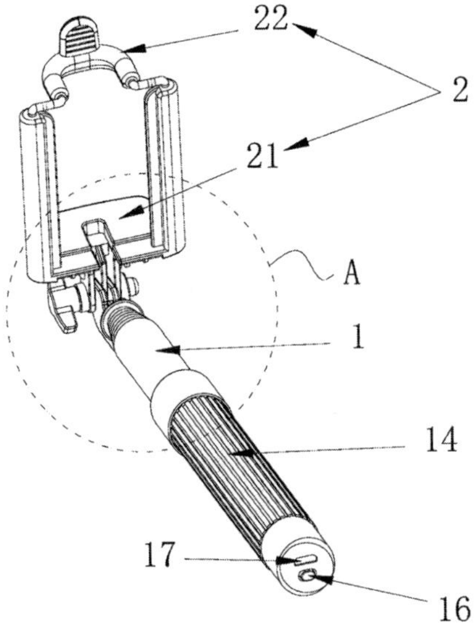

图 7-18 自拍杆专利结构示意图〔1〕

本案专利涉及自拍杆，在使用时无须临时组装，折叠收纳无须额外占用空间。该专利获得第二十届中国专利奖金奖，并为某德盛公司创造了数以亿计的销售业绩。与此同时自拍杆市场也出现了大量仿制侵权产品，某德盛在全国展开大规模诉讼维权行动，目前多方请求人针对本专利共提出了 26 次无效宣告请求，引起了社会各界的广泛关注。

请求人在本次无效中，主要依据的证据为：证据 9："正品远点拍一体式折叠自拍杆自拍神器清货"在某电商网站上的产品销售和性能介绍页面，网址为：http//detail. 1688. com/offer/43187592113. html? spm = a2615. 2177701/5680897. 4. 1cebc3703ygMpw；请求人声称其公开日为百度快照上显示的 2014 年 6 月 30 日。

经合议组当庭调查，在某搜索网站上输入"自拍杆—新款自拍杆—远点

〔1〕 图片来源于中国实用新型专利 201420522729. 0 的专利公开文本，专利授权公告号 CN204119349U，http：//pss - system. cnipa. gov. cn/sipopublicsearch/patentsearch/showViewList - jumpToView. shtml，最后访问时间：2021 年 8 月 21 日。

拍新款自拍杆自拍神器”，排在第二位的搜索结果得到了“正品远点拍一体式折叠自拍杆自拍神器清货”在某电商网上的销售页面，但在搜索网站结果页面上没有显示具体的公开日期，点击该搜索结果后进入某电商网站销售页面，经销商为“××电子厂”，点击该经销商的认证信息，网页页面上记载“成立日期：2014年10月30日，注册号：44030681357××××，营业期限：2014-10-30至长期，登记机关：深圳市市场监督管理局”。请求人声称该经销商可能自行修改该注册信息的公开日期，并且由于工商注册核准需要一段时间，而可能导致该经销商销售日期和工商注册日期不一致。

对此，合议组认为：互联网信息的公开时间一般以互联网信息的发布时间为准，百度快照的时间一般仅能证明其链接的发布时间，由于链接内容可能会发生变化，因此不能直接认定为点开链接进去后所得网页内容的公开时间。并且，电子商务网站是为买卖双方提供的交易平台，在该网站上所显示的产品信息由卖家（经销商）自行编辑、上传，对相同链接地址所链接的产品图片可以由经销商更改，对于此类电子商务网站的互联网证据进行公证时，公证的仅是公证日当天获取的网页内容。

对于本案，在合议组当庭调查时，通过请求人提交的公证书所公证的获取方式，在百度搜索结果页面上并没有显示百度快照日期，在产品销售网页上也没有记载明确的公开日期，因此无法确定该产品销售网页的公开日期，更加无法确定该产品销售网页上的内容能够在本专利的申请日之前为公众所知。并且通过登录产品销售页面调查，在该页面显示的图片中，该自拍杆所使用的苹果系列机型包括“iphone6、iphone6 plus”，而众所周知iphone6和iphone6 plus这两款手机是在2014年9月10日苹果秋季新品发布会上发布的机型，于2014年10月17日在中国大陆地区发售。根据上述网页记载内容，不能够确定所述产品图片在请求人所声称的2014年6月30日之前为公众所知。因此，在无其他证据佐证其公开性及其公开时间的情况下，不能证明证据9中所涉及产品图片在本专利申请日之前能够为公众所知。对于请求人声称证据9的公开日期为2014年6月30日的主张，合议组不予支持。证据9不能作为本专利的现有技术使用。

而对于证据10的贴吧内容，合议组给出了完全不同的认定：证据10的网页内容记载了贴吧的打开过程，完整地反映了公证时网页证据的来源。作为众所周知的知名网站，贴吧的公开日期应为用户在贴吧发帖时根据系统时间自动生成，其发帖内容在生成后由某搜索网站站进行统一的维护和管理，其管理机制通过管理员进行管理，安全性能得到一定的保证，并且当用户对发帖内容进行编辑时会在所发帖子内生成最新编辑时间，依据贴吧的发帖内容能够确定该帖子的公开日期。经查，该公证书第28～29页所关联的gopro吧的帖子“官方全新发布3－way手持杆”的发帖日期为2014年6月3日，在该帖子的后续回帖内容中也显示了回帖日期为2014年6月3日。综上，根据百度贴吧的公信力及运营机制，以及网页上显示的发帖日期和后续回帖日期，对于请求人所声称证据10的公开日期为2014年6月3日的主张，合议组予以认可。证据10的公开日期在本专利申请日之前，能作为评价本专利创造性的现有技术。

证据10没有公开放置拍摄装置的载物台上设置了缺口，也没有公开在可拉伸夹紧机构上设置与缺口位置相对应的折弯部，从而形成容纳伸缩杆的空间。并且在证据10公开内容的基础上，本领域技术人员也没有动机将其与证据1相结合。因此，证据10未给出相应的技术启示。

专利复审委员会经审理作出第35919号无效宣告请求审查决定，继续在权利要求2～13的基础上维持专利权有效。

专利复审委员会的点评：本案对网络证据公开日期的认定提供了具有指导意义的审查思路，也是创新主体运用专利制度维权的典型案例，体现了专利行政确权程序在维护专利权人合法权益方面的重要作用和价值。

本案的另一层典型意义在于，启发创新主体在撰写专利申请文件时重视平衡专利保护范围与技术贡献之间的关系，对专利权进行分层保护，使权利要求的保护范围清晰合理。

笔者点评：自拍杆专利历经二十多次维权始终没有“被无效”，通过载物台上的缺口与夹紧机构上的折弯部相互配合，达到了“使用完免拆”的技术效果，这个创新确实是在先技术中所没有的，是发明人对现有技术的“创新贡献”，理应获得专利保护。而原始的专利权利要求1保护范围较大，要求保护“夹持装置一体式转动连接于所述伸缩杆的顶端”，正如专利复审委无效决定中指出的：对于本领域技术人员来说，可拆卸连接和不可拆卸的一体连接都是机械结构中的常用连接方式，属于本领域的惯用手段，二者各自的优缺点也是本领域所公知的，因而本领域技术人员可以根据不同的应用场景及不用的需求，选择将夹持装置与伸缩杆设置为一体式连接或者可拆卸连接。专利无效程序本质上是一个“炼钢炉”，有技术“创新贡献”的专利，是“真金不怕火炼”，始终保持有效；而有“瑕疵”的授权专利会在“炼钢”的过程中，被作为杂质剔除出来，让“技术贡献”与“专利保护范围”相互匹配平衡；而根本没有做出任何“技术贡献”的假创新，则会被毫不留情地全部剔除掉，这是一个残酷的“去伪存真”“去芜存菁”的过程，容不得半点作假。

实务中，很多专利也存在这样那样的问题，可能也经历了一两次专利无效，还能继续有效。也许是炼钢的温度不够、强度不够、经济价值不够、影响力不够，毕竟越有市场经济价值的专利产品才越容易受到来自竞争对手的最猛烈的挑战。

四、专利侵权诉讼

1. 怎么认定构成专利侵权

未经专利权人许可，实施其专利，就构成专利侵权，具体是指行为人以生产经营为目的制造、使用、销售、许诺销售、进口其专利产品或依照其专利方法直接获得的产品。

专利侵权行为包括直接侵权与间接侵权，直接侵权比较好理解，就是行为人直接实施专利侵权行为；间接侵权是指行为人实施的行为并不构成直接侵犯他人专利权，但诱导、怂恿、教唆、帮助别人实施他人专利，发生侵权行为。譬如，专利权保护的是一种切割设备，包括电动驱动装置及专用切刀，直接侵权就是指行为人直接生产该切割设备进行销售；而间接侵权是行为人只生产了电动驱动装置，然后在说明书里面提示消费者可以到哪里自己购买切刀，组装后即可达到与专利设备一样的切割效果。这就是诱导、帮助消费者实施了直接侵权行为，而他自己构成了间接侵权。

构成专利侵权行为的要件包括两个方面：形式要件和实质要件。

其中，形式要件主要有：

（1）侵犯了一项有效的中国专利；

（2）该行为未经专利权人同意；

（3）以生产经营为目的。

实质要件是指实施行为是否落入了专利权的保护范围。

如何判断实施行为是否落入专利权保护范围？一般采用技术特征“全面覆盖原则”及“等同侵权原则”进行判断。即如果实施行为所涉及的技术特征“全面覆盖”了专利主权项的所有技术特征，那么该行为就构成了“相同侵权”；如果专利主权项中的某个技术特征并没有体现在实施行为中，但在该实施行为中存在与该技术特征等同的特征，则仍然构成“等同侵权”；除非专利主权项中的某个技术特征不但没有体现在实施行为中，在该实施行为中也不存在与该技术特征等同的特征，则不构成专利侵权。

2. 要进行专利侵权诉讼，需要准备什么证据

如果发现他人有疑似专利侵权行为，一般要先确认，最好是找专利律师

核实是否构成专利侵权，如果确实构成专利侵权，再考虑准备如下证据：

（1）专利权属证据。证明你是有权提起诉讼的专利权人或者利害关系人，以及该专利目前处于有效状态的法律凭证，以及专利权评价报告。（发明专利不需要提供，如果是实用新型与外观设计专利，一般需要提前准备并在庭审时向法院提供）

（2）侵权者情况的证据。要向法院提供侵权者确切的名称、地址及接收传票的确定地址、联系人信息等情况。如果侵权人是公司，需要提供公司的工商注册信息；如果是个人，则需要提供个人户籍信息。

（3）有关侵权事实的证据。可以是公证购买的侵权物品的实物、照片、产品目录、销售发票、购销合同；公证的展会照片；电商网站上的侵权产品照片及销售数据等。

（4）有关损害赔偿的证据。如果赔偿的依据是专利权人所受的损失，就要充分证明因对方的侵权行为，自己专利产品的销售量减少，或销售价格降低，以及其他多付出的费用或少收入的费用等损失；如果赔偿的依据是侵权者因侵权所获得的利润，就要证明侵权产品的销售量、销售时间、销售价格、销售成本及销售利润等，并以此为依据，计算侵权者所得的利润。

当然，一般上述这四个证据都非常难以获得，所以要求赔偿的依据还可以是专利许可费。专利权人只需要提供已经生效履行的与第三人的专利许可协议。如果这些证据都没有，那就只能请求法院酌定赔偿金额。但实务中，即使适用法定赔偿，建议专利权人还是要尽力提供证据让法官确信该侵权行为的范围、时间、价格、部分销售数量以及行业的一般利润等，从而得到更有利于权利人的赔偿。

3. 专利侵权可以要求侵权方承担取证费用及律师费用吗

《专利法》第 71 条规定：“侵犯专利权的赔偿数额按照权利人因被侵权所受到的实际损失或者侵权人因侵权所获得的利益确定……赔偿数额还应当包

括权利人为制止侵权行为所支付的合理开支……”

2020年修正的《最高人民法院关于审理专利纠纷案件适用法律问题的若干规定》第16条规定：“权利人主张其为制止侵权行为所支付合理开支的，人民法院可以在专利法第六十五条确定的赔偿数额之外另行计算。”

合理开支，包括权利人或者委托代理师对侵权行为进行调查、取证的合理费用。

所以，不仅专利侵权，商标侵权、著作权侵权均可以要求侵权方承担调查取证的合理费用及合理的律师费用。

4. 专利等同侵权的保护范围不应当延展到现有技术的常规变形内

案情简介：科某远公司拥有名称为“一种海绵状泡沫镍的制备方法”的发明专利权（专利号95102640.2），以侵犯发明专利权为由将某蓝天公司、凯某公司诉至法院。长沙市中级人民法院判令某蓝天公司赔偿科某远公司经济损失2900余万元，湖南省高级人民法院二审维持一审判决。某蓝天公司向最高人民法院申请再审，最高人民法院指令江苏省高级人民法院再审本案。再审法院认为被控侵权技术方案未落入涉案专利权的保护范围，据此判决驳回科某远公司的诉讼请求。[1]

涉案专利简介：1995年3月11日，吉林大学申请了“一种海绵状泡沫镍的制备方法”发明专利，专利号为95102640.2，该发明专利公开日为1995年10月11日，授权日为1998年9月12日。[2]

权利要求1记载的内容为：一种海绵状泡沫镍的制备方法，使用经过粗化的聚醚聚氨酯作为基底，制作电镀用阴极；经镀镍，水洗干燥等后处理过

---

〔1〕《2013年中国法院十大知识产权案件》，载人民法院报官网，http://rmfyb.chinacourt.org/paper/html/2014-04/22/content_81225.htm，最后访问时间：2021年5月25日。

〔2〕《惊天逆转，科某远专利维权案终审被驳回》，载新华财经网，http://stock.xinhua08.com/a/20130710/1209039.shtml，最后访问时间：2022年3月16日。

程，制备出海绵状泡沫镍，所说的镀镍是在含镍离子的电镀液中进行，时间为40~50分钟；其特征在于：所说的制作电镀用阴极是用磁控溅射的方法进行的，在镀膜机中，以纯镍为靶，在氩气气氛中，控制电流密度在（0.1~1.5）$\times 10^{-2}$ A/cm^2 范围，控制溅射时间在（20~100）s，两电极间距离为（10~30）cm之间，溅射前先抽真空，真空度为（0.8~3.5）$\times 10^{-5}$毫米汞柱，充入氩气后真空度在（2~3.5）$\times 10^{-4}$毫米汞柱；通电后，在基底表面和孔隙内生长镍，形成含金属镍的电镀用阴极；所说的后处理是在（800~900)℃温度下保温1小时，烧掉聚醚聚氨酯基底。

在涉案专利说明书中对本发明的背景技术、发明目的、采用的技术手段进行了以下介绍：①海绵状泡沫镍是由金属镍构成的有许多较小孔隙的一片镍网板。②已有的海绵状泡沫镍的制备方法，主要包括基底粗化，制作电镀用阴极（泡沫金属化)，镀镍，后处理等过程；与本发明最接近的现有技术是申请号为93200510.1、公开号为0558142的欧洲专利，该现有技术公开了以阴极溅射法对聚氨酯等有机泡沫基体镀覆导电金属制作电镀用阴极，再经电镀制得金属泡沫；在电镀中，以镍为镀液，并加具有光亮剂性能的化合物。③本发明的目的在于改进已有技术的制备工艺过程，以克服已有技术的不足，制备出大面积的均匀的纯度高的海绵状泡沫镍，并且基底不变形，提高成品率。④本发明的海绵状泡沫镍制备方法，其主要过程包括：基底粗化或选用粗化过的聚醚聚氨酯作基底，用磁控溅射方法制作电镀用阴极、镀镍、热处理等。基底粗化过程与已有技术是相同的，也可直接使用经过粗化的聚醚聚氨酯作基底制作电镀用阴极。⑤所说的后处理是热处理，即在（800~900)℃温度下保温1小时，烧掉聚醚聚氨酯基底而成为海绵状泡沫镍。

涉案专利在申请阶段所公开的说明书中对本发明的背景技术、发明目的、采用的技术手段均进行了介绍。在该公开说明书中有以下内容的描述：①海绵状泡沫镍是由金属镍构成的有许多较小孔隙的一片镍网板。②已有的海绵状泡沫镍的制备方法，主要包括基底粗化、制作电镀用阴极、镀镍、热处理等过程。其中基底粗化是选用聚醚聚氨酯作基底，通过粗化使其孔隙变大，增加表面粗糙程度；其中的制作电镀用阴极是用导电胶方法制作；将制作好的电镀用阴极装夹放入含镍离子的电镀液中，对浸有水溶性的导电胶的基底通电镀镍，镀镍时间约40～50分钟；热处理过程是将镀镍后的基底水洗干燥后，在（800～900）℃温度下保温1小时，烧去聚醚聚氨酯；上述过程制备的海绵状泡沫镍，只能制备出小块的海绵状泡沫镍，且镀层不均匀。③本发明的目的在于改进已有技术的制备工艺过程，以克服已有技术的不足，制备出大面积地均匀的纯度高的海绵状泡沫镍，并减少电镀液的损耗和对环境的污染。④本发明的海绵状泡沫镍制备方法，其主要过程包括：基底粗化或选用粗化过的聚醚聚氨酯作基底，用磁控溅射方法制作电镀用阴极、镀镍、热处理等。基底粗化过程与已有技术是相同的，也可直接使用经过粗化的聚醚聚氨酯作基底制作电镀用阴极。⑤本发明可以制备大块的海绵状泡沫镍，每块面积可达 $1m^2$ 以上，且整块是连续的。

专利审查过程文件：1998年4月14日，针对专利局的第一次审查意见通知书，专利申请人对本发明的创造性进行了如下阐述：本发明跟对比文献比较，其创造性体现在如下几个方面：首先是在诸多的泡沫金属化制作电镀阴极方法中，优选了最佳的磁控溅射的方法；其次是总结出了磁控溅射的工艺条件；最后是热处理方法。并称与对比文献相比，本发明权利要求的重点是电镀用阴极的制备方法，且电镀用阴极采用的磁控溅射法可以制成金属化的多孔平板形泡沫，也可以制成卷材。

江苏省高级人民法院再审时认为，现有证据足以证明涉案被控侵权技术方案中的“本底真空度及工作真空度”技术特征与涉案专利权利要求记载的“本底真空度和工作真空度”必要技术特征既不相同也不等同，能够满足上述专利法司法解释所规定的专利侵权判定的相关要求，故被控侵权的技术方案未落入涉案专利权的保护范围，某蓝天沈阳公司不构成专利侵权。具体理由分析如下：

首先，被控侵权技术方案中的本底真空度及工作真空度分别为 2×10^{-2} 帕、$(2.0\sim3.0)\times10^{-1}$ 帕，而涉案专利要求保护的本底真空度及工作真空度分别为 $(1.1\sim4.7)\times10^{-3}$ 帕、$(2.7\sim4.7)\times10^{-2}$ 帕，两者相差一个数量级（10倍），明显不相同。

其次，在本案所属技术领域中，真空蒸发、溅射镀膜和离子镀等常被称为物理气相沉积技术，这是本领域中基本的薄膜制作技术。它们均要求沉积薄膜的空间要有一定的真空度。因此，真空技术是薄膜制作技术的基础，获得并保持所需的真空环境是镀膜的必要条件，真空度大小在此类工艺过程中属于重要的工艺参数。具体言之：对于本底真空度而言，其抽真空的目的是减少真空室中残余气体（甚至除去真空室壁和真空室中其他零件上可能存在的吸附气体），从而减少沉积到基片上杂质含量，提高沉积薄膜的纯度。本底真空度越高，溅射薄膜的纯度越高，另外，其对抽真空的动力源，设备的承压能力和密封性能等要求都有相应的提高，并且由于提高真空度需要耗费更长的时间，其生产效率可能也会有所降低。本案中，虽然均属高真空度范围，但本底真空度由涉案专利权利要求中的 $(1.1\sim4.7)\times10^{-3}$ 帕降低到 2×10^{-2} 帕，相差一个数量级（10倍左右），相对于权利要求对本底真空度所限定的变化范围（即在 10^{-3} 帕数量级上由1.1变化到4.7，大约4倍的压力变化），大约10倍的压力变化应属于明显差异。因此，一方面，在没有直接证据显示这样的变化不会引起真空室内杂质含量的变化进而影响溅射膜纯度的情况下，不应当认为在溅射膜纯度方面二者能够达到基本相同的效果；另一方面，涉案专利相对于被控侵权技术方案的压力变化达到10倍，必然会对抽真空动力源、设备的承压能力等提出更高的要求，并且需要更长的操作时间。因此，在这些方面也不能认定涉案专利与被控侵权技术方案达到了基本相同的效果。

对于工作真空度而言，其是在本底真空度的基础上通过充入氩气而获得的工作状态下的真空度数值。众所周知，磁控溅射的工作原理是：电子e在电场E作用下，在飞向基板过程中与氩原子发生碰撞，使其电离出Ar+和一个新的电子e，电子飞向基板，Ar+在电场作用下加速飞向阴极靶，并以高能量轰击靶表面，使靶材发生溅射，在溅射粒子中，中性的靶原子或分子则沉积在基板上形成薄膜。可见，氩气在此过程中除了充当惰性气体保护镍材料不被氧化以外，还充当重要的溅射原子参与磁控溅射过程。由于工作真空度大小关系到工作状态下真空室中存在氩气多少，这会影响电子和氩气碰撞形成电离的概率，进而影响溅射所需的氩离子的密度，影响溅射效率。也就是说，在一定范围内，工作真空度越低（如被控侵权技术方案中的工作真空度），其中充入的氩气越多，相同条件下电子与氩气碰撞形成电离的概率越大，溅射的效率越高。本案中，工作真空度由专利权利要求中的（2.7~4.7）$\times 10^{-2}$帕（高真空度）降低到（2.0~3.0）$\times 10^{-1}$帕（中真空度），相差一个数量级（10倍左右），相对于权利要求对工作真空度所限定的变化范围（即在10^{-2}帕数量级上由2.7变化到4.7，大约2倍的压力变化），大约10倍的压力变化应属于明显差异。因此，在没有直接的证据表明此大约10倍的压力变化不会影响溅射效率的情况下，不应认定涉案专利与被控侵权技术方案达到了基本相同的效果。

综上，由于本底真空度及工作真空度的作用和/或效果在本案所涉及的磁控溅射过程中并不单一，并且各种作用和/或效果之间也会存在相互影响，如本底真空度升高虽然能够提高溅射膜纯度，但相应的对抽真空能力及设备承压能力等要求更高，而生产效率会有所下降，并且更重要的是无法对这些升高或降低进行定量比较。因此，在目前证据的基础上不能直接认定不同的本底真空度和工作真空度所产生的整体效果基本相同，也不宜简单地认定被控侵权技术方案的低真空度相对于权利要求的高真空度是变劣的技术方案。

再次，对于磁控溅射过程中所涉及的各种参数条件（包括电流密度、溅射时间、电极距离、本底真空度、工作真空度等），虽然其都是现有技术中曾经提到过或者是从现有技术大范围中选择出的小范围，但是，这些工艺参数并不是孤立存在的，为了获得最终的期望溅射效果，通常需要结合具体操作条件，如溅射基底的材质、磁控溅射装置的类型等，综合调整各个工艺参数，这样的工艺条件的选择是一个动态的过程，需要在设计人员精心计算的基础上进行大量的具体实验才能确定出合适的参数范围，并且这些参数范围都是配套使用的，如对于被控侵权技术方案在使用聚酯聚氨酯作为基底的情况下，使用相应的较低的真空度；而涉案专利权利要求中则针对聚醚聚氨酯采用相对较高的真空度。因此，这些参数已经由现有技术中供所有人员参考选择的公开属性转变为专用于某种特定对象的专有属性。

另外，从专利申请人在授权程序中所做的相关意见陈述内容及科某远公司代理人于庭后提交的代理词的相关内容来看，涉案专利的磁控溅射工艺条件均系专利申请人花费许多心血进行创造性活动，经过反复实验得出的能体现其创造性的发明内容，是专利申请人经过创造性劳动从现有工艺条件中优选出的技术方案。而被控侵权技术方案中所采用的本底真空度和工作真空度则系本领域普通技术人员无须创造性劳动即可从现有技术中轻易得到的技术方案。因此，不能轻易地以两者间可能存在简单联想来主张等同特征的适用。

最后，涉案专利权利要求中本底真空度和工作真空度是有明确端点的数值范围，与权利要求中其他具体的技术特征（如聚醚聚氨酯特征）不同，有明确端点的数值范围是经过专利申请人进行概括选择之后所确定的范围。一方面，根据专利法的原理，专利申请人在撰写权利要求保护范围的过程中会在客观条件的限制下以及在法律允许的情况下尽最大可能要求其保护范围，权利要求书中未经修改的数值范围是专利权人自主选择的结果，该数值范围以外的内容应当视为专利权人认为不能或不应得到专利保护的内容。因此，不应当将有明确端点的数值范围之外，并且与该范围差异明显的数值纳入等同技术特征的范围内。另一方面，在专利的审查过程中，专利行政管理部门是在申请人撰写的包括端点明确数值范围的权利要求的基础上，认为其符合专利法及其实施细则的有关规定，从而授予其专利权的。如果申请人在专利申请时要求保护一个过于宽泛的数值范围，则可能由于此范围所限定的技术方案包括了与现有技术相同或相似的内容从而不具备新颖性、创造性而得不到授权，或者可能由于此范围的概括超出了说明书具体公开的范围从而得不到说明书的支持而不能获得授权。这些在申请阶段可能导致专利无法获得授权的过于宽泛的数值范围，既然其没有记载在授权后的权利要求范围内，但如果通过等同特征的方式再将其纳入专利的保护范围内，显然对于公众而言是不公平的。因此，对于权利要求中端点明确的数值范围，其等同特征的范围应当相对狭窄，即应当严格控制等同原则的适用，尤其是与权利要求所限定范围差异明显的技术特征。正如前述，本案被控侵权方案中的本底真空度和工作真空度均系本领域普通技术人员无须创造性劳动即可从现有技术中轻易得到的技术方案、涉案专利的本底真空度和工作真空度的技术特征系专利申请人从现有技术方案中优选出来的技术方案，故不应再将专利申请人未写入权利要求的现有技术方案纳入等同特征的范围内，以防止权利人不当侵占公众利益的空间。

综上所述，本案中因被控侵权技术方案中的“本底真空度以及工作真空度”技术特征与涉案专利权利要求记载的“本底真空度以及工作真空度”必要技术特征既不相同也不等同，因此被控侵权技术方案未落入涉案专利权的保护范围，某蓝天沈阳公司使用该技术方案未侵犯科某远公司的涉案专利权。

本案再审法院通过对涉案专利技术特征的准确分析，正确适用等同原则，对确立了就现有技术进行优化选择而形成的专利技术方案而言，其适用等同的范围应当受到严格限制这一裁判规则，对类似案件的处理起到了案例示范作用。

笔者点评：专利权人在专利申请过程中，为了获得授权，倾向于对专利做缩小化的解释，以赢得审查员的认可并最终授权。在专利侵权诉讼过程中，为了认定侵权，倾向于对专利做扩大化解释，以让对方产品落入自己的专利保护范围之内。这是人之常情，无可厚非。但是作为中立者的律师、法官，应当清醒地认识到专利权人在这两个阶段中间的摇摆变化。

尤其作为律师，在代理当事人的维权诉讼时，务必清醒认识到，授权专利属于什么类型的专利，相对于现有技术的权利边界在哪里？而侵权产品与现有技术的边界在哪里？侵权产品究竟离现有技术的边界更近还是离本专利的权利边界更近，本专利适用等同原则扩展权利边界会受到什么样的限制？

正常来说，一个专利的权利保护边界要想通过等同原则进行扩张会受到三个方面的制约：

（1）专利发明目的及专利要实现的技术效果，这是一把保护伞，圈定了专利的保护范围，非专利发明目的之外的东西不能拉到专利保护范围之内。

（2）专利申请答辩及无效质证过程，这是权利人在受到第三人针对性的具体明确的质疑时，对自己专利保护范围的明确具体的解读及权利划界。

（3）专利类型，原创专利显然保护范围更大，等同的限制更小；而改进优化专利显然保护范围受到现有技术的极大制约。

在本案中，湖南省长沙市中级人民法院及湖南省高级人民法院均认定被告产品构成等同侵权，假设我们撇除案件审查过程中的地方保护主义因素，客观来讲：被告侵权产品是对现有技术的“非创新性优化”；而本专利是对现有技术的“创新性优化”，两者确实存在边界重叠之处，最终江苏省高级人民法院将本案翻案的主要依据来源于：

（1）本专利是对现有技术的“创新性优化”，等同扩展的范围应当受到更多限制；

（2）被告侵权产品对于现有技术的“非创新性优化”相对于本专利差了10倍量级，而相对于现有技术，则变化不大。显然，在专利保护范围还受到等同限制的情况下，被告侵权产品离现有技术更近。

因此，最终认定被告产品不构成等同侵权。

5. 行政途径处理专利侵权行为速度快效率高

案情介绍：请求人甲公司于2010年12月9日就被请求人乙公司制造、销售、许诺销售的“A 防毒半面罩系列产品”“B 防毒半面罩系列产品”2 个产品侵犯了请求人的4 项专利权，向上海市知识产权局提出行政处理请求。

上海市知识产权局受理后，依法组成合议组，并进行了口头审理。通过审理查明：请求人是上述4 个专利的专利权人，专利皆为有效专利。2010 年11 月，请求人公证购买了被请求人制造的“A 型过滤式半面罩”40 个，并取得相应发票。被请求人对其制造行为供认不讳。2010 年12 月6 日，请求人对被请求人公司网站上的被控侵权产品“A 防毒半面罩系列产品”以及“B 防毒半面罩系列产品”进行了网页公证。被请求人对其许诺销售行为供认不讳。被请求人承认被控侵权产品的技术特征分别落入了请求人的4 项专利的保护范围。

上海市知识产权局认为：请求人是本案专利的专利权人，其专利权应当受到法律保护。经比对，被请求人制造并在其公司网页上许诺销售的“A 防毒半面罩系列产品”以及“B 防毒半面罩系列产品”被控侵权产品的技术特征分别落入了请求人4 项专利的保护范围。被请求人未经专利权人许可，制造、许诺销售被控侵权产品的行为侵犯了请求人的合法权益，应依法承担侵权责任。在上海市知识产权局的主持下，双方自愿就上述4 个案件达成了调解协议，被请求人承诺立即停止侵权行为，并在双方签订协议书之时，就上述案件一次性向请求人支付赔偿金人民币10 万元。

专利管理部门灵活应用调解职能，实现案结事了的良好社会效应。在本案审理过程中，上海市知识产权局充分注意到双方当事人寻求调解的意愿，特别是被请求人，在口审伊始就表示不知道请求人有专利，现已把生产模具销毁，以后不会再实施侵权行为。在把事实问题调查清楚的基础上，市知识产权局积极引导并主持了调解工作。其间，被请求人对协议调解的数额一度出现反复，办案人员从认定事实、适用法律的角度出发为其分析协议调解的利弊取舍，最终促成了4 个纠纷案件的合并和解，当事人双方对处理结果都十分满意。

笔者点评：专利侵权处理适用司法与行政双轨保护。

司法保护主要通过提起专利侵权诉讼来实现，当权利人发现专利侵权行为时，可以通过向法院提交主体资格证明、权利证明、诉状和证据等来发起诉讼，法院在正式受理后，会向侵权人转送案件材料并责令其在一定期限内进行书面答复。接下来，法院通常会组织证据交换开庭、正式开庭，以便双方充分发表意见，使法院可以充分地了解案情，并根据在案证据作出判决。

对于专利案件，由于涉及侵权技术比对，对法官的要求比较高，只有高级人民法院、知识产权法院和授权的中级人民法院知识产权法庭有权审理一审的专利侵权案件，专利侵权的二审案件现在统一收归最高人民法院知识产权法庭进行审理。

司法保护的优势在于：程序规范、权威性强，给出包括赔偿、保全、禁令等多种解决方案；缺点在于：周期长、成本高、举证责任较重。

除了司法保护，权利人另外一个维权途径是向有关的行政部门提起行政查处，由行政部门作出侵权判定和禁令。其中知识产权局负责专利侵权案件、市场监督管理局负责商标侵权案件、版权局负责著作权侵权案件。对于这三种类型的案件，法律都赋予了行政机关责令侵权人停止侵权的职权，其中对于侵权商标权和著作权的行为，特别规定了责令侵权人销毁模具和侵权产品的职权。〔1〕

通常情况下，专利侵权案件由市级的知识产权局管辖，商标和著作权侵权案件由区县级的工商局和版权局分别管辖，但案件在区域内有重大影响（如标的额较大），专利案件可以向省级知识产权局提交请求，商标和著作权案件可以向市级的行政部门提交请求。权利人需要提交材料与司法保护大致相同：包括主体资格证明、权利证明、请求书、证据等。行政保护程序也存在开庭程序，但与司法保护不同的是，证据交换一般不单独开庭，而是在正

---

〔1〕《知识产权保护："司法"和"行政"双轮驱动》，载人民网，http://scitech.people.com.cn/n1/2016/0427/c1057-28307135.html，最后访问时间：2022年3月9日。

式的开庭中一起完成。

行政查处的优势在于：速度快、主动性强、维权成本低。主动性强是指行政部门可以主动搜集侵权证据，与司法保护不同，行政部门在行政保护程序中不只是一个中立的裁判者，也具有制止侵权行为、维护社会公共利益的行政责任。因此，当存在难以搜集的证据时，行政部门不会像法院一样要求权利人提供担保后才进行搜集，而是依职权采取更为主动的行为。行政查处的缺点在于：没有赔偿，只能就赔偿问题进行调解。法律赋予了行政机关作出禁令的权力，而没有赋予行政部门作出责令侵权人赔偿的权力，仅可以应当事人的请求，对赔偿数额进行调解。目前，法律有加大行政机关处理侵权案件的职权的趋势，在商标和著作权案件中，行政机关可能会责令销毁模具和复制品，作出行政处罚。

笔者一般建议权利人根据自己的维权目标，结合两种保护的优势和缺点来综合选择如何进行维权，案件复杂、侵权证据明确具体、侵权范围及数量较大，一般考虑采用司法保护，结果权威，解决方式多样化，还有大额的赔偿。而如果想快速肃清市场、投入经费较少、侵权事实难以取证的，行政查处相对更有优势。

五、商标侵权诉讼

1. 有哪些行为构成商标侵权

商标侵权行为是指未经商标注册人的许可，在同一种商品或者类似商品上使用与其注册商标相同或者近似的商标。

这类侵权行为可以具体分解为以下几种情况：

（1）相同侵权：在同一种商品上使用与他人注册商标相同的商标，这种行为并不需要考虑是否引起消费者混淆误认；

（2）近似侵权：在同一种商品上使用与其注册商标近似的商标，或者在类似商品上使用与其注册商标相同或者近似的商标，容易导致混淆的；

（3）销售侵犯注册商标专用权的商品的；

（4）伪造、擅自制造他人注册商标标识或者销售伪造、擅自制造的注册商标标识的；

（5）反向假冒；

（6）故意为侵犯他人商标专用权行为提供便利条件，帮助他人实施侵犯商标专用权行为的；

（7）给他人的注册商标专用权造成其他损害的。

第一种行为是假冒注册商标行为，假冒注册商标是最严重的侵害商标专用权的行为，情节严重的，还要依法追究刑事责任。

第二种近似侵权行为，是最常见的商标侵权行为，国内常见的山寨行为一般都是这样的侵权方式。

第三种侵权行为的主体是商品经销商，不管行为人主观上是否有过错，只要实施了销售侵犯注册商标专用权的商品的行为，都构成侵权。只是在行为人主观上是善意时且有合法来源的，可以免除其赔偿责任。

第四种侵权行为是商标标识侵权的问题，包括“制造”和“销售”两种行为。

第五种反向假冒行为，构成这种侵权行为必须具备两个要件：一是行为人未经商标所有人同意而擅自更换商标；二是撤换商标的商品又投入市场进行销售。

第六种是帮助侵权行为。

根据《商标法》第 57 条和《最高人民法院关于审理商标民事纠纷案件适用法律若干问题的解释》第 1 条的相关规定，下列行为均属侵犯注册商标专用权：

（1）未经商标注册人的许可，在同一种商品上使用与其注册商标相同的商标的；

（2）未经商标注册人的许可，在同一种商品上使用与其注册商标近似的商标，或者在类似商品上使用与其注册商标相同或者近似的商标，容易导致混淆的；

（3）销售侵犯注册商标专用权的商品的；

（4）伪造、擅自制造他人注册商标标识或者销售伪造、擅自制造的注册商标标识的；

（5）未经商标注册人同意，更换其注册商标并将该更换商标的商品又投入市场的；

（6）故意为侵犯他人商标专用权行为提供便利条件，帮助他人实施侵犯商标专用权行为的；

（7）给他人的注册商标专用权造成其他损害的：

①将与他人注册商标相同或者相近似的文字作为企业的；

②复制、摹仿、翻译他人注册的驰名商标或其主要部分在不相同或者不相类似商品上作为商标使用，误导公众，致使该驰名商标注册人的利益可能受到损害的；

③将与他人注册商标相同或者相近似的文字注册为域名，并且通过该域名进行相关商品交易的电子商务，容易使相关公众产生误认的。

2. 遇到商标侵权，权利人应当如何处理

遇到商标侵权行为，权利人不能只知道找律师取证打官司这么一条路，还得知道以下几种处理方式：

（1）和气生财，协商解决其实是成本最低的做法。但我们一般建议如果发现对方是一个恶意侵权者或者故意侵权者，也就是说协商几乎是没有效果的，应当先取证，最好对侵权网页进行公证、公证购买侵权商品，再去协商谈判，才更有底气。

（2）如果对方不愿协商或者协商不成的，商标注册人或者利害关系人可以请求市场监督管理局进行处理，在处理时认定侵权行为成立的，可以责令立即停止侵权行为，没收、销毁侵权商品和专门用于制造侵权商品、伪造注册商标标识的工具，并可处以罚款。当事人对市场监督管理局的处理决定不服的，可以依照《行政诉讼法》向人民法院起诉；侵权人期满不起诉又不履行的，市场监督管理局可以申请人民法院强制执行。

（3）进行处理的市场监督管理局根据当事人的请求，可以就侵犯商标专用权的赔偿数额进行调解，调解不成的，当事人可以依照《民事诉讼法》向人民法院提起诉讼。

判断对方商标使用行为是否构成商标侵权，应当按照如下原则进行：

以相关公众的一般注意力为标准，既要进行对商标的整体比对，又要进行对商标主要部分的比对，比对应当在比对对象隔离的状态下分别进行，判断商标是否近似，应当考虑请求保护注册商标的显著性和知名度。

3. 被权利人起诉或警告商标侵权，应当如何处理

收到权利人的商标侵权警告函或者法院诉状，最重要的首先是托专业律师进行处理，律师在处理商标侵权纠纷时，一般会进行如下动作：

与当事人核实，我方是否有注册商标，我方是否仅是注册商标使用不规范，我方是否有商标侵权的故意，我方具体是如何使用该涉嫌侵权商标的，以及销售时间、数量等信息。其次是对方的商标信息，对方是否实际使用该注册商标，实际使用该商标的商品样式，对方商标在业内的知名度，以及市场占有率等信息。

如果核实发现并没有真正侵权，需要搜集相关证据，如你使用的商标的受理通知书或者商标注册证、商标授权许可证明、商标宣传广告资料、货物销售发票等。按照《商标法》的规定，商标权人如果未实际使用商标，侵权人不承担赔偿责任，另外，如果侵权人有商品的合法来源，也是免于承担赔

偿责任。具体法条依据如下：

《商标法》第 64 条规定：“注册商标专用权人请求赔偿，被控侵权人以注册商标专用权人未使用注册商标提出抗辩的，人民法院可以要求注册商标专用权人提供此前三年内实际使用该注册商标的证据。注册商标专用权人不能证明此前三年内实际使用过该注册商标，也不能证明因侵权行为受到其他损失的，被控侵权人不承担赔偿责任。销售不知道是侵犯注册商标专用权的商品，能证明该商品是自己合法取得并说明提供者的，不承担赔偿责任。”

此外，需要了解商标侵权的相关法律规定。《商标法》第 60 条第 2 款规定：“工商行政管理部门处理时，认定侵权行为成立的，责令立即停止侵权行为，没收、销毁侵权商品和主要用于制造侵权商品、伪造注册商标标识的工具，违法经营额五万元以上的，可以处违法经营额五倍以下的罚款，没有违法经营额或者违法经营额不足五万元的，可以处二十五万元以下的罚款。对五年内实施两次以上商标侵权行为或者有其他严重情节的，应当从重处罚。销售不知道是侵犯注册商标专用权的商品，能证明该商品是自己合法取得并说明提供者的，由工商行政管理部门责令停止销售。”

《商标法》第 62 条规定了行政查处的职权行使范围，在有他人举报或者已经取得违法嫌疑证据的情况下，县级以上工商行政管理部门可以对涉嫌侵权行为进行查处，并行使下列职权：

（1）询问有关当事人，调查与侵犯他人注册商标专用权有关的情况；

（2）查阅、复制当事人与侵权活动有关的合同、发票、账簿及其他有关资料；

（3）对当事人涉嫌从事侵犯他人注册商标专用权活动的场所实施现场检查；

（4）检查与侵权活动有关的物品；对有证据证明是侵犯他人注册商标专用权的物品，可以查封或者扣押。

工商行政管理部门依法行使前款规定的职权时，当事人应当予以协助、配合，不得拒绝、阻挠。

4. 侵犯知名公众人物姓名权的恶意商标注册行为不再被允许

案例简介：乔某系外国篮球明星，其于2012年向商标评审委员会提出申请，请求撤销乔某体育公司在多个商品类别上注册的“乔某”“QIAO×××”等多项商标。商标评审委员会于2014年裁定驳回其申请。再审申请人不服而提起行政诉讼。2015年，再审申请人不服北京市高级人民法院作出的68件商标争议行政纠纷案件的二审判决，向最高人民法院申请再审。[1]

2015年12月，最高人民法院依法裁定提审了10件案件。同时，最高人民法院裁定驳回了再审申请人在另外50件案件中的再审申请，并裁定中止了8件案件的审查。最高人民法院提审后，依法组成了由副院长担任审判长的5人合议庭对10件案件进行审理。

经最高人民法院审判委员会讨论决定，判决认为：

（1）关于涉及“乔某”商标的（2016）最高法行再15号、26号、27号的三件案件。因争议商标的注册损害了再审申请人对“乔某”享有的在先姓名权，不符合2001年修订的《商标法》[2]第31条有关“申请商标注册不得损害他人现有的在先权利”的规定，应予撤销，故判决撤销商标评审委员会作出的被诉裁定及一、二审判决，判令商标评审委员会针对争议商标重新作出裁定。

（2）关于涉及拼音“QIAO×××”的（2016）最高法行再20号、29号、30号、31号四件案件，以及涉及拼音“qiao×××”与图形组合商标的（2016）最高法行再25号、28号、32号3件案件，共计7件案件，因再审申

---

〔1〕参见最高人民法院（2016）最高法行再15、20、25、26、27、28、29、30、31、32号行政判决书，载中国裁决文书网，https://wenshu.court.gov.cn/website/wenshu/181029CR4M5A62CH/index.html，最后访问时间：2022年4月19日。

〔2〕根据《全国人民代表大会常务委员会关于修改〈中华人民共和国建筑法〉第八部法律的决定》，新修正的《中华人民共和国商标法》已于2019年11月1日起正式施行，下同。

请人对拼音“QIAO×××”“qiao×××”不享有姓名权，争议商标的注册未损害再审申请人的在先姓名权。争议商标也不属于《商标法》第10条第1款第8项规定的“有害于社会主义道德风尚或者有其他不良影响”，以及第41条第1款规定的“以欺骗手段或者其他不正当手段取得注册”的情形，故判决维持二审判决，驳回再审申请人的再审申请。

根据最高院的判决书及裁判精神，上海市第二中级人民法院对前美国职业篮球运动员乔某诉乔某体育公司、百仞贸易公司姓名权纠纷案作出一审宣判。上海二中院依法判决：

（1）乔某体育公司公开在报纸和网络上向原告赔礼道歉，并澄清两者关系；

（2）乔某体育公司停止使用其企业名称中的“乔某”商号；乔某体育公司应停止使用涉及“乔某”的商标，但对于超过5年争议期的涉及“乔某”的商标，应采用包括区别性标识等在内的合理方式，注明其与前美国篮球运动员乔某不存在任何关联；

（3）乔某体育公司应赔偿原告精神损害抚慰金人民币30万元；乔某体育公司赔偿原告因本案诉讼所支出的合理费用人民币5万元。

法院驳回了原告的其他诉讼请求。[1]

笔者点评：笔者认为，“乔某商标案”是打击国内愈演愈烈的“商标抢注”“傍名牌”行为的里程碑与重要转折点。近些年来，国内商标行业存在大量乱象：

（1）大量企业及个人以抢注商标囤积商标进行倒卖为业；

（2）许多国内公司将国外知名品牌在国内抢注，譬如，很多国内贴牌加工厂将国外客户的品牌进行商标抢注，与外商业务合作磋商过程中知悉的客

〔1〕上海市第二中级人民法院（2012）沪二中民一（民）初字第1号）民事判决书，载中国裁判文书网，https://wenshu.court.gov.cn/website/wenshu/181107ANFZ0BXSK4/index.html? docId = 860ec4b63fc840e5b79eac9900ff7290，最后访问时间：2022年3月9日。

户品牌进行商标抢注；这些行为造成了恶劣的国际影响；

（3）抢注互联网热词、知名人物、知名 IP 名称为商标。

最高人民法院抓住“乔某商标案”这个典型案例，向全社会宣告：遵循诚实守信的商业伦理，对于不以使用为目的的商标注册行为要严厉打击。最高人民法院判决书认定，乔某公司申请的商标中包含独立的“乔某”中文二字，已无合法性依据，应当无效；但包含“QIAO × × ×”/“qiao × × ×”或运球动作剪影图像且未包含独立的“乔某”二字的商标都还可以继续有效。因为《商标法》规定，在先权利人对争议商标提起无效申请的时间受到“商标注册之日起五年内”的限制，而乔某体育公司早在 2000 年起就申请了一批包含“乔某”字样的商标，最早的“乔某”商标于 2001 年就已获准注册。最高人民法院宣判后，乔某体育公司发表声明称，本案判决不会影响其现有商标的正常使用。乔某本人虽然无法对乔某体育公司超过 5 年注册时间的“乔某”系列商标通过商标无效程序将其无效，但是还可以通过民事诉讼请求法院认定构成姓名权侵权并判定停止使用。

2012 年，乔某在上海对乔某体育公司提起侵犯姓名权之诉，在最高人民法院判决表态后，上海市第二中级人民法院的本次判决，完美解决了最高人民法院判决中对于“QIAO × × ×”/“qiao × × ×”或运球动作剪影图像且未包含独立的“乔某”二字的商标无能为力的问题，通过商标无效宣告程序 + 商标民事侵权程序堵住了乔某体育公司使用“乔某”品牌的漏洞。2021 年 1 月 13 日，据工商部门消息，原乔某体育公司正式更名为某乔体育公司，为乔某商标系列案画上了一个完美的句号。〔1〕

5. 重复商标侵权行为被适用惩罚性赔偿予以严厉打击

案情简介：某运动服务器公司是核定使用在健身器材等商品上的“MO × ×”

〔1〕《“乔某体育”更名为“某乔体育”》，载新华网，http：//www. xinhuanet. com/sports/2021 - 01/13/c_ 1126979039. htm，最后访问时间：2021 年 8 月 1 日。

商标的注册人，也是全球从事运动器材生产销售的知名厂商，并在中国拥有多项发明专利及注册商标。永康某公司在某展览会上推销使用了涉案商标的健身器材，并通过微信商城等多种方式进行实际销售。某运动服务器公司以侵害商标权为由，对永康某公司提起诉讼，并主张适用惩罚性赔偿。后经法院查明，在本案被诉侵权行为发生前，永康某公司就曾侵犯某运动服务器公司的知识产权，经某运动服务器公司发送警告函后，双方签订和解协议，且永康某公司明确承诺不再从事侵权活动。

据此，上海市浦东新区人民法院判令永康某公司停止侵权行为，并鉴于其重复侵权的情形，适用三倍惩罚性赔偿标准，确定永康某公司承担300万元的赔偿责任。该案判决后，双方均未上诉。

法院在判决中明确指出，被告不信守承诺、无视他人知识产权的行为，是对诚实信用原则的违背，侵权恶意极其严重。为保护商标权人的合法权益，严惩侵权行为，维护市场秩序，对权利人的诉讼请求应当予以全额支持。

本案是适用知识产权侵权惩罚性赔偿标准的典型案例，体现了人民法院严厉打击重复侵权、持续侵权等恶意侵权行为、加大侵权惩处力度的坚定信心。该案判决后，得到了社会各界的高度评价。[1]

六、版权侵权诉讼

1. 著作权的侵权行为有哪些

2021年6月实施的《著作权法》第52条规定："有下列侵权行为的，应当根据情况，承担停止侵害、消除影响、赔礼道歉、赔偿损失等民事责任：（一）未经著作权人许可，发表其作品的；（二）未经合作作者许可，将与他

[1] 《2019年中国法院10大知识产权案件和50件典型知识产权案例》，载最高人民法院官网，http://www.court.gov.cn/zixun-xiangqing-226511.html，最后访问时间：2021年8月3日。

人合作创作的作品当作自己单独创作的作品发表的；（三）没有参加创作，为谋取个人名利，在他人作品上署名的；（四）歪曲、篡改他人作品的；（五）剽窃他人作品的；（六）未经著作权人许可，以展览、摄制视听作品的方法使用作品，或者以改编、翻译、注释等方式使用作品的，本法另有规定的除外；（七）使用他人作品，应当支付报酬而未支付的；（八）未经视听作品、计算机软件、录音录像制品的著作权人、表演者或者录音录像制作者许可，出租其作品或者录音录像制品的原件或者复制件的，本法另有规定的除外；（九）未经出版者许可，使用其出版的图书、期刊的版式设计的；（十）未经表演者许可，从现场直播或者公开传送其现场表演，或者录制其表演的；（十一）其他侵犯著作权以及与著作权有关的权利的行为。"

《著作权法》第53条规定："有下列侵权行为的，应当根据情况，承担本法第五十二条规定的民事责任；侵权行为同时损害公共利益的，由主管著作权的部门责令停止侵权行为，予以警告，没收违法所得，没收、无害化销毁处理侵权复制品以及主要用于制作侵权复制品的材料、工具、设备等，违法经营额五万元以上的，可以并处违法经营额一倍以上五倍以下的罚款；没有违法经营额、违法经营额难以计算或者不足五万元的，可以并处二十五万元以下的罚款；构成犯罪的，依法追究刑事责任：（一）未经著作权人许可，复制、发行、表演、放映、广播、汇编、通过信息网络向公众传播其作品的，本法另有规定的除外；（二）出版他人享有专有出版权的图书的；（三）未经表演者许可，复制、发行录有其表演的录音录像制品，或者通过信息网络向公众传播其表演的，本法另有规定的除外；（四）未经录音录像制作者许可，复制、发行、通过信息网络向公众传播其制作的录音录像制品的，本法另有规定的除外；（五）未经许可，播放、复制或者通过信息网络向公众传播广播、电视的，本法另有规定的除外；（六）未经著作权人或者与著作权有关的权利人许可，故意避开或者破坏技术措施的，故意制造、进口或者向他人提供主要用于避开、破坏技术措施的装置或者部件的，或者故意为他人避开或者破坏技术措施提供技术服务的，法律、行政法规另有规定的除外；（七）未经著作权人或者与著作权有关的权利人许可，故意删除或者改变作品、版式设计、表演、录音录像制品或者广播、电视上的权利管理信息的，知道或者应当知道作品、版式设计、表演、录音录像制品或者广播、电视上的权利管理信息未经许可被删除或者改变，仍然向公众提供的，法律、行政法规另有规定的除外；（八）制作、出售假冒他人署名的作品的。"

著作权是对作品再现的垄断控制权，符合独创性标准的作品应当受到《著作权法》的保护，但是对作品法律保护的同时，也有一些例外，这就是"合理使用"，合理使用行为具体规定在《著作权法》第 24 条："在下列情况下使用作品，可以不经著作权人许可，不向其支付报酬，但应当指明作者姓名或者名称、作品名称，并且不得影响该作品的正常使用，也不得不合理的损害著作权人的合法权益：（一）为个人学习、研究或者欣赏，使用他人已经发表的作品；（二）为介绍、评论某一作品或者说明某一问题，在作品中适当引用他人已经发表的作品；（三）为报道新闻，在报纸、期刊、广播电台、电视台等媒体中不可避免地再现或者引用已经发表的作品；（四）报纸、期刊、广播电台、电视台等媒体刊登或者播放其他报纸、期刊、广播电台、电视台等媒体已经发表的关于政治、经济、宗教问题的时事性文章，但著作权人声明不许刊登、播放的除外；（五）报纸、期刊、广播电台、电视台等媒体刊登或者播放在公众集会上发表的讲话，但作者声明不许刊登、播放的除外；（六）为学校课堂教学或者科学研究，翻译、改编、汇编、播放或者少量复制已经发表的作品，供教学或者科研人员使用，但不得出版发行；（七）国家机关为执行公务在合理范围内使用已经发表的作品；（八）图书馆、档案馆、纪念馆、博物馆、美术馆、文化馆等为陈列或者保存版本的需要，复制本馆收藏的作品；（九）免费表演已经发表的作品，该表演未向公众收取费用，也未向表演者支付报酬，且不以营利为目的；（十）对设置或者陈列在公共场所的艺术作品进行临摹、绘画、摄影、录像；（十一）将中国公民、法人或者非法人组织已经发表的以国家通用语言文字创作的作品翻译成少数民族语言文字作品在国内出版发行；（十二）以阅读障碍者能够感知的无障碍方式向其提供已经发表的作品；（十三）法律、行政法规规定的其他情形。前款规定适用于对与著作权有关的权利的限制。”

2. 如何进行著作权的保护

目前对著作权保护的方式主要有两种：一是法律手段，二是技术手段。由于作品创作非常困难，要求具有一定的独创性，但是创作完成的作品被复制传播极为方便。技术方面的保护是我们平时接触较多的，如常用的对软件拷贝或使用、网页复制进行限制或者添加水印等技术措施。

法律手段主要是通过著作权法律法规来进行保护的。法律保护的最终目的不是“如何防止使用”，而是“如何控制使用”，《著作权法》的实质是一种控制作品使用的机制，著作权法律保护包括了行政保护与司法保护。

在行政保护层面，可以请求地方版权部门对版权违法行为进行处罚。地方版权部门对涉嫌侵犯著作权和与著作权有关的权利的行为进行查处时，可以询问有关当事人，调查与涉嫌违法行为有关的情况；对当事人涉嫌违法行为的场所和物品实施现场检查；查阅、复制与涉嫌违法行为有关的合同、发票、账簿及其他有关资料；对于涉嫌违法行为的场所和物品，可以查封或者扣押。《著作权法》第53条规定：“……侵权行为同时损害公共利益的，由主管著作权的部门责令停止侵权行为，予以警告，没收违法所得，没收、无害化销毁处理侵权复制品以及主要用于制作侵权复制品的材料、工具、设备等，违法经营额五万元以上的，可以并处违法经营额一倍以上五倍以下的罚款；没有违法经营额、违法经营额难以计算或者不足五万元的，可以并处二十五万元以下的罚款；构成犯罪的，依法追究刑事责任……”

在司法保护层面，法院可以判决侵权人承担停止侵害、消除影响、赔礼道歉、赔偿损失等民事责任；对故意侵犯著作权或者与著作权有关的权利，情节严重的，可以在按照上述方法确定数额的一倍以上五倍以下给予赔偿。法院审理著作权纠纷案件时，应权利人请求，对侵权复制品，除特殊情况外，责令销毁；对主要用于制造侵权复制品的材料、工具、设备等，责令销毁，且不予补偿；或者在特殊情况下，责令禁止前述材料、工具、设备等进入商业渠道，且不予补偿。

近年来，技术变革催生了著作权产业新业态和新融合，依托移动互联网的短视频、直播、电竞等垂直领域兴起，使得网络已成为版权保护的主战场。防止侵权盗版，应学会运用技术的力量，譬如对针对电子内容开发防盗链技术。

对于影视作品的版权保护，腾讯运用企业自主研发的防盗链、视频基因比对、安全云库侵权网站屏蔽等新技术，实现对知识产权全天候、全网、全平台的侵权监测，快速准确地侵权排查，及时有效地技术打击。

据腾讯提供的数据显示，2019 年春节期间，腾讯安全云技术团队配合国家版权局，通过安全云底层技术，对盗版的小网站进行屏蔽，阻断访问盗版网址总量达到 1.9 亿次。

区块链、人工智能、大数据分析、云计算等科学技术的产生与发展，为知识产权事业提供“新引擎”的同时，为知识产权保护提供了新思路和新模式。随着这些创新技术与知识产权保护的深度融合，利用技术对抗侵权的经验在实践中将不断成熟。[1]

如果发现了著作权侵权行为，准备采用司法保护方式进行维权，一般需要进行如下的维权步骤：

第一，搜集和整理相关证据材料。

包括证明权利方著作权存在的证据、权利方与著作权相互关系的证据、

---

〔1〕《5G 时代探索“司法、行政、技术、标准”相结合的版权保护新模式》，载中国法院网，https：//www. chinacourt. org/index. php/article/detail/2019/12/id/4704351. shtml，最后访问时间：2021 年 5 月 25 日。

侵权行为存在和实施侵权行为的具体方式的证据、侵权方与侵权行为关系的证据、侵权获利与侵权程度的证据等。

第二，证明权利方著作权本身成立。

权利人的主体资格及作品创作完成过程，证明作品在我国享有著作权且作品仍在《著作权法》的保护期限内。

第三，证明侵权行为存在及具体的侵权方式。

对于侵权人未经许可擅自使用权利人作品或邻接权客体的情况，权利人要证明侵权行为是由侵权人实施的相关证据。为了让证据更加准确并且更具有说服力，原告可以公证购买侵权物品。

第四，选择管辖法院。

权利人选择法院的基本原则是：方便自己、选择专业法院的原则。

第五，诉前措施。

权利方可以考虑申请诉前禁令、证据保全、财产保全等。这样做主要是为了防止侵权方继续实施侵权行为，将重要证据固定下来，为胜诉后能够获得实际的经济赔偿做保障等。

第六，立案开庭。

权利人除了需要提交赔偿证据之外，还应当提交为了维权的合理开支和自己声誉受到损失的证据，以此来请求法院判决要求被告承担相应的法律责任。

3. 企业经营过程中如何避免著作权侵权

首先，企业应当尽可能使用原创或通过正规渠道取得作品使用权。鼓励企业在使用宣传素材时优先使用原创作品或者从原作者处取得授权后使用，此种方式可以最大限度地防范风险。同时，坚持原创既是对知识产权的尊重，也是对企业自身负责。若由于商业宣传的成本限制、时间周期等因素，购买或委托制作较难实现时，可以从网络或其他渠道取得已有文章、图片或音乐作品用于转载、修改或使用。但是，使用前，应当首先审查作品来源，并取得相关权利人的授权。建议企业如有长期需求的，可以与正规的商用素材网站合作或者付费成为会员，减少后顾之忧。对于无法查明作者的文章或图片，尽量不使用。如果出于特殊原因必须使用，一般应作出声明，以便日后原作者联系后协商支付相应报酬，但需要注意，此声明不能免除侵权责任。

其次，寻找专业第三方合作。在企业实际经营中，许多企业都将网站、公众号的运营委托给第三方，如果选择不正规、不专业的第三方运营公司，在运营过程中并未对使用的素材进行正版化筛选和整理，而若使用了"未授权的资源"就会连累企业作为侵权人被权利人起诉。因此，应当在商业合作时寻找专业的第三方机构，并且在合作协议中明确要求第三方公司应当使用正版字体、正版图片、正版软件，若因第三方原因导致企业被他人起诉侵权的，企业在承担赔偿责任后可以向第三方追偿。

最后，如果发生著作权侵权纠纷，应当综合考虑"性价比"后抉择。由于著作权案件相对来说，侵权事实较为清楚明确，权利归属也比较明确，法院判决的胜诉率非常高，所以建议企业在收到法院诉状和传票后可以综合比较后考虑和解。很多时候，权利人起诉的目的是推广正版作品，如果企业愿意购买使用正版产品，谈判的空间是非常大的。

4. 如何合理界定作品的改编与借鉴

案情简介：某河社是《射雕英雄传》《神雕侠侣》《倚天屠龙记》《笑傲江湖》等作品在中国境内的专有使用权人。经某河社同意，查先生将上述作品部分区域和期间内移动终端游戏软件改编权及后续软件的商业开发权独家授予某美世界公司。被诉侵权的"武××传"游戏由某谷网开发，某乐享公司经授权可在多个国家和地区独家运营该游戏。某万维公司为涉案游戏的运营者。[1]

---

〔1〕 北京市高级人民法院（2018）京民终226号民事判决书，载中国裁判文书网，https：//wenshu. court. gov. cn/website/wenshu/181107ANFZ0BXSK4/index. html？ docId = e1dbbf8063b54a679284ab34000b933a，最后访问时间：2022年3月11日。

涉案游戏共有人物卡牌、武功卡牌、配饰卡牌和阵法卡牌四类卡牌，经比对，涉案游戏在人物描述、武功描述、配饰描述、阵法描述、关卡设定等多个方面与涉案武侠小说中的相应内容存在对应关系或相似性。某谷网认可开发时借鉴和参考了权利人作品中的元素。

一审法院认为，现有证据不能证明涉案游戏软件构成对权利人任意一部作品的改编。但某谷网、某乐享公司和某万维公司的行为构成对某河社及某美世界公司的不正当竞争，据此判令某谷网、某乐享公司和某万维公司停止侵权、消除影响，并赔偿某河社等经济损失16319658元。双方当事人均不服一审判决，提起上诉。

北京市高级人民法院二审认定涉案游戏构成对权利人作品的改编，某谷网构成对某河社和某美世界公司享有权利作品移动终端游戏软件改编权的侵害。某谷网作为开发者，某乐享公司、某万维公司作为游戏运营者，三者应共同承担侵权责任。由于已经认定涉案游戏构成对权利人改编权的侵害，故不再适用《反不正当竞争法》对被诉侵权行为进行评述。据此判决驳回上诉、维持一审判决。

本案是涉及作品游戏改编权的典型案例。《射雕英雄传》《倚天屠龙记》《神雕侠侣》《笑傲江湖》是著名武侠小说家查先生创作的四部知名武侠小说。被诉侵权卡牌游戏对权利人作品的改编方式，不同于通常形式上的抄袭剽窃，侵权人在改编时并未完整使用权利人作品中的故事情节，而是对人物角色、人物特征、人物关系、武功招式以及武器、阵法、场景等创作要素进行了截取式、组合式的使用。二审法院明确，在游戏改编过程中，未经许可对他人作品中人物角色、人物特征、人物关系、武功招式以及武器、阵法、场景等具体创作要素进行截取式、组合式使用，且由此所表现出的人物特征、人物关系以及其他要素间的组合关系与原作品中的选择、安排、设计不存在实质性差别，未形成脱离于原作品独创性表达的新表达，即构成对他人作品改编权的侵犯，进一步厘清了侵害改编权与合理借鉴的行为边界。此外，二审判决在充分考虑权利人作品市场价值的基础上，判令三被告承担1600余万元的赔偿责任，坚持了知识产权侵权赔偿的市场价值导向，切实保障权利人获得了充分赔偿。[1]

改编权是改变原作品，创作出具有独创性的新作品的权利。对于侵犯改编权行为的认定，一般遵循"接触加实质性相似"的判断方法，即从被诉侵权作品作者是否接触过权利人作品、被诉侵权作品与权利人作品之间是否构成实质性相似等方面进行判断。《著作权法》对作品的保护是对作品中作者独创性表达的保护，即思想或情感的表现形式，不包括作品中所反映的思想或情感本身。《著作权法》保护的表达不仅是指文字等符号的最终形式，当作品的内容被用于体现作者的思想、情感时，内容也属于受《著作权法》保护的表达，但创意、素材或公有领域的信息、创作形式、必要场景、表达唯一或有限表达则被排除在著作权法的保护范围之外。因此，判断是否构成实质性相似时，应比较作者在作品表达中的选择、取舍、安排、设计等是否相同或相似。

改编行为与借鉴行为的区别在于，借鉴者创作的新作品是在借鉴原作中的主题、情感、构思等归于"思想"内容的基础上进行自己的独创性表达，该表达不同于或脱离于被借鉴作品中的具体表达。[2]

笔者点评：查先生通过其16部作品创造了一个武侠世界，很多涉及武侠类的小说或者影视、游戏等作品创作都会或多或少地借鉴查先生的小说中对于武功武术江湖门派等的设定，但是在这些基础元素素材之上，再演绎出每个创作者自己眼中的"江湖故事"，这就是借鉴。而改编是在查先生已有的武侠江湖的框架内，演绎出一个新的江湖故事，可能是郭靖、黄蓉的另一个版本的"爱情故事"，是令狐冲的另一个版本的"笑傲江湖"。从这个角度来

---

〔1〕《"武××传游戏"侵害改编权及不正当竞争纠纷案》，载中国法院网，https://www.chinacourt.org/index.php/article/detail/2020/04/id/5049590.shtml，最后访问时间：2021年5月25日。

〔2〕《游戏使用小说人物形象是否侵犯改编权?》，载中国知识产权资讯网，http://www.iprchn.com/index_newscontent.aspx?newsid=89347，最后访问时间：2022年3月11日。

看，被告对于游戏中的人物角色、人物特征、人物关系、武功招式以及武器、阵法、场景存在多种表达方式，并不需要在查先生的作品基础上进行表达，所以构成了侵犯查先生作品的作品改编权。

从这个案例也可以看出，在实务中，经常出现类似的“抄袭”或者“改编”，往往也是打着借鉴的幌子，在没有任何表达受限的前提下，抄袭他人作品中的具体人物、故事情节、特定场景等，却美其名曰“借鉴学习”。我们得承认，借鉴与抄袭存有一定的模糊地带，思想与表达并不是一直都非常清晰可见的。更多的抄袭者，采用“洗稿”的方式，来应对可能的著作权侵权指控。从本案来说，如果这四部作品不是查先生一个人的作品，而是四位不同作家创作的，被告将四个不同作品中的元素进行拼接组合，每个作者来主张权利时，都会发现这款游戏借鉴了自己作品中的部分表达及思想，但是整体来说，借鉴的部分又不是那么多，真正认定构成侵权就相对比较难。这也是这些年著作权领域出现的新问题“洗稿”，让抄袭与原创之间难以区分。

新问题有新办法解决，微信就探索出了一个应对洗稿的新办法。2018 年 12 月 3 日，部分微信公众号原创作者收到了这样一条消息：“基于你对微信公众平台原创生态的贡献，我们邀请你成为‘洗稿投诉合议小组’首批内测成员，协助平台对有争议的‘洗稿’内容进行合议。”对于判定可能有“洗稿”争议的内容，经投诉方确认发起公开投诉、被投诉方确认回应后，平台将随机邀请一定数量的“合议小组”成员参与评定，在规定时间内回收结果大于、等于 10 份，且大于、等于 70% 认为被投诉方“洗稿”，则按照合议的多数意见认定为存在“洗稿”。反之，若达不到 70% 的规则比例，则不存在“洗稿”。合议时间为 24 ~ 48 小时，经合议，若存在洗稿，洗稿内容将会被替换为原创作者的内容展示，合议结果也会向用户公开展示。

引入合议机制，就像是在内容生态内设立了一个“微信小法庭”。这也是继原创标志之后，微信在保护原创内容方面的最大动作。[1]

5. 将创作者投标创作的设计图作品制作展出构成著作权侵权

案情简介：甲雕塑公司与乙雕塑公司是从事雕塑设计、制作和安装的专业机构。2017年12月，甲雕塑公司与某镇政府商谈合作某镇刀靶烈士陵园的雕塑工程，甲雕塑公司将创作完成的涉案作品“刀靶大捷”设计图及展板交给某镇政府审阅，并按某镇政府的要求进行数次修改，但双方最终未达成合意。[2]

甲雕塑公司向贵州省遵义市中级人民法院提起诉讼，主张某镇政府委托乙雕塑公司在刀靶烈士陵园设计、安装的被诉侵权雕塑侵害其著作权。贵州省遵义市中级人民法院一审判决由某镇政府、乙雕塑公司共同向甲雕塑公司支付作品使用费10万元及合理支出费用2万元，并由乙雕塑公司赔礼道歉。甲雕塑公司、乙雕塑公司均不服一审判决，提起上诉。贵州省高级人民法院二审认定侵权行为成立，但同时认为，刀靶烈士陵园是进行革命传统教育和爱国主义教育的重要场所，从遵循利益平衡原则和有效利用资源的效益角度出发，被诉侵权雕塑不宜判决拆除。故可通过适当提高侵权赔偿标准对甲雕塑公司的权利予以充分救济的情况下，对甲雕塑公司主张停止侵害、拆除侵权雕塑的诉讼请求不予支持。据此，改判乙雕塑公司、某镇政府等共同赔偿甲雕塑公司侵权赔偿和合理支出共20万元。[3]

笔者点评：本案非常典型，企业在经营过程中，作为弱势的乙方，为了达成合作关系，经常在没有任何书面约定的情况下，向甲方提交广告创意文

---

〔1〕《微信试运行洗稿投诉合议机制严打“洗稿”行为》，载人民网，http://capital.people.com.cn/n1/2018/1205/c405954-30444025.html，最后访问时间：2022年3月9日。

〔2〕贵州省高级人民法院（2019）黔民终449号民事判决书，载中国裁判文书网，https://wenshu.court.gov.cn/website/wenshu/181107ANFZ0BXSK4/index.html?docId=708b8144a4fc491-b84f4aba500dd8780，最后访问时间：2022年3月15日。

〔3〕贵州省高级人民法院（2019）黔民终449号民事判决书，载中国裁判文书网，https://wenshu.court.gov.cn/website/wenshu/181107ANFZ0BXSK4/index.html?docId=708b8144a4fc491-b84f4aba500dd8780，最后访问时间：2022年3月9日。

稿、装饰装修设计图等作品供甲方审核挑选，而有些恶意的甲方在收到乙方提交的文本后，吸收使用了其创意作品，却不与其进行商业合作。本案为弱势的乙方指明了一个方向，即乙方作为作品创作人，享有著作权，如果甲方在收到乙方作品后采纳了该设计方案，不与著作权人进行合作却使用该作品，那就构成了著作权侵权。著作权人可以进行维权，本案中，权利人就获得了20万元的侵权赔偿。

为了能够后续快速维权，建议如果企业作为乙方，应当采取如下措施：

（1）保留作品创作过程中的设计图、设计稿、草稿、修改稿等证明作品创作过程的证据；

（2）与对方尽量通过邮件、微信等方式进行书面沟通，留下书面证据。

这样，如果再碰到不讲商业道德的甲方收到乙方作品后翻脸不认人，至少还可以维权而不需要无奈接受。

6. 模仿抄袭知名大IP会被认定为侵犯著作权及不正当竞争

案情简介：甲公司与其子公司乙公司是知名动画电影作品《×车×××》及《×车×××2》的著作权人。2015年7月，某火焰公司制作、某点公司发行的动画电影《×车人×××》在国内影院上映，某力公司通过信息网络向公众提供了电影《×车人×××》。原告认为，被告电影中的汽车动画形象“K1”“K2”剽窃了原告电影中动画形象“闪电×坤”“法兰×高”，构成著作权侵权。被告电影的名称与原告电影的名称近似，误导公众，构成不正当竞争。原告请求法院判令：被告停止著作权侵权及不正当竞争行为；某火焰公司、某点公司连带赔偿甲公司、乙公司经济损失300万元及合理费用100万元。[1]

上海市浦东新区人民法院认为，原告电影中的“闪电×坤”及“法兰×

---

〔1〕 上海知识产权法院（2017）沪73民终54号民事判决书，载中国裁判文书网，https://wenshu.court.gov.cn/website/wenshu/181107ANFZ0BXSK4/index.html?docId=c12983888051448-f93e1a87700fdcd5b，最后访问时间：2022年3月15日。

高”在赛车样式的基础上进行了拟人化设计，构成独创性表达，属于美术作品。《×车人×××》中的动画形象“K1”及“K2”与之构成实质性相似，构成著作权侵权。《×车×××》系列电影具有较高的知名度，电影名称《×车×××》属于知名商品特有名称。《×车人×××》的电影海报中的“人”字被轮胎图案遮挡，视觉效果成为《×车×××》，易致误认，构成不正当竞争。法院判决：被告停止著作权侵权行为及不正当竞争行为；某火焰公司赔偿经济损失100万元，某点公司对其中的80万元承担连带赔偿责任；某火焰公司、某点公司赔偿合理开支353188元。判决后，某火焰公司、某点公司提起上诉，二审维持原判。

笔者点评：本案中，法院将电影中的动画形象认定为具有一定独创性的美术作品予以保护，被控侵权动画造型进行了“洗稿”，为了避免与原作品完全一致，做了一定的修改，但是视觉差别不大，仍然构成实质性相似，属于侵权作品。同时为了傍原告电影的热度，故意使用与他人知名动画电影名称近似的名称，容易使公众产生误认，构成不正当竞争行为。

本案也可以看出，对于知名电影或者其他作品，可以通过《反不正当竞争法》予以保护。但是如果对于非知名作品，譬如对一个普通的国外动画电影进行“模仿”，可以达到蹭流量傍品牌的目的，但是法律风险极高；而模仿抄袭普通作品，法律风险低，但是市场收益也会相对较低，这时候如果蹭不到对方的品牌与知名度，不如真正进行原创来得更好一点。所以，从以上分析可以看出，真正长久的经营一定是尊重法律，踏实原创。

七、不正当竞争诉讼

1. 什么是生产经营活动中的不正当竞争行为

《反不正当竞争法》中规定了一般条款的不正当竞争行为以及七种类型化

不正当竞争行为；其中，一般条款的不正当竞争行为，是指经营者在生产经营活动中，违反本法规定，扰乱市场竞争秩序，损害其他经营者或者消费者的合法权益的行为。七种类型化不正当竞争行为则规定如下：

第一种，仿冒混淆行为。

经营者不得实施下列混淆行为，引人误认为是他人商品或者与他人存在特定联系：

（1）擅自使用与他人有一定影响的商品名称、包装、装潢等相同或者近似的标识；

（2）擅自使用他人有一定影响的企业名称（包括简称、字号等）、社会组织名称（包括简称等）、姓名（包括笔名、艺名、译名等）；

（3）擅自使用他人有一定影响的域名主体部分、网站名称、网页等；

（4）其他足以引人误认为是他人商品或者与他人存在特定联系的混淆行为。

第二种，商业贿赂行为。

经营者不得采用财物或者其他手段贿赂下列单位或者个人，以谋取交易机会或者竞争优势：

（1）交易相对方的工作人员；

（2）受交易相对方委托办理相关事务的单位或者个人；

（3）利用职权或者影响力影响交易的单位或者个人。

经营者在交易活动中，可以以明示方式向交易相对方支付折扣，或者向中间人支付佣金。经营者向交易相对方支付折扣、向中间人支付佣金的，应当如实入账。接受折扣、佣金的经营者也应当如实入账。

经营者的工作人员进行贿赂的，应当认定为经营者的行为，但是经营者有证据证明该工作人员的行为与为经营者谋取交易机会或者竞争优势无关的除外。

第三种，虚假宣传行为。

经营者不得对其商品的性能、功能、质量、销售状况、用户评价、曾获荣誉等作虚假或者引人误解的商业宣传，欺骗、误导消费者。

经营者不得通过组织虚假交易等方式，帮助其他经营者进行虚假或者引人误解的商业宣传。

第四种，侵犯商业秘密行为。

经营者不得实施下列侵犯商业秘密的行为：

（1）以盗窃、贿赂、欺诈、胁迫、电子侵入或者其他不正当手段获取权利人的商业秘密；

（2）披露、使用或者允许他人使用以前项手段获取的权利人的商业秘密；

（3）违反保密义务或者违反权利人有关保守商业秘密的要求，披露、使用或者允许他人使用其所掌握的商业秘密；

（4）教唆、引诱、帮助他人违反保密义务或者违反权利人有关保守商业秘密的要求，获取、披露、使用或者允许他人使用权利人的商业秘密。

经营者以外的其他自然人、法人和非法人组织实施前款所列违法行为的，视为侵犯商业秘密。

第三人明知或者应知商业秘密权利人的员工、前员工或者其他单位、个人实施本条第一款所列违法行为，仍获取、披露、使用或者允许他人使用该商业秘密的，视为侵犯商业秘密。

第五种，有奖销售行为。

经营者进行有奖销售不得存在下列情形：

（1）所设奖的种类、兑奖条件、奖金金额或者奖品等有奖销售信息不明确，影响兑奖；

（2）采用谎称有奖或者故意让内定人员中奖的欺骗方式进行有奖销售；

（3）抽奖式的有奖销售，最高奖的金额超过五万元。

第六种，商业诋毁行为。

经营者不得编造、传播虚假信息或者误导性信息，损害竞争对手的商业信誉、商品声誉。

第七种，互联网技术手段破坏竞争行为。

经营者不得利用技术手段，通过影响用户选择或者其他方式，实施下列妨碍、破坏其他经营者合法提供的网络产品或者服务正常运行的行为：

（1）未经其他经营者同意，在其合法提供的网络产品或者服务中，插入链接、强制进行目标跳转；

（2）误导、欺骗、强迫用户修改、关闭、卸载其他经营者合法提供的网络产品或者服务；

（3）恶意对其他经营者合法提供的网络产品或者服务实施不兼容；

（4）其他妨碍、破坏其他经营者合法提供的网络产品或者服务正常运行的行为。

2. 网站视频刷单构成不正当竞争法中的虚假宣传行为

案情简介：原告某奇艺公司系某奇艺网站的经营者，被告某益公司是一家专门提供视频刷量服务的公司，其与被告吕某、胡某通过分工合作，运用多个域名，不断更换访问IP地址等方式，连续访问某奇艺网站视频，在短时间内迅速提高视频访问量，达到刷单成绩，以牟取利益。原告诉请判令三被告停止不正当竞争行为，赔偿损失，消除影响。三被告辩称，其与原告的经营范围、盈利模式均不相同，不具有竞争关系，且涉案的刷量行为未在反不正当竞争法禁止之列，不构成不正当竞争。

上海市徐汇区法院认为，三被告通过技术手段干扰、破坏某奇艺网站的访问数据，违反公认的商业道德，损害某奇艺公司以及消费者的合法权益，构成不正当竞争，可依据《反不正当竞争法》第2条予以认定。被告不服，提起上诉。上海知识产权法院认为，涉案视频刷量行为构成虚假宣传。三被告分工合作，共同实施了涉案视频刷量行为，应承担连带赔偿责任。故判决驳回上诉，维持原判。

有专家认为：反不正当竞争法中既规定了七大具体条款，也规定了一般条款，即在平衡经营者、消费者和社会公共三方利益的基础上，认定竞争行为的正当性与否。《反不正当竞争法》第2条具有双重功能，首先，作为总则条款，是整部法律的基本规定和一般规定，尤其是反不正当竞争法对于第二章规定仍有拘束和指导功能，可以作为具体条款理解和适用的指引；其次，它具有可以开放性适用的一般条款功能，成为司法据以认定未列举不正当竞争行为的开放性适用条款。在适用反不正当竞争法一般条款时，要注意其与具体条款适用的衔接。本案中的视频刷量行为作为一种全新的经营模式和竞争手段，是当前互联网产业所引发新问题的典型个案。本案中一、二审法院分别采用《反不正当竞争法》第2条的竞争法一般条款和第9条规定的“虚假宣传”条款对刷量行为进行规制，反映了一、二审法院在刷量行为的定性上的差异。二审法院对于刷量行为的处理，在法律定性和规则适用上准确把握了一般条款和具体条款的关系，对于解决新类型不正当竞争行为案件起到了较好的示范作用。[1]

《反不正当竞争法》第8条规定：“经营者不得对其商品的性能、功能、质量、销售状况、用户评价、曾获荣誉等作虚假或者引人误解的商业宣传，欺骗、误导消费者。经营者不得通过组织虚假交易等方式，帮助其他经营者进行虚假或者引人误解的商业宣传。”二审法院认为，视频刷量行为究其实质，属于提升相关公众对虚构点击量视频的质量、播放数量、关注度等的虚假认知，起到了吸引消费者的目的，视频刷单行为属于组织虚假交易帮助其他经营者进行虚假或者引人误解的商业宣传，这确实符合虚假宣传的法律规定，应当按照《反不正当竞争法》第8条所规制的“虚假宣传”予以处理。

3. 借专利维权之名行打击商业竞争对手的恶意诉讼要承担法律责任

案情简介：被告张某某于2014年1月向国家知识产权局申请名称为“监

---

〔1〕《2019年上海知识产权保护十大典型案例》，载上海市知识产权局网，https：//sipa.sh.gov.cn/xxgkml/20200429/1b0ed9f7a43a4fe6a8af856fdd244dbd.html，最后访问时间：2022年3月9日。

控摄像机（S421C）”的外观设计专利，并于同年6月获得授权。2016年1月，张某某向法院起诉，称原告乔某公司销售的“乔某监控摄像头”侵害了其享有的涉案外观设计专利权，诉请赔偿经济损失1000万元，并向法院申请财产保全。法院经审查作出驳回张某某诉讼请求的判决。随后，国家知识产权局专利复审委宣告涉案专利权全部无效。〔1〕

2017年6月，乔某公司向法院起诉称，被告凯某公司早在2013年12月已公开销售421C监控摄像头产品。被告张某某作为凯某公司原法定代表人在明知421C监控摄像已公开销售的情况下，仍以此申请外观设计专利，并提起专利侵权诉讼，申请财产保全，系借专利维权之名行打击商业竞争对手之实，给原告造成了巨大的经济损失。故请求法院判令两被告赔偿经济损失、赔礼道歉、消除影响。

上海知识产权法院认为，张某某在明知涉案外观设计专利缺乏权利基础的情况下，仍向法院提起专利侵权诉讼、申请财产保全的行为具有过错，使原告受到经济上的损失，属于滥用诉讼权利，构成恶意提起知识产权诉讼。凯某公司并非财产保全申请人，在没有证据证明两被告具有人格混同、财产混同的情况下，凯某公司不承担连带责任，因此一审判决张某某赔偿乔某公司经济损失共计254000元。张某某不服，提起上诉。

上海市高级人民法院认为，凯某公司在专利申请日前已公开销售了与专利基本相同的421C凯某摄像机，涉案专利因缺乏新颖性而自始无效。张某某作为凯某公司当时的法定代表人，明知421C凯某摄像机的在先销售情况，仍以该无效专利提起专利侵权诉讼。且被告与原告存在同业竞争关系，张某某索赔的1000万元明显超出外观设计专利对产品利润的贡献，财产保全会给原告造成不必要的损失，故张某某提出的高额赔偿诉请显然具有维权以外的不正当目的，存在明显不当、有违诚信的诉讼行为。因此，张某某提起诉讼具有主观恶

---

〔1〕 上海市高级人民法院（2019）沪民终139号民事判决书，载中国裁判文书网，https：//wenshu. court. gov. cn/website/wenshu/181107ANFZ0BXSK4/index. html? docId = 6fb6e22dc20e40b2-b313aabc0094ead0，最后访问时间：2022年3月11日。

意，并给原告造成了经济损失，构成恶意诉讼，故判决驳回上诉，维持原判。

笔者点评：起诉是公民、法人或者其他组织的基本权利，在日常企业经营过程中，知识产权诉讼可能成为一种市场竞争策略，很多企业通过向竞争对手起诉知识产权侵权，然后宣传诉讼结果来达到市场竞争的目的。只要事实清楚明确，不夸大虚假宣传，就并没有违反《反不正当竞争法》的规定。本案中，被告张某某的专利侵权起诉有三点超出了正常的市场竞争秩序，构成了恶意知识产权诉讼，受到《反不正当竞争法》的规制：

（1）将已经公开销售的产品再拿去申请外观设计专利，利用外观设计专利不进行实质审查仅进行形式审查的特点获得专利授权。

（2）起诉竞争对手构成专利侵权行为，并索赔1000万元，索赔金额显著超过正常的侵权损失金额。

（3）向法院申请了原告的财产保全，造成原告的财产损失。

实务中，专利权利人如果发现他人侵权，以自己的外观设计专利去正常维权，为了商业目的，高价索赔也没有问题，只要本身没有借维权之名行干扰正常市场竞争的恶意，都不会被纳入不正当竞争行为。

4. 使用知名商品特有的装潢及企业字号构成不正当竞争

案情简介：原告美国卡某某公司在中国大陆地区设立了多家关联企业。2006年起，原告卡某某公司授权代理商在中国大陆地区代理、销售、宣传“CRO××”品牌的系列产品，其“CRO××”品牌的洞洞鞋产品在中国市场上具有较高的市场知名度。被告厦门卡某某公司授权的某宝网“COQ××专卖店”店铺、经营的天猫网“COQ××”品牌旗舰店以及天猫网上的三家专营店店铺，均销售“COQ××”品牌的鞋类产品。[1]

---

〔1〕上海市第二中级人民法院（2013）沪二中民五知初字第172－174号民事判决书，载中国裁判文书网，https：//wenshu. court. gov. cn/website/wenshu/181107ANFZ0BXSK4/index. html？docId＝912f2152c32241faa783dec00cf26e33，最后访问时间：2022年3月11日。

原告向法院诉称，“CRO××”品牌鞋类产品的外形设计、商品名称以及商业装潢构成知名商品特有的装潢、名称。四被告共同生产、销售的“COQ××”品牌等十几款鞋类产品上使用的装潢、产品名称与原告“CRO××”“卡某某”品牌鞋类产品特有的装潢、名称相同或近似，还使用与原告相近似的商业装潢，并盗用原告产品特点及品牌历史介绍进行虚假宣传，极易造成消费者的混淆或误认。被告擅自将原告的企业字号卡某某登记注册为自己的企业名称，并在商业活动中大量使用卡某某字号，造成市场混淆。故请求判令：各被告立即停止侵权、刊登声明消除影响并共同赔偿两原告经济损失及合理费用共计500万元。

上海市第二中级人民法院经审理认为，原告经营的“CRO××”品牌鞋类产品为中国大陆地区其所在行业及相关公众知悉，依法可以认定为“知名商品”。原告主张的“卡漫”等6款鞋类产品装潢具有区别于其他同类鞋类产品装潢的三个显著特征，可以认定为知名商品的特有装潢。被告生产销售的“COQ××”品牌等十几款鞋类产品上使用的装潢与原告“CRO××”“卡某某”品牌鞋类产品特有的装潢近似，擅自使用原告的知名商品特有的装潢，构成不正当竞争。被告在经营过程中借用原告卡某某的发展历程对其创办历史等进行宣传，具有攀附原告声誉的故意，损害了原告的合法权益，构成虚假宣传。被告未经许可将卡某某文字作为企业字号登记并在经营中使用，侵害了原告的企业名称权利。综上，判决各被告停止侵权、消除影响并赔偿原告经济损失共计52万元和合理费用共计11万元。一审判决后，当事人均未提出上诉。

笔者点评：企业在经营过程中，一般采用的策略是将其积累的商誉附着在商标上，商标因为企业销售额、影响力、知名度的不断扩大而逐步成为驰名商标。但是很多时候，消费者识别企业的标识有很多，并不仅仅是商标，还有可能是在经营过程中所使用的商业装潢包括商业标识、店铺装潢、平面设计、卡通形象、广告宣传等，所以《反不正当竞争法》中就有专门针对“知名商品的名称、包装、装潢”的权益保护。实务中，经常有企业采用如本案中类似的方式来故意蹭知名企业知名商品的流量，引人误解或者故意混淆，其常见手法如下：

（1）将他人知名品牌注册为企业名称。利用商标与企业名称分别由不同的行政管理部门管理带来的监管空白区，将他人知名品牌注册为企业名称，并在实际商业运营中通常不使用企业全称而是使用企业简称，并放大突出该企业简称。譬如本案例中，被告将原告品牌“卡某某”注册为企业字号，使用时，突出使用“卡某某”或者“福建卡某某公司”，让消费者误认为被告是原告在大陆的经销商或者存在商业合作关系。

（2）产品名称与知名商品名称近似。譬如本案例中，被告使用“COQ××”品牌，与原告的“CRO××”品牌极为近似，消费者往往会认为是相关的系列品牌。

（3）店铺装潢近似。使用与原告类似的店铺装潢，让消费者产生混淆误认。

（4）盗用知名商品的产品特点及品牌历史介绍。

实务中，如果被告只是使用了其中一两种手法，原告也只是有一定名气但不是非常知名的品牌，要想认定构成不正当竞争行为，还是存在较大难度的。我们认为企业在发展过程中，实际上经历了一个“权利虚弱期”。一个普通品牌，泯然于众人中，并不会有其他人来仿冒使用商品名称、包装、装潢，所以大家都是平等的普通商标。有部分商标的权利人善于经营，注重宣传推广，慢慢在消费者中积累了商誉，成为知名商品、著名商标，甚至成为驰名商标。

成为驰名商标，《商标法》赋予了更强的商标保护；成为知名商品，《反不正当竞争法》也给予了一定的权益保护。但是在向知名商品成长的过渡阶段，这个品牌其实处于“权利虚弱期”，有一定知名度，会受到一些人的仿冒盗用傍附，但是法律却没有给予任何的保护，在这个阶段，我们建议企业应当考虑：

（1）将商品名称注册为商标，并考虑同时进行防御性商标注册；

（2）将商品包装装潢申请为外观设计专利或者进行版权作品登记；

（3）在进行店铺装潢设计以及企业宣传过程中，尽量将法律明确保护的权利，譬如商标、专利、版权嵌入到这些产品名称、包装、装潢中，从而让仿冒者无从下手，一下手就更容易触碰到我们布下的“权利雷区”。

图书在版编目（CIP）数据

企业知识产权合规与管理 / 郭桂峰，刘桂芝著. —北京：中国法制出版社，2022.6

ISBN 978 - 7 - 5216 - 2708 - 4

Ⅰ.①企… Ⅱ.①郭… ②刘… Ⅲ.①企业 - 知识产权 - 研究 - 中国 Ⅳ.①D923.404

中国版本图书馆 CIP 数据核字（2022）第 091824 号

策划编辑 王 熹　　责任编辑 吕静云　　封面设计 李 宁

企业知识产权合规与管理

QIYE ZHISHI CHANQUAN HEGUI YU GUANLI

著者/郭桂峰，刘桂芝

经销/新华书店

印刷/三河市国英印务有限公司

开本/710 毫米×1000 毫米 16 开　　印张 / 20.5 字数 / 235 千

版次/2022 年 6 月第 1 版　　2022 年 6 月第 1 次印刷

中国法制出版社出版

书号 ISBN 978 - 7 - 5216 - 2708 - 4　　定价：86.00 元

北京市西城区西便门西里甲 16 号西便门办公区

邮政编码 100053　　传真：010 - 63141600

网址：http：//www.zgfzs.com　　**编辑部电话：010 - 63141795**

市场营销部电话：010 - 63141612　　**印务部电话：010 - 63141606**

（如有印装质量问题，请与本社印务部联系。）